中国电子信息产业统计年鉴
（软件篇）

2013

工业和信息化部运行监测协调局

電子工業出版社
Publishing House of Electronics Industry
北京 • BEIJING

图书在版编目（CIP）数据

中国电子信息产业统计年鉴. 2013. 软件篇 / 工业和信息化部运行监测协调局. —北京：电子工业出版社，2014.8
ISBN 978-7-121-23788-1

Ⅰ. ①中… Ⅱ. ①工… Ⅲ. ①电子信息产业－统计资料－中国－2013－年鉴②软件－电子计算机工业－统计资料－中国－2013－年鉴 Ⅳ. ①F49-66②F426.67-66

中国版本图书馆 CIP 数据核字（2014）第 150057 号

责任编辑：徐蕾薇
印　　刷：涿州市京南印刷厂
装　　订：涿州市京南印刷厂
出版发行：电子工业出版社
北京市海淀区万寿路 173 信箱　邮编　100036
开　　本：787×1 092　1/16　印张：18.75　字数：506 千字　彩插：4
版　　次：2014 年 8 月第 1 版
印　　次：2014 年 8 月第 1 次印刷
定　　价：368.00 元

凡所购买电子工业出版社图书有缺损问题，请向购买书店调换。若书店售缺，请与本社发行部联系，联系及邮购电话：（010）88254888。

质量投诉请发邮件至 zlts@phei.com.cn，盗版侵权举报请发邮件至 dbqq@phei.com.cn。

服务热线：（010）88258888。

编 辑 说 明

1.《中国电子信息产业统计年鉴（软件篇）2013》（以下简称“本年鉴”）是全面记载2013年度中国软件和信息技术服务业运行的综合统计资料，汇集了全国各地区软件和信息技术服务业发展情况及相关领导、专家学者对产业发展的分析论述，系统反映了中国软件和信息技术服务业在2013年取得的成就、存在的问题和发展趋势。

2.“综述”部分的内容：一是2013年中国软件和信息技术服务业发展概况及述评；二是重点软件企业、软件产品、信息技术服务、软件人才发展概况及趋势；三是主要省、市2013年软件和信息技术服务业发展概况及趋势。

3. 本年鉴统计范围：一是在我国境内注册（港、澳、台地区除外），主要从事软件研发、系统集成及相关信息技术服务等业务，且主营业务年收入100万元以上，具有独立法人资格的软件企业（含软件认证企业）；二是在我国境内注册，主营业务年收入500万元以上，并有软件研发、系统集成及相关信息技术服务业务收入，以及该收入占本企业主营业务30%以上的独立法人单位；三是在我国境内注册，主要从事集成电路设计的企业或其集成电路设计和测试的收入占本企业主营业务60%以上，且主营业务年收入100万元以上的独立法人单位。

4. 本年鉴统计数据不包括中国港、澳、台地区。

5. 本年鉴得到各省（区、市）工业和信息化主管部门、有关企业、有关协会及直属单位的大力支持，在此谨表谢意。

目　　录

I 综　　述

Ⅱ 综合统计

Ⅲ 三资企业统计

Ⅳ 内资企业统计

I 综　　述

2013 年我国软件和信息技术服务业主要指标完成情况

指标名称	单位	本年完成	指标名称	单位	本年完成
企业个数	个	33335	年末所有者权益	万元	222696257
软件业务收入	万元	305874743	年初所有者权益	万元	164030235
其中：1. 软件产品收入	万元	98768381	应交所得税	万元	5508143
2. 信息系统集成服务收入	万元	65490565	应交增值税	万元	9337629
3. 信息技术咨询服务收入	万元	30140910	出口已退税额	万元	679758
4. 数据处理和存储服务收入	万元	54817343	研发经费	万元	25981192
5. 嵌入式系统软件收入	万元	46801022	固定资产投资额	万元	14099008
6. 集成电路设计收入	万元	9856522	固定资产折旧	万元	19746891
软件业务出口额	万美元	4691377	生产税净额	万元	10236690
其中：软件外包服务出口额	万美元	1047561	营业盈余	万元	28318174
嵌入式系统软件出口额	万美元	1903959	从业人员年末人数	人	4702392
主营业务税金及附加	万元	6220598	其中：软件研发人员	人	1797835
利润总额	万元	38305293	管理人员	人	529273
流动资产平均余额	万元	421396176	其中：硕士以上	人	478655
资产合计	万元	445894675	大本	人	2659123
应收账款	万元	261488860	大专及以下	人	1564427
负债合计	万元	223198418	从业人员年平均人数	人	4589633
应付账款	万元	64464538	本年应付职工薪酬	万元	47060921

2013年我国软件和信息技术服务业统计概况图表

软件和信息技术服务业完成收入情况

单位：亿元

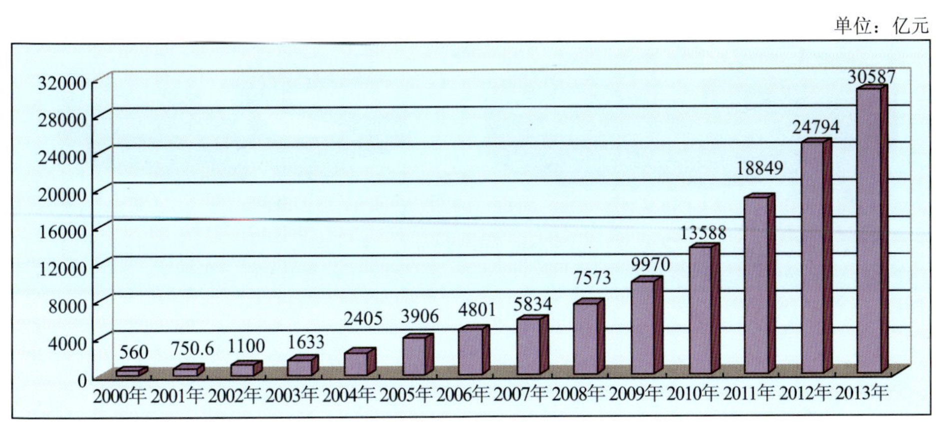

软件和信息技术服务业实现利润情况

单位：亿元

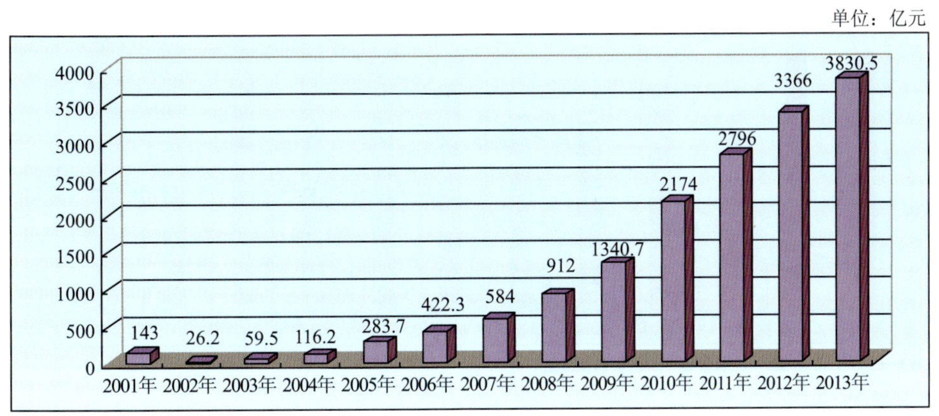

2013年软件和信息技术服务业运行情况及2014年展望

2013年以来，受宏观经济形势下行和市场需求不振的影响，我国软件和信息技术服务业整体呈稳中有落态势，收入增幅比上年有所回落；同时，随着新技术、新模式的迅速发展，软件业结构性调整持续推进，对国民经济和居民生活方式的影响愈加增强，软件在现代信息技术产业中的地位作用越来越突出。

一、运行特点

（一）收入增长稳中有落态势明显

2013年，我国软件和信息技术服务业共实现软件业务收入约3.06万亿元，同比增长23.4%，增速低于2012年同期8.1个百分点（见图1）。

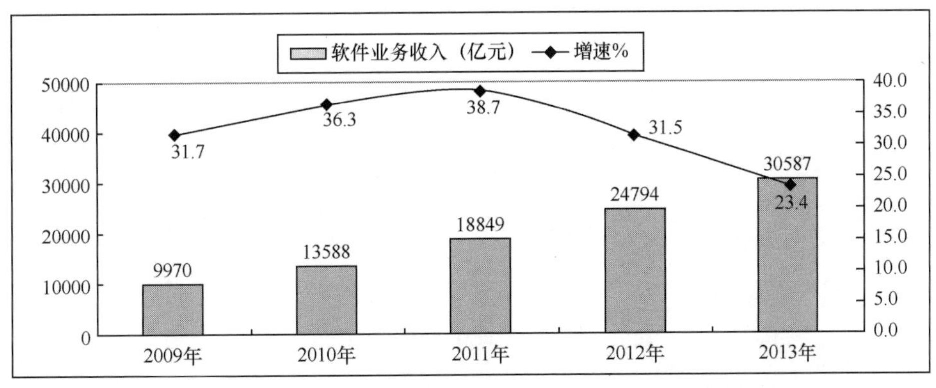

图1　2009—2013年软件和信息技术服务业增长情况

（二）产业转型持续推进

2013年，随着软件业持续向服务化、网络化及平台化模式发展，数据处理和存储服务收入大幅增加，全年完成收入5482亿元，同比增长31.9%，增速居全行业首位，占全行业收入比重为17.9%，比2012年提高1.2个百分点。传统的信息系统集成服务增速放缓，全年完成收入6549亿元，同比增长17.3%，增速比2012年下降19.4个百分点。嵌入式系统软件和IC设计领域逐步摆脱上半年缓慢增长的态势，分别实现收入4680亿元和986亿元，同比分别增长17.2%和28%。软件产品和信息技术咨询服务保持平稳增长，分别实现收入9877亿元和3014亿元，同比分别增长25.7%和23.8%（见图2）。

（三）区域布局合理调整

2013年，东、中、西和东北地区的软件业占比分别为74.8%、4.4%、10.3%和10.5%，中西部及东北地区增长较快，总体比重较2012年上升1.3个百分点（见图3）。江苏、广东和北京的软件业规模仍居全国前三位，浙江、辽宁、山东、湖北、陕西、安徽等省市增速超过

30%。15 个中心城市软件业聚集效应明显，收入占全国的 57%，比 2012 年提高 2.4 个百分点，同比增长 27.6%，高出全国平均水平 4.2 个百分点。

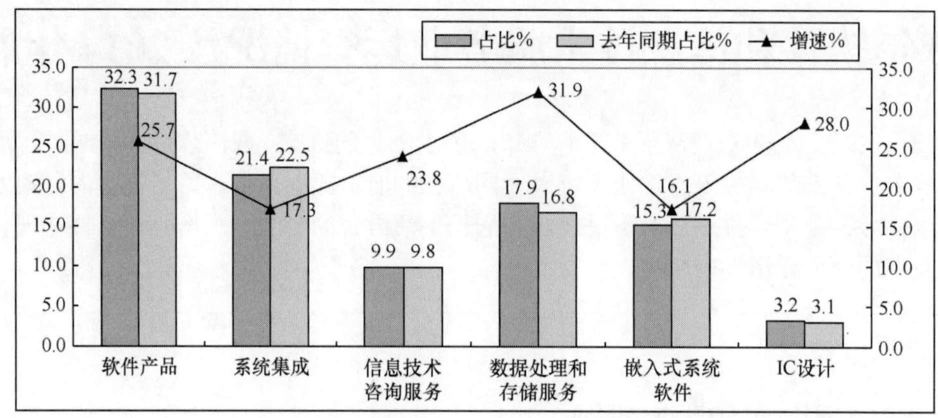

图 2　2013 年软件产业分类收入增长情况

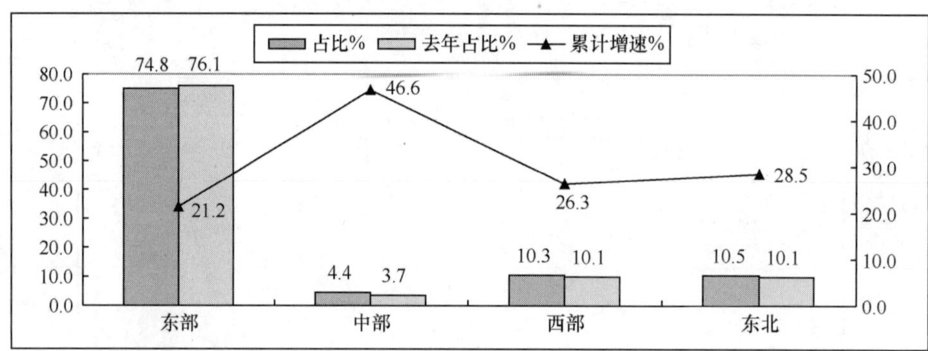

图 3　2013 年软件业分区域增长情况

（四）效益保持平稳增长

2013 年，软件和信息技术服务业实现利润总额 3830.5 亿元，同比增长 13.8%（见图 4）；上缴税金 1556 亿元，同比增长 32.9%。全行业销售利润率 9.2%，比 2012 年下降 0.6 个百分点，但高于电子信息制造业 4.7 个百分点，高于工业 3.1 个百分点。

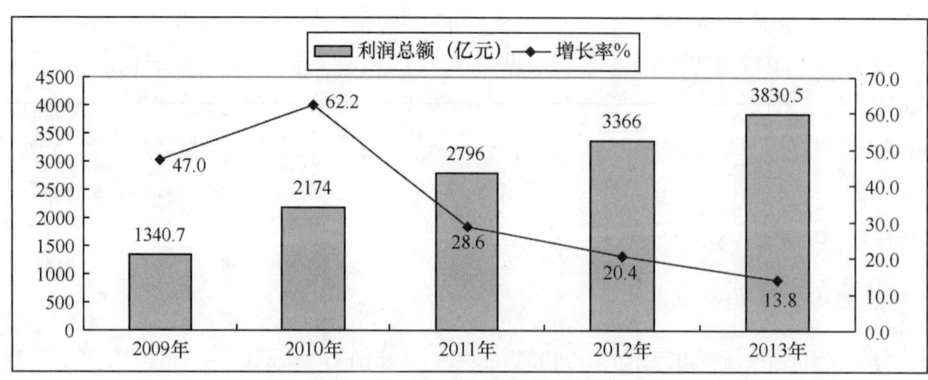

图 4　2009—2013 年软件业利润增长情况

（五）研发投入和经济贡献持续提升

2013 年，软件和信息技术服务业投入研发经费 2598 亿元，同比增长 19.5%（见图 5），研发投入比（研发经费占主营业务收入比重）超过 6%。2013 年，软件业创造的增加值超过 1 万亿元，占第三产业的比重达到 4%；软件从业人员 470 万人，占全国城镇就业人员的 1.2%，新增就业人员占全国城镇新增就业人员的 4%。

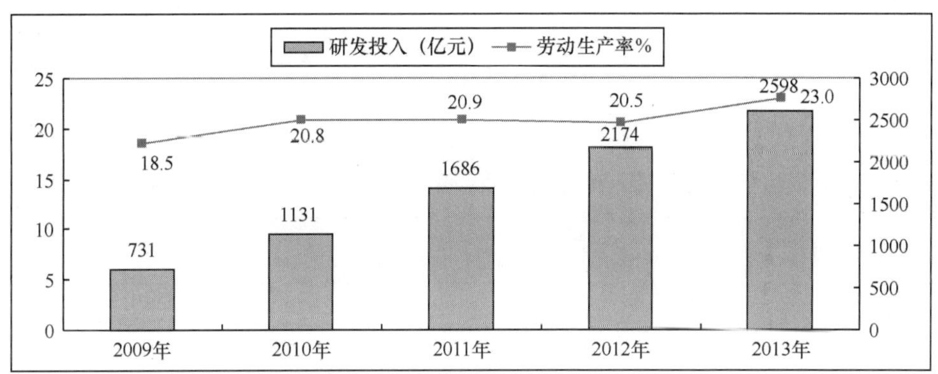

图 5　2009—2013 年软件业研发和劳动生产率情况

（六）内资和中小型企业仍是行业发展的主力军

2013 年，内资软件企业超过 3 万家，占全行业企业数的 90.7%，完成软件业务收入 2.3 万亿元，占全行业收入的 75.6%，同比增长 27.8%，高于全行业平均水平 4.4 个百分点。中小型企业占全部软件和信息技术服务业企业数的 91%，实现收入占全行业的 34%；大型企业（营业收入超过 1 亿元，从业人员超过 300 人）达到 2800 家，实现全行业收入的 65%以上。2013 年软件企业规模分布情况如图 6 所示。

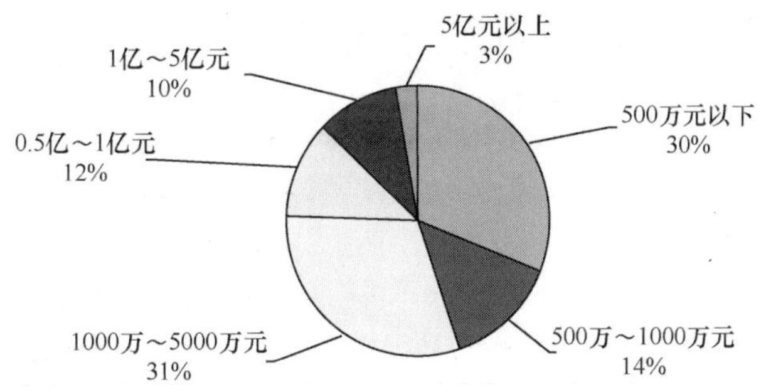

图 6　2013 年软件企业规模分布情况

二、值得关注的问题

（一）国际市场环境仍处低谷，软件出口持续低迷

我国软件出口以外包服务和嵌入式系统软件出口为主，在外需市场放缓、人力成本持续上涨和人民币汇率变动的多重压力下，软件出口持续保持低迷态势。2013 年上半年，软件出口增速仅保持 10%左右，7 月、8 月在嵌入式软件出口增长加快的带动下有所回升，但 9 月

增速再次下降（见图7）。根据快报数据显示，2013年全年软件业实现出口433亿美元，同比增长14.6%，增速比2012年高0.7个百分点。其中，嵌入式系统软件出口增长11.2%；外包服务完成出口约100亿美元，同比增长19.6%。

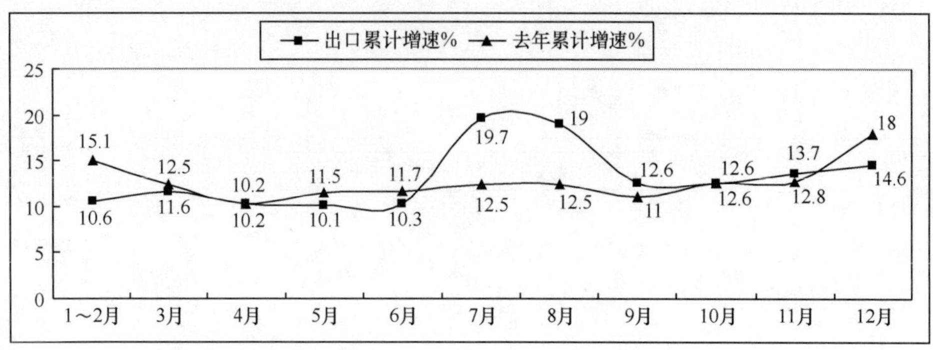

图7　2013年1～12月软件出口增长情况

（二）移动互联网快速发展，正在影响软件业格局

随着智能终端的快速普及和移动网民的高速增长，我国正在进入移动互联网高速发展阶段，带来各种手机应用的快速发展，必将对传统软件业格局产生冲击。2013年，我国手机网民规模达到5亿人，占整体网民的比例提升至81%，移动互联网的接入流量同比增长71.3%，其中手机上网是主要拉动因素。移动互联网的发展带来了大量新市场机会，据CNNIC统计，2013年手机搜索、手机视频、手机游戏进入爆发式增长阶段，用户规模分别比2012年增长25.3%、83.8%和54.5%，大大高于传统互联网业务增速。面对这种发展形势，许多传统软件企业开始进军移动互联网领域，如金山2013年推出手机浏览器、手机助手、手机网游等，取得不错的成绩。移动互联网在带来机遇的同时，必将从多个方面对传统软件企业产生影响，如面向消费领域的服务比重上升、参与增值服务收入分成的商业模式、基于应用和内容的软件开发思路、操作系统加平台加应用的新型生态产业链构成。

（三）软件企业艰难转型，云服务等市场尚待培育

伴随着软件业的服务化、网络化及移动化发展，近年来我国软件企业被迫走上艰难的转型之路。2012年，一些传统软件企业利润大幅下滑，主要原因就在于高端市场缺乏核心支撑，业务费用居高不下，在网络化、社交化等新领域创新不足等，面对这种形势，2012年下半年至2013年年初，很多国内软件企业宣布启动云服务方案，主动调整运营模式和战略，但由于处于初期投入阶段，收入占比还非常低。相比而言，2013年以来，国外巨头已经开始在云服务领域斩获成果，据报道，亚马逊公司得到美国中央情报局6亿美元的云计算服务合同，此前已获得三星、辉瑞制药、美国公共电视台和航空航天局等重要客户，在其半年报中云服务收入已经上升至营业收入的70%。国外企业能够迅速将云服务付诸实践，得益于云计算服务商高标准的服务和完善的安全管控能力，以及较为成熟的用户和商业模式。国内虽然在电子商务、银行、金融业方面对云服务的需求迅速增长，但是云服务商的管控能力和客户对云服务运营方式的接受度都还处于起步阶段，再加上国际知名企业加快对国内云市场的争夺，短期内国内软件企业转型面临的压力还将会持续。

三、2014 年展望

（一）国际经济缓慢复苏，IT 市场有望走出低谷

金融危机以来，全球 IT 市场增长一直相对缓慢，2013 年市场表现也低于预期。但随着美国、欧洲经济缓慢复苏，多家国际咨询公司，如 IDC、Gartner 等都对 2014 年全球 IT 市场做出回暖的预测。Gartner 预计 2014 年全球 IT 开支总额将达到 3.8 万亿美元，较 2013 年增长 3.6%，增速比 2013 年有所提高；IDC 预计 2014 年全球 IT 支出增长将超过 5%，超过 2013 年增速。

（二）技术发展推动变革，并不断创造出新的需求

云计算、物联网等新技术正在推动软件领域的变革，制造出新的机会，催生大量新需求。一是云计算技术，不但使传统软件开发方式发生改变、为客户带来更高效的服务，更重要的是将改变未来 IT 产业的价值链条，云服务市场也正在从概念变为现实。赛门铁克的调查报告显示，2013 年美国 94%的企业将开始讨论利用云计算的可靠性，以减少企业的自建数据中心的资本性支出，使经营性支出更加可控。二是物联网技术的进步，将带来新型经济的发展，医疗保健、零售和交通运输等众多行业将从物联网技术中获得大量的市场空间。三是移动智能设备将主导终端市场，Gartner 预计 2017 年新型设备，如智能手机、平板电脑等将占终端市场的 80%以上，界时移动用户日益复杂的需求将创造出大量市场机会。四是网络和数据的安全问题将更加被关注。

（三）良好的产业政策环境，为软件产业发展奠定基础

2013 年以来，促进软件产业发展的 4 号文得到进一步落实，各地政府对软件企业的重视和扶持度提高；国务院近期密集出台了一系列推动电子信息产业发展的政策措施，如《关于推进物联网有序健康发展的指导意见》、《关于促进信息消费扩大内需的若干意见》、《关于“宽带中国”战略及实施方案》等；软件知识产权保护得到落实，国家推进使用正版软件工作部际联席会议办公室发布消息，称目前中国 92%的市级政府和 80%的县级政府已完成软件正版化。

（四）市场需求创造机遇，为软件产业提供动力

一是我国智慧城市建设进入高峰期，到 2013 年 8 月住建部公布的智慧城市试点名单总数已经增加到 193 个，名单中的试点城市已经从沿海地区开始向西部城市延伸；二是物联网应用逐步推广，在交通、政府、能源、物流、电力、金融、教育、医疗等多个领域开始出现物联网应用规模化迹象，截至 9 月底三家基础电信企业共发展 3054.8 万个物联网终端用户；三是“宽带中国”战略逐步推进，2013 年我国基础电信企业互联网宽带接入用户总数达到 1.89 亿户，其中 4Mbps 以上宽带接入用户占宽带用户总数的比重达到 78.8%，接近 1.5 亿户；四是 4G 牌照发放后，移动互联领域市场进一步启动，目前我国移动电话用户总数突破 12.29 亿户，3G 用户占比达到 32.7%，随着 4G 网络建设加快，未来用户空间将更巨大；五是移动应用软件快速发展，使得面向消费者的软件服务规模正在迅速扩大，据统计，全球各大型应

用商店中移动应用数量超过 200 万个，下载量超过 1000 亿次，随着手机网民的增长，用户对移动平台服务的需求将进一步释放。

综合以上方面来看，我国软件和信息技术服务业虽然面临着来自外部环境、自身转型、市场竞争等多方面的压力，但在社会对信息消费需求旺盛、政策环境进一步趋好的影响下，2014 年将继续保持平稳较快的发展态势，预计将继续保持 20%以上的增长速度。

2014年（第十三届）中国软件业务收入前百家企业发展评述

根据工业和信息化部统计的全国软件和信息技术服务业统计年报显示，2014年（第十三届）中国软件业务收入前百家企业名单揭晓。新一届软件百家企业具有以下主要特点。

第一，企业实力明显增强，入围门槛再创新高。2014年，新一届软件百家企业实现软件业务收入4751亿元，比上届增长29.6%，是第一届的20倍，占全行业的比重为15.5%，比上届提高0.8个百分点；实现利润899亿元，比上届增长37.4%，高于全行业24个百分点，利润率达到8.6%，比上届提高1.1个百分点；排名第一的企业规模达到1216亿元，比上届增长19.5%；入围门槛由上届的7.8亿元升至9.3亿元，同比增长19%。

第二，研发水平日益提升，创新能力不断增强。软件百家企业更加注重研发投入，研发经费比上届增长9.4%；研发投入比达到6.5%，高出软件行业1.5个百分点，其中四成企业的研发投入比超过10%。创新成果日益突出，工业控制系统、新一代通信技术、高端软件操作系统、海量存储系统、中间件应用等一系列国家“核高基”重大专项取得明显突破，产品的易用性和稳定性得到有效提升，云计算、物联网、信息安全等技术与应用取得实质性进展，自主知识产权研发成绩显著。本届百家企业当年软件著作权数超过9000件，比上届增加34.7%；软件产品登记数增长11.5%。其中，中兴和华为2013年国际专利申请量分列全球第二位和第三位。

第三，结构调整步伐加快，融合发展稳步推进。百家企业坚持应用驱动和融合发展，加快推进产业链上下游合作。软件产品不断向平台化、网络化、移动化延伸，经营模式逐渐朝协同化、服务化和融合化推进。信息技术服务已成为软件产业转型升级的重要引擎，收入占比达到41%，比上届提高3个百分点，高出全行业2.8个百分点。嵌入式系统软件收入比上届增长近八成，占总收入的比重达到29.8%。东软集团、神州数码等企业的云计算及服务平台市场应用迅速拓展；浪潮的亚洲最大第四代数据中心顺利启动，中软、东软、浪潮、太极等企业荣获首批信息系统集成“特一级”资质，进一步彰显了软件引领、融合推动的能力。

第四，品牌效益更加凸显，龙头作用持续增强。随着软件产品与技术的快速发展，规模进一步向大企业集中，人才进一步向优势企业流动，市场进一步向优秀品牌倾斜，百家企业对行业和社会发展的贡献进一步提高，上缴国家税金905亿元，比上届增长25.4%；实现就业74万人，比上届增长15.2%；企业数不足全行业的0.4%，却创造了全行业15.5%的软件业务收入、42%的出口和23%的利润。民族品牌的影响力和市场占有率进一步提升。海信集团的智能交通产品在国内市场占有率由上年的15%提高到20%，北京握奇数据公司的智能卡已进入该行业的世界前5名，海康威视和大华集团的安防技术均处于国内外领先地位。

第五，国际化战略取得新进展，“走出去”层次明显提升。百家企业实现软件出口196亿美元，比上届增长46.2%，占软件行业出口总量的42%，比上届提高1.5个百分点。其中，嵌入式软件出口102亿美元，比上届增长62%，提高近5个百分点；离岸软件外包服务比上届增长32.3%，提高2.3个百分点。国际业务布局态势良好，一些企业已在国外设有研发机构和子公司。

东软、华为、中兴等企业的海外业务和产品覆盖了全球上百个国家和地区；浪潮集团的海外业务拓展比上年增加了15个国家和地区；软通动力在全球设立了28个交付中心、33个分支机构。

第六，支柱产业作用突出，带动效应日益显著。百家企业积极推动两化融合和传统工业转型升级，促进信息消费带动内需增长，进一步巩固软件业的基础性、战略性和先导性地位。一是推动传统产业提质增效作用突出。智能电网、智能制造、智能管理等产品与服务快速增长，进一步支撑相关行业研发、生产与管理的提升。二是促进我国信息消费发展作用突出。智能终端、智能语音、信息安全、嵌入式软件等产品和数据处理、存储服务均保持两位数增长，进一步支撑电子商务、移动平台和软件应用商店的运营。三是履行社会责任的示范作用突出。百家企业积极参与公益事业活动，为推动社会、经济与环境的可持续发展做出重要贡献。

附表

2014年（第十三届）中国软件业务收入前百家企业名单

（单位：万元）

排名	企业名称	软件业务收入	排名	企业名称	软件业务收入
1	华为技术有限公司	12162721	25	亚信科技（中国）有限公司	383831
2	中兴通讯股份有限公司	4628000	26	国电南京自动化股份有限公司	375637
3	海尔集团公司	4012514	27	上海宝信软件股份有限公司	357573
4	北大方正集团有限公司	1220089	28	中冶赛迪工程技术股份有限公司	324038
5	浪潮集团有限公司	1150331	29	北京中软国际信息技术有限公司	320599
6	南京南瑞集团公司	1003398	30	上海华讯网络系统有限公司	303835
7	海信集团有限公司	1003048	31	江苏省通信服务有限公司	294741
8	南京联创科技集团股份有限公司	794000	32	中国软件与技术服务股份有限公司	286712
9	东软集团股份有限公司	745275	33	中国民航信息网络股份有限公司	273832
10	中国银联股份有限公司	738263	34	太极计算机股份有限公司	268817
11	杭州海康威视数字技术股份有限公司	698127	35	北京全路通信信号研究设计院有限公司	267287
12	航天信息股份有限公司	626918	36	四川九洲电器集团有限责任公司	258952
13	熊猫电子集团有限公司	619689	37	四川省通信产业服务有限公司	254999
14	同方股份有限公司	586238	38	北京小米移动软件有限公司	253373
15	大唐电信科技股份有限公司	513169	39	用友软件股份有限公司	245927
16	福州福大自动化科技有限公司	495181	40	中科软科技股份有限公司	244655
17	上海华东电脑股份有限公司	471344	41	软通动力信息技术（集团）有限公司	243915
18	株洲南车时代电气股份有限公司	469334	42	江苏集群信息产业股份有限公司	243082
19	浙江大华技术股份有限公司	468136	43	上海贝尔软件有限公司	241124
20	神州数码系统集成服务有限公司	467518	44	珠海金山软件有限公司	217326
21	武汉邮电科学研究院	454162	45	广州广电运通金融电子股份有限公司	215169
22	杭州恒生电子集团有限公司	451600	46	中控科技集团有限公司	208765
23	东华软件股份公司	439910	47	山东中创软件工程股份有限公司	201772
24	浙大网新科技股份有限公司	390926	48	联动优势科技有限公司	201081

续表

排名	企业名称	软件业务收入	排名	企业名称	软件业务收入
49	深圳市金证科技股份有限公司	199732	75	维沃移动通信有限公司	131915
50	石化盈科信息技术有限责任公司	194942	76	北京四方继保自动化股份有限公司	130132
51	福建星网锐捷通讯股份有限公司	181979	77	北京握奇数据系统有限公司	128991
52	信雅达系统工程股份有限公司	180363	78	江苏国光信息产业股份有限公司	127305
53	深圳创维数字技术股份有限公司	179122	79	武汉天喻信息产业股份有限公司	126727
54	福建新大陆科技集团有限公司	178406	80	深圳怡化电脑股份有限公司	123036
55	深圳市华讯方舟科技有限公司	175886	81	北京宇信易诚科技有限公司	119329
56	卡斯柯信号有限公司	175745	82	北明软件股份有限公司	117910
57	博雅软件股份有限公司	169833	83	万达信息股份有限公司	117849
58	北京华胜天成科技股份有限公司	168044	84	辽宁天久信息科技产业有限公司	113091
59	北京中油瑞飞信息技术有限公司	167054	85	江苏南大苏富特科技股份有限公司	112723
60	大连环宇阳光集团	166974	86	深圳市紫金支点技术股份有限公司	112435
61	东方电子集团有限公司	165647	87	杭州和利时自动化有限公司	111093
62	沈阳先锋计算机工程有限公司	160258	88	沈阳易讯科技股份有限公司	110679
63	银江股份有限公司	155463	89	先锋软件股份有限公司	110489
64	北京神州泰岳软件股份有限公司	153187	90	杭州士兰微电子股份有限公司	110400
65	云南南天电子信息产业股份有限公司	152802	91	高伟达软件股份有限公司	110086
66	深圳市大族激光科技股份有限公司	150157	92	广州海格通信集团股份有限公司	107736
67	福州瑞芯微电子有限公司	144934	93	东信和平科技股份有限公司	106729
68	大连华信计算机技术股份有限公司	140983	94	上海电科智能系统股份有限公司	106726
69	广联达软件股份有限公司	139310	95	恒宝股份有限公司	103996
70	文思海辉技术有限公司	138994	96	天津天地伟业数码科技有限公司	103607
71	珠海全志科技股份有限公司	135676	97	江苏金智科技股份有限公司	102383
72	启明信息技术股份有限公司	133339	98	沈阳昂立信息技术有限公司	99724
73	博彦科技股份有限公司	132692	99	北京先进数通信息技术股份公司	98930
74	瑞斯康达科技发展股份有限公司	132215	100	北京神舟航天软件技术有限公司	94112

2013年基础软件发展概况

在工业和信息化深度融合、互联网产业迅猛发展的大环境下，云计算、物联网、大数据等新型计算和服务模式不断涌现，推动了基础软件产业和技术的新发展。

一、产业发展趋势

（一）云计算、大数据正在渗透到各行业领域

数据正逐渐成为与电力、石油、天然气同等重要的国家战略资源。据IDC预测，2020年全球数据存储量将达到40ZB，如把这些数据量存储蓝光光盘，光盘的重量将与400艘航母相当。从区域来看，目前中国产生的数据流占全球总量的13%，预计到2020年这一数字将达到22%。迅速扩张的海量数据蕴藏着巨大的经济和社会价值。统计数据显示，2012年我国云计算产业收入达到481.98亿元，大数据产业收入达到4.5亿元（见图1）。

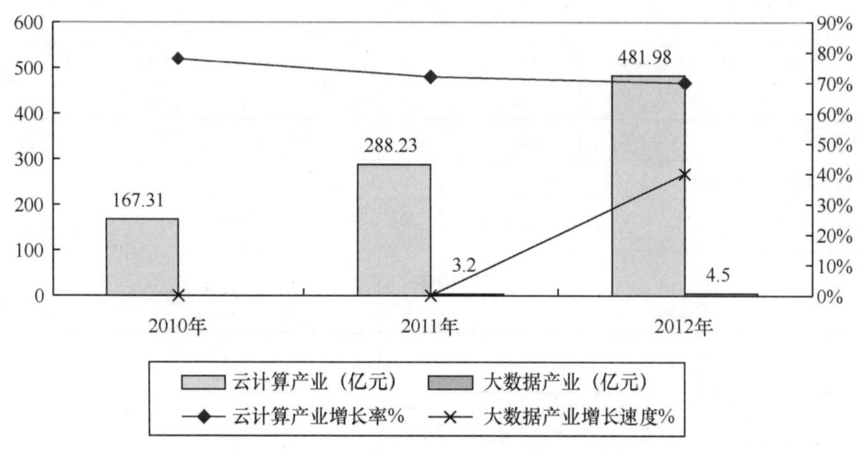

图1　我国云计算和大数据产业发展情况

数据来源：赛迪顾问。

云计算资源的弹性扩展和服务的随时随地获取推动业务数据处理量、处理速度和种类爆增。在计算模式上，云计算模式下的互联网成为复杂的计算体系，包含了整个信息处理过程以及资源采集和数据运算的环境；在服务模式上，推动信息应用和数据应用真正和人们的日常生活状态融为一体，实现了社会化数据网络应用的目标。在行业结构上，通过集成跨终端/平台的数据和网络资源，实现对不同产品和服务的高效整合与应用。

（二）信息系统对安全可控的要求日益迫切

当前国内的信息系统，从操作系统到芯片，再到大型数据库和硬件设备，在关系国计民生的重点行业，如能源、金融、电信等，其主要业务系统软硬件大部分来自国外。数据泄露、木马后门、响应滞后、系统崩溃等成为影响业务系统正常运行的几类典型问题。统计数据显

示，2012 年我国信息安全产业收入达到 216.4 亿元，并以年均 20%的速度递增（见图 2）。

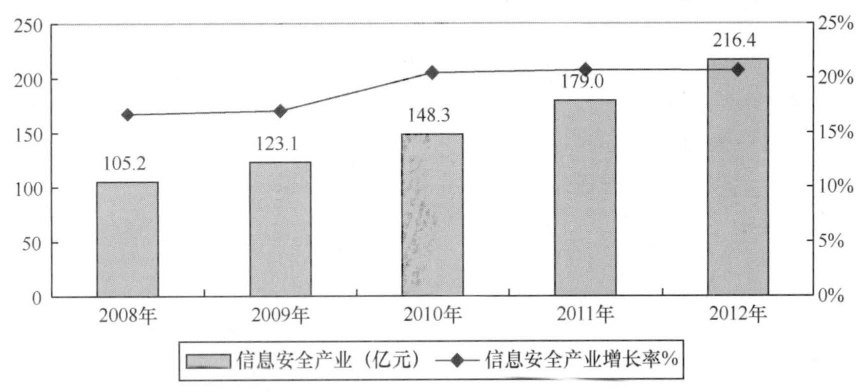

图 2　我国信息安全产业发展情况

数据来源：赛迪顾问。

微软宣布将于 2014 年停止对 Windows XP 的服务支持。目前国内的 PC 用户中使用 Windows XP 系统的约占 73.5%，在用量约为 2 亿台，其中 84%的用户没有升级到 Windows 8 的计划，因此不能获得安全漏洞升级的系统将受到严重的网络安全威胁。推动自主操作系统对 Windows 产品的替换，提供完善的系统安全服务已成为当务之急。

随着我国软件和信息技术服务业的发展，自主产品同国外的差距在缩小，较以前更关注系统运行的整体性能和效能，更关注服务体系和质量保障。自主软件厂商已经开始依靠独立研发设计，逐渐掌握核心技术，实现信息系统基础软件的自主研发、生产、升级、维护的全程可控。采用自主可控的信息系统逐渐成为重点行业降低业务系统运行风险的重要选择。

二、技术发展趋势

基础软件在信息系统建设中发挥着基础性和平台性的作用。自 2000 年国务院《鼓励软件产业和集成电路产业发展的若干政策》（简称 18 号文）发布以来，基础软件就成为国家发展自主软件产业的重中之重。近年来，国家“核高基”重大专项的相继实施，推动基础软件包括操作系统、数据库、办公软件、中间件等领域逐步形成一批拥有核心技术的自主品牌和系列产品。面对云计算环境下的大数据应用场景，基础软件正经历新一轮的技术变革。具体表现在以下几个方面。

（一）复杂数据大规模处理

2011 年 2 月，美国《科学》专刊《Deal with Data》提出两个重要判断与问题：一是对许多学科而言，大数据带来的严重挑战；二是如何更好地组织和使用这些数据。2012 年，美国六个联邦机构联合宣布，新投资 2 亿美元将用于“扩大使用、组织与收集大容量数据，并能作为分析处理工具，以满足科技应用的需求”。云计算时代，大数据的处理与分析必须依靠云计算提供计算环境和能力。《纽约时报》用云计算技术转换了 1851—1922 年超过 40 万张的扫描图片，通过把任务分配给几百台计算机，这项工作在 36 小时内就完成了。信用卡公司 Visa 计算两年的工作量，包括 370 亿笔交易、高达 36TB 的数据量。处理时间用传统方法需要一个月，采用基于 Hadoop 的处理技术只要 13 分钟。

（二）分布式计算架构

操作系统是计算机系统中关键的部分，是所有应用软件发挥作用的平台。借助分布式算法和虚拟化技术，用户可以在单台物理机上运行多个虚拟机，每个虚拟机都可以在多个环境之间共享同一台物理机的资源。不同的虚拟机可以在同一台物理机上运行不同的操作系统以及多个应用程序。分布式数据库可适应海量非结构化数据的存储和分发，满足超大规模的数据量和高并发的用户访问需求。它由分布在多个计算结点上的若干个数据库系统组成，可提供有效的存取手段来操纵这些结点上的子数据库。中间件可实现应用程序的跨平台操作处理，并随着云计算和大数据而走向融合发展。

（三）操作系统软件移动化

近年来，通信工具的智能化带动了操作系统的移动化发展。2007 年苹果推出 iPhone，搭载 iOS 操作系统，着重于应用触控式面板，以实现用户界面与用户体验的改进。同年 9 月，谷歌宣布成立开放手持设备联盟，并推出 Android 操作系统。2010 年 10 月，微软公司正式发布了智能手机操作系统 Windows Phone。2013 年，中国智能手机操作系统市场 Android 一家独大，占有 78.9%的比例。ZDC 监测数据显示，目前中国智能手机市场上在售的机型中，搭载 Android 系统的产品占据 90.1%的比例。除 Android 之外，苹果 iOS 与 Windows Phone 系统机型分别获得 10.3%和 7.6%的关注度。整体来看，智能手机市场上 Android、iOS、Windows Phone 三大系统三足鼎立的格局正在形成。2014 年 1 月，中国发布了自主移动操作系统 COS，中国电信和中国移动正在测试 COS 平台。同时以中标软件、上海联彤、凯斯昊鹏为代表的一批移动操作系统厂商正在崛起。

（四）整合安全管理

市场调查数据表明，安全已经成为阻碍云计算发展的最主要原因之一。数据显示，32%已经使用云计算的组织，45%尚未使用云计算的组织，其 ICT 管理将云安全作为进一步部署云的最大障碍。因此，要想保证云计算能够长期稳定、快速健康发展，安全是首先需要解决的问题。当前不论软件安全厂商还是硬件安全厂商都在积极研发云计算安全产品和方案，包括传统杀毒软件厂商、软硬防火墙厂商、IDS/IPS 厂商等各层面的安全供应商都已加入云安全领域。

三、典型体系结构和关键技术

（一）体系结构

当前，为面向电子商务、智慧城市建设、移动互联网应用、物联网建设等大数据应用，满足数据容量大、多样性强、冗余度大的处理要求，需要支持横向扩展，具有分布、并行、高效特点的基于大数据应用的云计算基础平台体系结构，其构成要素应包括资源池、资源管理、支撑环境和相关的标准、规范和安全机制等。

云资源池由物理资源和虚拟化资源构成。云资源管理由资源监控、调度、虚拟资源管理、分布式文件系统等构成。通过虚拟化技术实现对底层物理资源的抽象，使其成为一个个可以被灵活生成、调度、管理的基础资源单位。将这些资源进行有效的整合，从而生成一个可统一管理、灵活分配调度、动态迁移的基础服务设施资源池，并向用户提供自动化的基础设施服务，就需要云管理平台的支撑。云支撑环境负责面向各类云应用的开发与集成，业务运行和服务管理，实现云服务的可运营，主要包括应用开发与执行环境、分布式数据库集群管理系统及协同支持等。云计算环境下的大数据应用集中在智慧城市建设中的商业智能、政府决策、公共服务和物联网应用等方面，从而改变社会经济的运行方式和决策方式。云安全管理提供整体安全保障。云计算标准为系统结构提供技术引领和相关专利支撑与框架支撑。涉及的关键技术包括虚拟化技术、虚拟资源管理、大数据挖掘、云安全管理技术等。

（二）关键技术

1．虚拟化技术

虚拟化包括计算虚拟化、存储虚拟化和网络虚拟化。计算虚拟化打破了操作系统对服务器硬件的独占形态，在保证服务隔离性的前提下，提高了服务器的利用率，大幅降低了用户的 TCO（总体拥有成本）。存储虚拟化是对存储硬件资源进行抽象化的表现。虚拟化的存储资源是一个巨大的存储池，用户不会看到具体的磁盘、磁带，也不用关心数据经过哪条路径通往哪些存储设备。网络虚拟化解决物理承载网络和虚拟网络的问题。物理机中的网络接入设备虚拟化主要是网络适配器及虚拟交换机；交换网络虚拟化满足多租户对网络资源的隔离等多方面需求。当前主流的虚拟化技术包括 KVM、Xen 以及 Hyper-V 等。其中 KVM 和 Xen 属于开源软件。

2．虚拟资源管理

智能管理是云计算的重要特征之一，具有准实时部署、动态和细化的扩展能力。云计算平台通过调节资源在虚拟机之间的分配来满足用户对系统整体性能提升、服务质量、能耗等方面的需求。动态资源池是把虚拟化资源进行抽象并进行统一管理、分配、组合的资源框架，调节资源在虚拟机之间的分配，实现虚拟机服务能力的复杂控制和云计算平台整体优化。

3．分布式数据处理

处理海量数据，需要采用云计算环境下的并行数据挖掘算法与策略。通常采用 Map-Reduce 并行计算模型，在海量数据处理方面，程序运行处理速度上需要满足实时性的要求，短时间内能够完成海量数据的挖掘工作。分布式数据库由分布在多个计算结点上的若干个数据库系统组成，它提供有效的存取手段来操纵这些结点上的子数据库。典型的如 Google 的 BigTable、Amazon 的 Dynamo、Apache 的 H base、Zvents 的 Hypertable 等。目前开源的产品如 Facebook 的 Cassandra、Apache 的 HBase 等。

4．云安全管理

云计算的安全一直是众多用户所关注的，主要涉及云计算技术的安全风险以及数据监管方面的风险。虚拟层的引入使云平台安全相比传统的数据中心安全更为复杂。云计算的安全管理不仅局限在使用某种安全技术，而是覆盖云计算数据中心的整体安全策略。云计算的安全性需要保护用户的数据隐私。通常采用高强度的加密算法对用户的敏感数据进行加密。同时需要保证执行环境的可信性，这需要建立从传输层到应用层完整的安全防控体系。

四、对于基础软件产业发展的建议

目前，国内基础软件厂商已经形成了产业链条，在多个行业领域开展合作研发和市场推广。当前主流操作系统厂商包括中标软件、中科方德、凝思科技等；主流数据库厂商包括达梦、神州通用、人大金仓、南大通用等；主流中间件厂商包括东方通、金蝶、中创等。下一步应从行业大数据管理和智能系统的应用入手，推进基础软件产品和服务的跨越发展。

（一）行业大数据管理系统应用

面向传统工业和制造领域以及智能设备的大数据应用，整合国产基础软件和应用软件技术资源，建设数据采集、存储、分析、应用的全链条能力。结合行业特点，在数据精确性、可靠性和系统效率等方面提供符合业务发展需要的信息系统和数据管理标准，形成解决方案。重点服务领域包括能源、环保、制造业、医疗等行业。

（二）智能跨终端/平台系统应用

面向智能跨终端/平台系统软件的开发，基于开源软件和硬件社区，研究智能设备管理框架、操作系统和平台软件的技术标准体系。以开放平台、众包众筹的形式提供支撑智能跨终端/平台开发、运营的设计方案和系统软件，形成覆盖芯片设计、系统软件开发、终端制造、服务运营的产业生态环境。

（三）行业信息系统规划设计和解决方案

结合国家智慧城市和物联网发展规划布局，深入重点行业和企业开展调研，把握重点行业应用和服务需求。根据不同区域和行业的特点，结合信息技术服务标准，如咨询、集成、运维、安全等，提供贯穿信息系统生命周期的规划设计和解决方案。重点服务领域包括社会管理、公共服务、金融、物流等行业。

（四）加强技术合作及人才储备

以产业联盟的形式团结一批上下游厂商与合作伙伴。加强在关键技术领域的攻关，实现可持续的核心技术掌握，支持基础软件厂商、联盟通过联合制订技术标准、认证产品和解决方案、社区合作促进市场推广等方式提高国产“软硬一体化”平台的生产力。发展归根结底需要靠人才，建议设立国产基础软件人才储备专项资金，以多种方式培养操作系统领域顶尖的技术人才和应用推广人才。

（稿件由中国软件行业协会提供）

2013 年工业软件发展概况

2013 年，我国工业软件市场总体呈稳步增长态势，市场规模达到 913.7 亿元，同比增长约 23.6%（见图 1），国内工业软件市场的发展速度远远高于全球市场年均增长水平，成为全球工业软件市场增长的主力军。

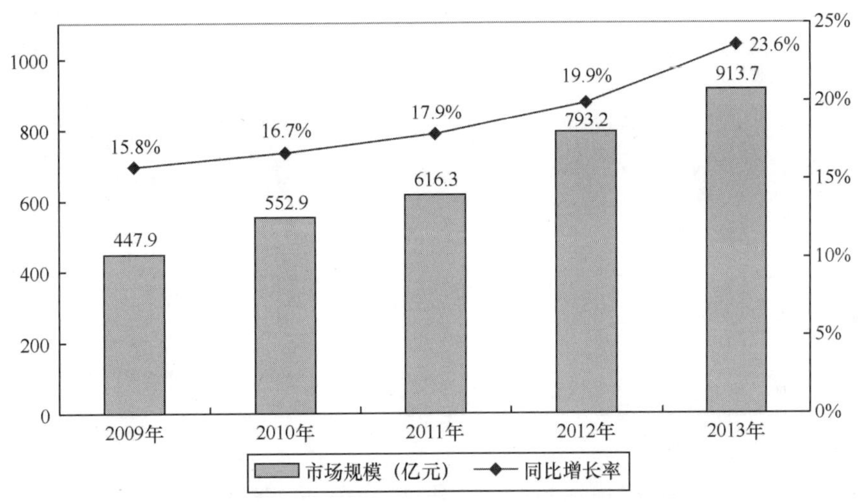

图 1　国内工业软件市场规模及增长情况

2013 年，国内厂商提供的产品已超过 30%，本土软件企业借助推进软件正版化工作，打破了国外软件一统天下的局面，形成了一大批高水平的优秀软件企业。国内工业软件各领域市场规模占比分布情况如图 2 所示。

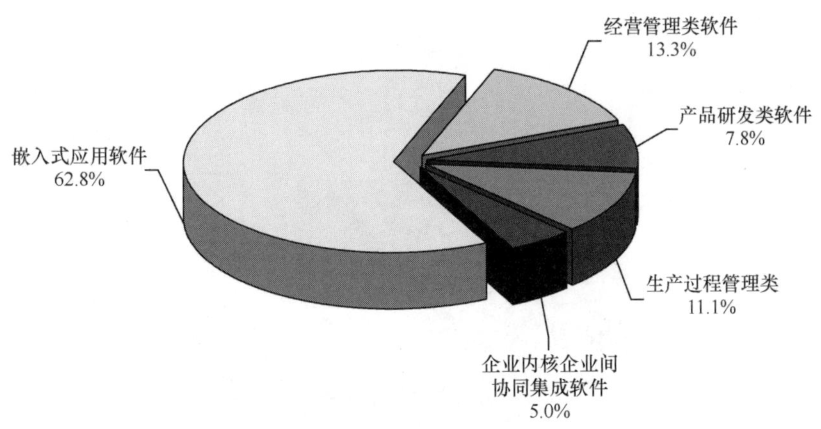

图 2　国内工业软件各领域市场规模占比分布情况

从工业软件的应用情况来看，ERP 和 CAD 的普及率依然最高，从调研的情况来看，工业软件应用的程度差异较为明显，很多中小企业主要还是单纯的 ERP 应用。

工业软件发展的重点和趋势，可概括为：①产品和装备智能化；②设计和制造过程数字化；③转变生产模式和制造模式；④绿色制造、节能减排；⑤制造业和物流业联动。

一、经营管理类软件

（一）发展现状

2013 年，中国经营管理类软件市场增长保持着较快的发展速度，市场规模达到 299.3 亿元，增长率约为 21.01%（见图 3）。预估未来 5 年，中国管理软件市场将仍然保持高速发展态势，复合增长率达可达到 25.6%。

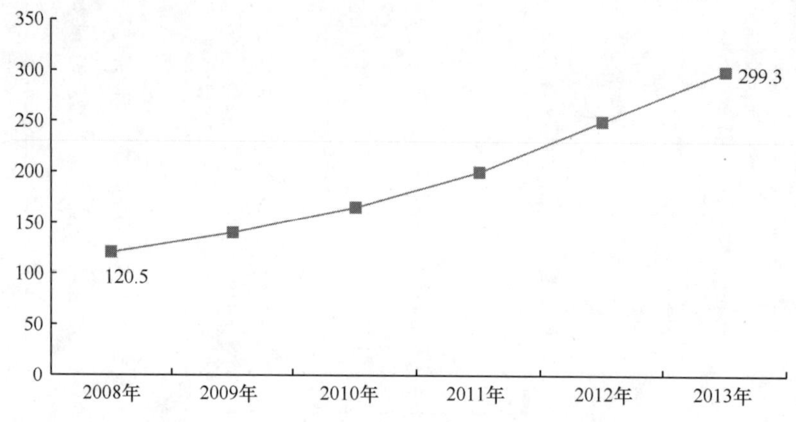

图 3 国内经营管理类软件市场规模及增长趋势

经营管理类软件为目前中国软件业最大细分市场，当前正处于第四个技术变革阶段，即云计算变革时代。然而，由于云计算技术的开发、部署和应用尚处于导入阶段，其影响力仍未完全发挥。

随着市场的不断发展，国内 ERP 市场销量持续上升，规模达到 103.2 亿元，增长率约为 21.3%，占整体管理软件市场规模已超过 50%（见图 4）。

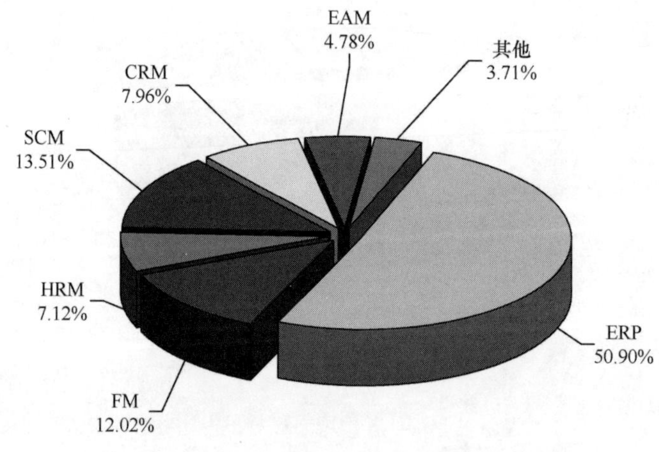

图 4 国内经营管理软件市场结构分布情况

国内软件厂商用友、金蝶持续关注中低端市场，在国家政策的大力扶持和用户庞大需求的驱动下，实现了较大范围的市场推广，但仍存在着某些不足，相当一部分企业的管理软件应用停留在较浅层面，未真正发挥出精细管理的效用。国内部分经营管理类软件厂商如表 1 所示。

表 1　国内部分经营管理类软件厂商一览表

编号	企业名称	地区
1	用友软件股份有限公司	北京
2	东华软件股份公司	北京
3	神州数码（中国）有限公司	北京
4	软通动力信息技术（集团）有限公司	北京
5	金蝶软件（中国）有限公司	深圳
6	广东远光软件股份有限公司	广东
7	上海宝信软件股份有限公司	上海
8	上海海隆软件股份有限公司	上海
9	杭州新世纪信息技术股份有限公司	浙江
10	山东浪潮齐鲁软件产业股份有限公司	山东
11	太原理工天成电子信息技术有限公司	山西
12	东软软件股份有限公司	沈阳

随着对经营管理类软件认识的加深，未来在中小型企业市场的潜力巨大。截至 2013 年第三季度末，全国工商注册的中小企业总量超过 4200 万家，占全国企业总数的 99%，中小企业创造的最终产品和服务的价值占国内生产总值的 58%，其经营管理软件的需求很大，中小企业管理软件市场增长率超过大型企业市场。以 ERP 软件为例，占到约 63.5%。经营管理类软件的行业份额分布情况如图 5 所示。

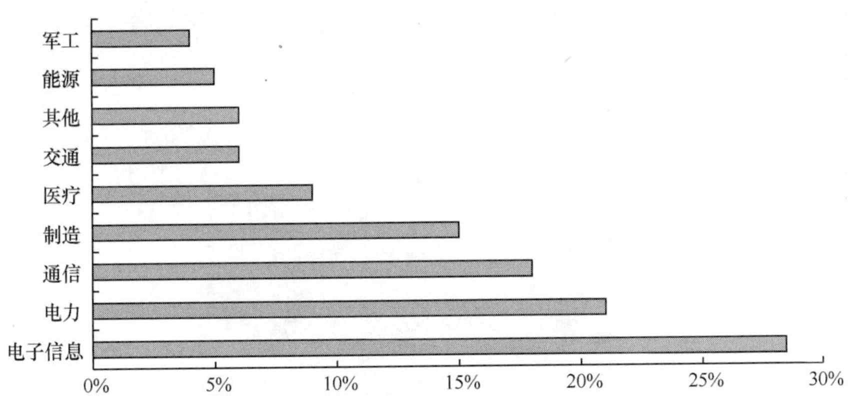

图 5　经营管理类软件的行业份额分布情况

（二）发展趋势

经营管理类软件的行业细分与合作势在必行，以往从开发到维护全过程同一个厂家包干到底的时代一去不返，取而代之的是产业链多个厂商分工合作，从前期技术开发、销售到后期实施和运营维护，一条流水线的多个供应商缺一不可。以 ERP 为例，系统集成、应用软件、IT 项目咨询培训等信息化产业链日渐成型。

IT 咨询业的发展空间庞大。企业 IT 战略规划的重要性日益凸显，越来越多的企业将其纳入整体战略规划中，从而引发 IT 咨询业务成为行业新的增长点。

二、产品研发类软件

（一）发展现状

产品研发类软件包括计算机辅助设计（CAD）、计算机辅助分析（CAE）、计算机辅助工艺规划（CAPP）、计算机辅助制造（CAM）等工具类软件以及产品数据管理（PDM）/产品全生命周期管理（PLM）等。国内产品研发类软件市场持续多年稳步增长，2013 年市场规模达到 61.3 亿元，同比增长约 19.8%（见图 6）。

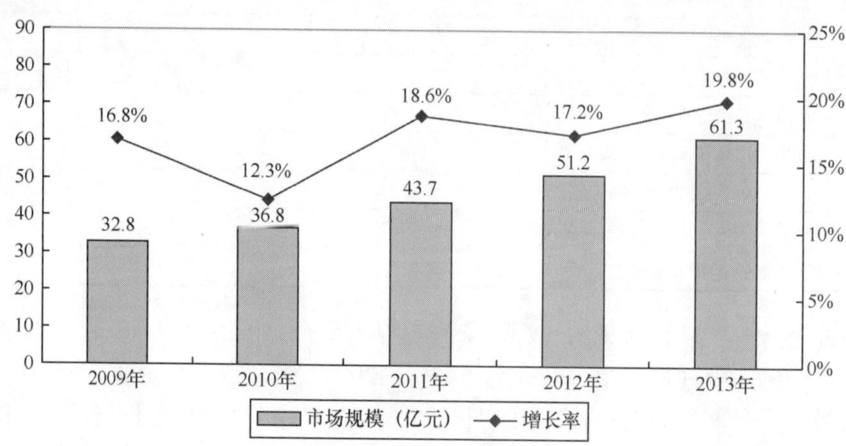

图 6　国内产品研发类软件市场规模增长情况

国内产品研发类软件市场份额分布情况如图 7 所示。

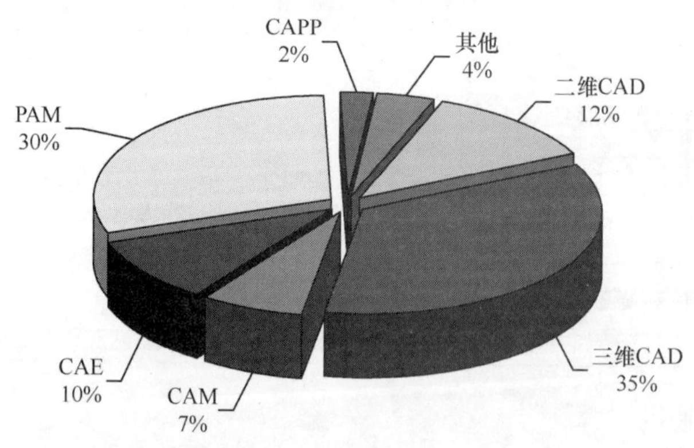

图 7　国内产品研发类软件市场分布情况

从市场份额看，CAD、PDM、CAM、CAE 依然占据较大的市场份额，CAPP 增长较缓慢，产品研发类软件总体市场仍保持较快的增长速度。

（二）市场分析

PLM 产品生命周期管理是应用于单一地点或多个地点的企业内部，以及在产品研发领域具有协作关系的企业之间的，支持产品全生命周期信息的创建、管理、分发和应用的一系列应用解决方案，它能够集成与产品相关的人力资源、流程、应用系统和信息。PLM 包含以下方面的内容：①基础技术和标准（如 XML、可视化、协同和企业应用集成）；②信息创建和分析的工具（如机械 CAD、电气 CAD、CAM、CAE、计算机辅助软件工程 CASE、信息发布工具等）；③核心功能（如数据仓库、文档和内容管理、工作流和任务管理等）；④应用功能（如配置管理）；⑤面向业务/行业的解决方案和咨询服务（如汽车和高科技行业）。

国内 PLM 市场行业应用分布如图 8 所示。

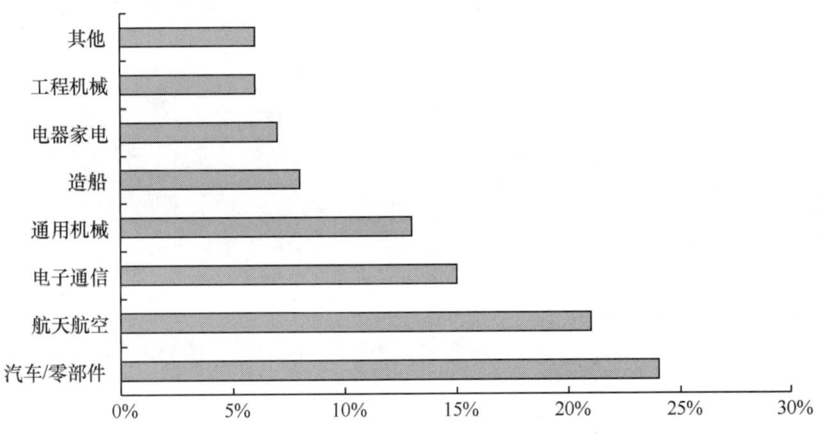

图 8 国内 PLM 市场行业应用分布

从国内 PDM/PLM 行业分布来看，汽车、工业装备及航空航天与国防是国内发展最迅速的三大市场，国外企业西门子、PTC 和达索仍稳固地占有国内市场前三名的位置，基本格局没有变化。国内代表厂商主要包括艾克斯特、新模式软件、神舟航天、清软英泰、开目、上海思普、CAXA、中望、浩辰、用友、金蝶等；国内产品主要占据中端市场，经过多年的市场发展，国内产品在平台化、集成性、易用性、咨询服务等方面得到了大幅提升。

CAD 市场软件品牌较为集中，国外 CAD 软件由于先发优势，在用户量上依然占据优势；国产 CAD 软件厂商这几年发展较快，在技术创新的同时加强国内厂商之间的联盟与协作，抱团发展，以提供自主、超值、本土化服务为优势，在企业市场上占有优势地位。

近几年，随着移动互联网的普及和广泛应用，移动 CAD 逐渐成为热点，并得到诸多厂家的青睐，国内厂商相继推出了 AutoCAD 360、GstarCAD MC、AndCAD、Turbo Viewer Pro、中望 CAD Touch 等移动 CAD 产品。以云计算作为技术实现方式，以移动 CAD 软件、云 CAD 服务作为工具，实现多平台、多应用的协同运行。据 CNIT-Research 统计数据显示，截至 2013 年，国内移动 CAD 软件累计用户量达到 252.4 万，相比上一年增长 94.6%。其中，浩辰 GstarCAD MC 的用户增长速度最快，达到 139.1%。随着诸多厂商的加入，这块市场的增长将趋于缓和。

CAPP 市场基本还是国内厂商占据优势，但市场增长较缓慢，开目、天河、艾克斯特、CAXA 等厂商是这个领域的佼佼者。

三、制造执行系统

制造执行系统（MES）提供为优化从订单投入到产品完成的生产活动所需的信息。制造执行系统本质上是介于企业资源计划（ERP）和车间生产自动控制和生产管理控制系统之间，是生产活动与管理活动信息沟通的桥梁。MESA International（MES 国际联合会）归纳了 11 个主要的 MES 功能模块，包括：工序详细调度、资源分配和状态管理、生产单元分配、过程管理、人力资源管理、维护管理、质量管控、文档控制、产品跟踪和产品清单管理、性能分析和数据采集。制造执行系统的组成和结构示意如图 9 所示。

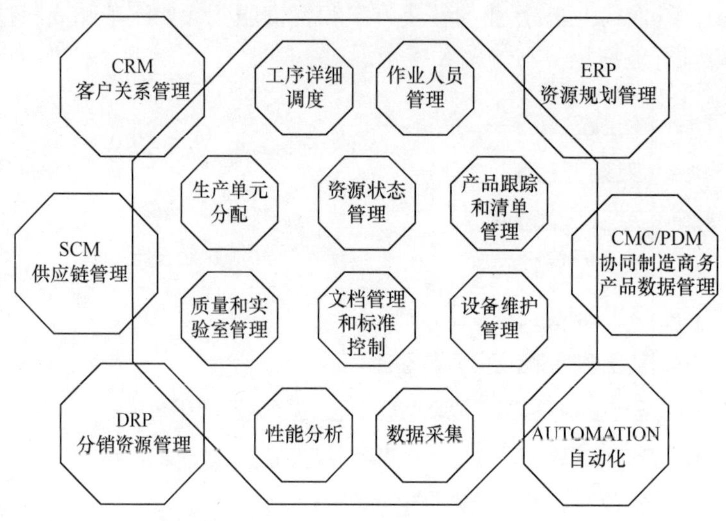

图 9　制造执行系统的组成和结构示意

（一）发展现状

市场竞争的压力促使企业必须提高客户响应度、降低成本、提高质量、提升效率、加强合规性管理，MES 所具有的功能越来越受到企业的青睐，市场需求逐年稳步提升，实施 MES 一方面提高了 ERP 的效用，另一方面也促进了企业的精细化管理。2012 年，MES 国内市场规模达到 17 亿元，增长率达到 25.9%，2013 年市场规模达到 21.86 亿元，增长率达到 28.6%（见图 10）。钢铁/冶金、化工、烟草、电子、汽车仍然是 MES 应用的重点领域。

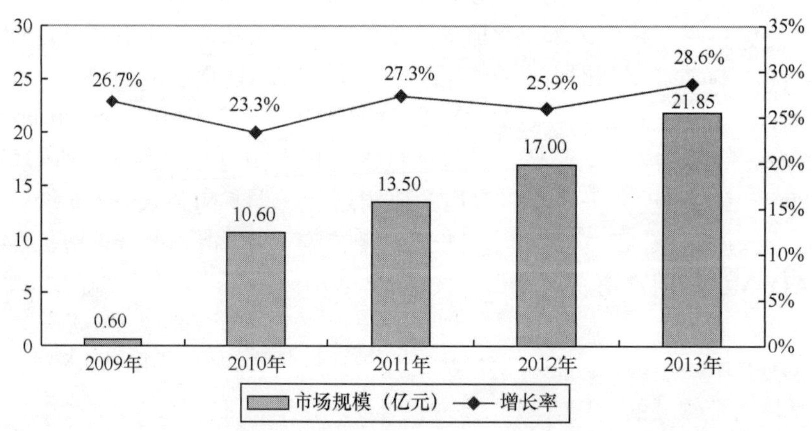

图 10　2009—2013 年国内 MES 软件市场规模增长情况

国内主要的 MES 软件供应商如表 2 所示。

表 2　国内主要的 MES 软件供应商一览表

行业	主要供应商
钢铁	宝信、中控软件、GE FUNUC、PSI
石油	石化盈科、中控软件、WONDERWARE、ASPEN TECH
电子	明基逐鹿、西门子、BROOKS、巴陆
烟草	SIEMENS、WONDERWARE、科德宝宜合、长沙艾特
机械	华铁海兴、南京比邻、SIEMENS、宝信、CIMNET
化工	SIEMENS、和利时、宝信、中控软件
汽车	APRISO、WONDERWARE、联欣、南京比邻
电器	WONDERWARE、南京比邻、联欣、迅泰科技

（二）应用趋势

（1）知识管理的思想将渗透和融入未来的 MES 中，MES 不仅为现场制造提供了一个信息处理平台，同时提供了一个制造知识管理平台；

（2）MES 将容入更多的模拟专家智能活动的功能，部分取代人的工作，并具有自组织能力，实现人–机制造一体化的制造过程优化；

（3）通过智能数据挖掘与分析，进行管控指标体系的重构，以适应制造环境和制造流程的改变。

四、企业内及企业间协同集成软件

（一）市场概况

2013 年，在云计算、大数据、移动互联的潮流趋势下，协同厂商纷纷推出新产品，协同软件产品市场规模不断扩大，2013 年，我国协同软件市场规模达到 133.5 亿元，市场规模增长率为 34.04%，到 2014 年，预计协同软件市场总额将达到 180 亿元（见图 11）。

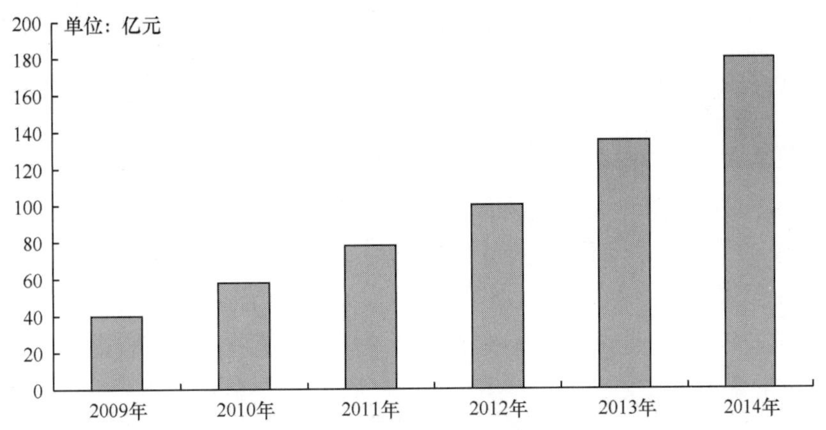

图 11　2009—2014 年中国协同软件市场规模

从中国协同软件市场区域分布情况看，主要集中在华北、华东和华南等地区，其中华北占总市场份额的33.8%，华东占32.07%，华南占15.53%，3个地区所占份额总共达到81.4%（见图12）。

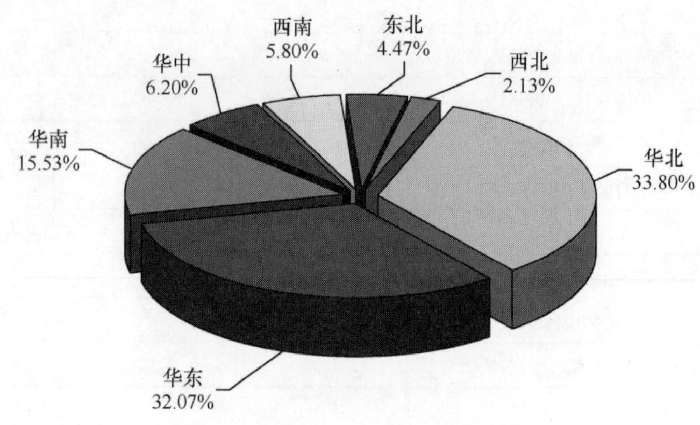

图12　2013年协同软件市场区域分布

从行业分布来看，2013年中国协同软件主要分布在制造、政府、金融、流通和电信等领域，其中制造业所占比例最高，达到33.23%（见图13）。

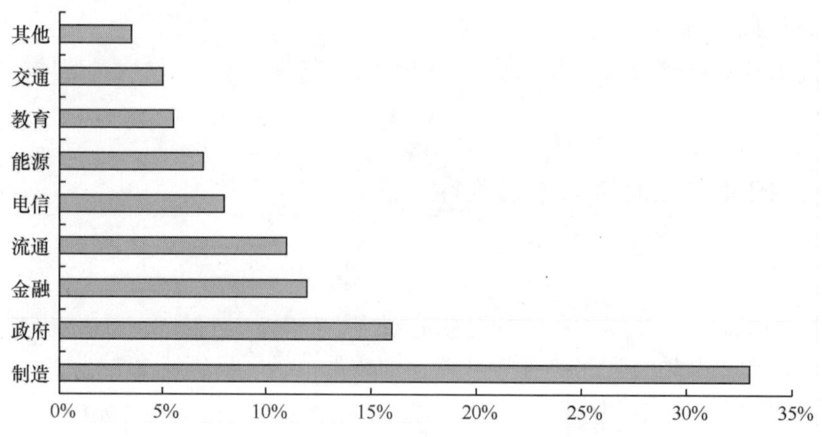

图13　2013年协同软件市场行业分布

（二）2013年协同软件重要进展

1. 协同平台

2013年，以Java技术为核心的协同平台优势更为巩固，以流程、文档、移动、集成、门户技术为支撑的大协同时代正呼之欲出。致远与泛微不约而同地开始在大协同、大OA的方向上发力，主张“在单体应用层面实现PC移动一体、在跨组织应用层面实现内外业务链一体、在技术层面实现前中后端一体、在业务经营层面实现客户伙伴联营一体”。

2. 协同应用

大型企业已将系统整合与数据智能分析、移动应用作为投资重点；中小企业随着企业自身的不断发展壮大，对协同应用的需求不断提高，特别是在国家重点支持小微企业的背景下，企业日益认识到信息化在市场竞争中的重要作用，小微型企业的协同需求正在被释放。协同厂商开始细分市场，一方面针对中高端市场推出集团版和政务版；另一方面也在加速中小企业产品的普及，如通达提出小微企业3年免费使用计划，意在拓展市场空间。

3. 协同工具

协同工具软件是品类最丰富、应用最广泛的一类，随着社交网络的盛行，几乎人人都已成为协同工具软件的用户，越来越多的企业将社交网络应用模式纳入企业战略，协同厂商相继推出和整合新的企业级通信工具。腾讯、阿里巴巴等互联网企业意欲进军企业社交和移动办公领域，将成为协同市场发展的催化剂。

五、嵌入式系统软件

嵌入式软件与嵌入式系统是密不可分的，嵌入式系统是“控制、监视或者辅助设备、机器和车间运行的装置”。而嵌入式软件就是专为嵌入式系统设计的软件，它也是计算机软件的一种，同样由程序及其文档组成，是嵌入式系统的重要组成部分。嵌入式软件在中国的定位应该集中在国防工业和工业控制、消费电子、通信产业等领域。

（一）发展概况

目前，我国嵌入式软件在软件业中占17%左右，巨大的市场需求不断加速嵌入式软件的产业化进程。嵌入式软件市场继续向数字化、智能化、网络化和专业化方向纵深发展，以计算机技术、通信技术和软件技术为核心的信息技术发展飞快，嵌入式软件在国民经济各领域和日常生活中发挥了更加重要的作用。2013年，嵌入式系统软件自下半年以来增长逐步加快的局面有所变化，受2012年同期增幅提高、基数增大等因素影响，1～11月同比增长18%，比1～10月下降8.2个百分点，比2012年同期低17.5个百分点，出口增长11.4%，增速低于全行业出口2.3个百分点，但比2012年同期高5.6个百分点。

从公司规模看，100人以内的小型公司所占比例为49%，100～500人的中型公司所占比例为29%（见图14），这和传统的IT企业规模构成差别还是比较大，说明嵌入式系统充分结合了行业应用、具有灵活定制性的特点。嵌入式系统应用领域非常广泛，在每个典型的应用领域内都要求企业具备一定的专注性和专业性，这与传统的IT行业经常会在某个领域内出现垄断的大型企业的局面有所不同。

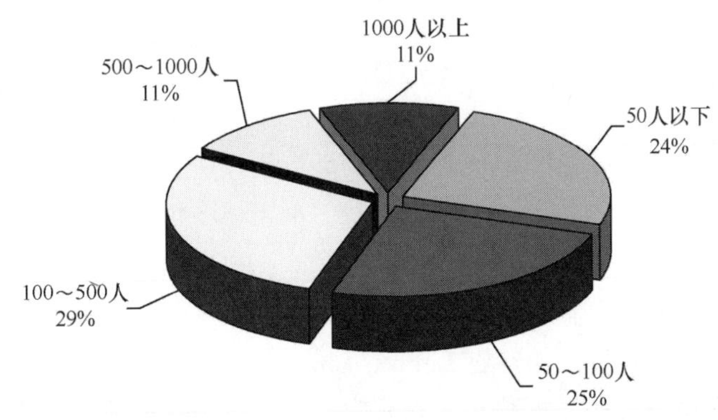

图14　2013年嵌入式软件企业规模分布

数据来源：华清远见。

（二）嵌入式软件分类

1．嵌入式开发工具

在软件开发平台的选择上，嵌入式 Linux 占据了明显的优势，Linux 以其开源成本低的优势依然受到众多嵌入式企业的欢迎，此外，Windows CE/Mobile 和 UC/OS-Ⅱ也占有一定比例。

嵌入式系统开发往往需要多种工具配合，如果采用 Eclipse 平台，各种工具都以插件的方式出现，则开发人员非常容易定制自己的开发工具集。从编辑、建模、编译、仿真、调试、测试工具到操作系统定制、版本管理、项目管理工具都可以无缝集成，构建成一个界面风格完全统一的开发工具集合。

在软件开发调试工具方面，keil 和 IAR 分别以 37%、24%的比例成为嵌入式开发者的主要调试工具，总计占所有参与调研人数的 61%（见图 15）。合适的调试工具的选择使用，可以大大加快产品的开发进度。

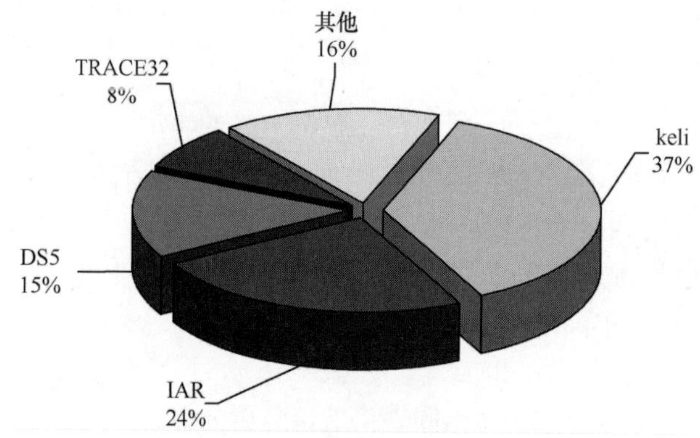

图 15　2013 年嵌入式开发者对软件开发调试工具的使用情况

数据来源：华清远见。

2．嵌入式操作系统

目前，国内外已有几十种商业化的嵌入式操作系统可供选择，如 Vx Works、pSOS、PalmOS、Neculeus、WindowsCE、Hopen 等。不同厂商生产的操作系统虽各有差异，但一般具有系统核心、图形窗口、系统文件、系统设备、驱动程序和网络协议等内容和功能。目前世界上有许多嵌入式实时操作系统，其中最典型的包括 VxWorks、QNX、eCos、RTEMS、VRTX、LynxOS、Nucleus Plus、PalmOS、WinCE、pSOS、RTLinux。

我国在嵌入式操作系统方面的研发起步较早，但市场化程度不高，进入市场的时间大都只有 4～5 年，市场占有率很低，应用主要集中在机顶盒、智能家电、数字电视、PDA 和智能手机上。目前，中国本土厂商自主研发的嵌入式操作系统，一类是专有操作系统；另一类是基于 Linux 的开源操作系统，如红旗 Linux、Linous、eMotion、NeuLinux 等。中国本土嵌入式软件厂商继续保持良好的发展势头，具有完全自主知识产权的国产嵌入式操作系统取得了可喜的进展。

国内部分嵌入式软件操作系统如表 3 所示。

表 3 国内部分嵌入式软件操作系统一览表

产品名称	供应商	应用领域
Hopen	凯思昊鹏	通信消费、电子、工控
Delta	科银京成	军工、通信消费、电子
SmartOS	浙江大学	通信、消费类电子
中软 Linux	中软公司	工控、移动通信、网络计算机

3. 嵌入式应用软件

目前，嵌入式产品应用最多的三大领域依然是消费电子、通信设备、工业控制，所占比例分别是23%、17%和13%，三大领域所占比例之和为53%（见图16），其中消费电子所占比例较2012年有明显增长，相信这与智能手机、平板电脑等移动设备的大面积普及有直接关系。

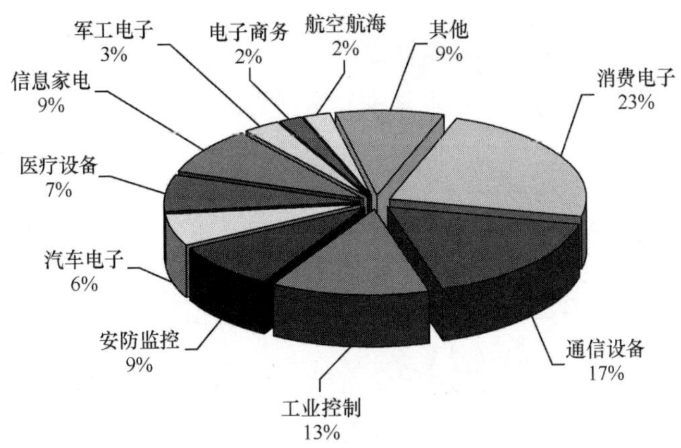

图 16 国内 2013 年嵌入式软件应用领域分布情况

数据来源：华清远见。

嵌入式软件典型应用领域如表4所示。

表 4 嵌入式软件典型应用领域一览表

领域	具体应用
消费电子	数字电视、掌上电脑、DVD、MP3、MP4、数码相机、网络冰箱、网络空调、家庭网关、可视电话等其他智能家用电器等
通信设备	智能手机、电话交换系统、电缆系统、卫星和全球定位系统（GPS）、数据交换设备等
工业控制	数控机床、智能仪器、仪表制造、工厂污水处理系统、发电站和电力传输系统、自动化工厂控制系统、开发维护和测试的工具、石油提炼和相关的贮运设施、建筑设备、计算机辅助制造系统、能源控制系统、核电站、机器人系统等
金融	自动柜员机、信用卡系统、售货端系统、安全系统等
交通	运输（航空、铁路、公路）系统、燃料服务、航空管理、信令系统、雷达系统、交通指挥系统、停车系统、售票系统、乘客信息系统、检票系统、行李处理系统、应急设备、汽车电子、车载导航器系统、交通监控系统等
医疗设备	CT、超声仪器、磁共振仪器、心脏除颤器、心脏起搏器、患者信息和监视系统、X-光设备理疗控制系统、电磁成像系统等

（稿件由中国软件行业协会提供）

2013 年软件与信息技术服务外包发展概况

2013 年始，全球软件与信息技术服务外包产业增速趋缓，仍保持持续增长态势，产业不断转型，从成本导向逐步转向基于创新的价值导向。Nasscom 数据显示，2013 年全球软件服务外包支出超过 1.2 万亿美元，增长率约为 7%，高于全球 IT 服务 4.2%的增长率。未来两年，全球软件服务外包支出增长率将达到 5%～6%。软件即服务、社交技术、移动和实时分析将成为软件与信息技术服务外包产业发展的重要方向。

一、基本情况

（一）软件与信息技术服务外包产业规模稳步增长

2013 年，中国服务外包产业继续保持稳步增长的态势，为经济社会发展贡献突出。据商务部服贸司统计，2013 年我国共签订承接服务外包合同 167424 份，合同金额 954.9 亿美元，同比增长 55.8%；执行金额 638.5 亿美元，同比增长 37.1%。其中，承接国际服务外包合同金额 623.4 亿美元，同比增长 42.2%；执行金额 454.1 亿美元，同比增长 35.0%（见图 1）。

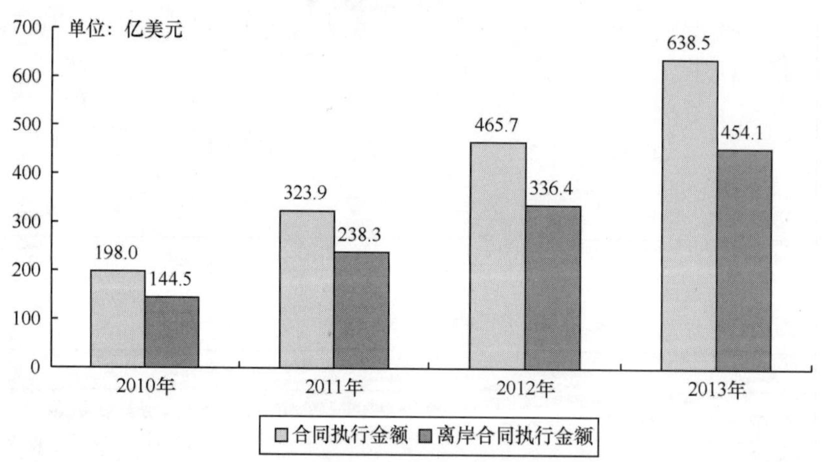

图 1　近四年中国服务外包产业发展情况统计

2013 年，我国服务外包产业新增从业人员 106.5 万人。截至 2013 年年底，我国共有服务外包企业 24818 家，从业人员 536.1 万人，其中大学（含大专）以上学历 355.9 万人，占从业人员总数的 66.4%。

2013 年中国服务外包市场结构分布如图 2 所示。

从区域市场分布看，美国、欧盟、中国香港和日本是购买国际服务的主要发包市场。2013 年我国承接美国、欧盟、中国香港和日本的国际服务外包执行金额情况如图 3 所示。

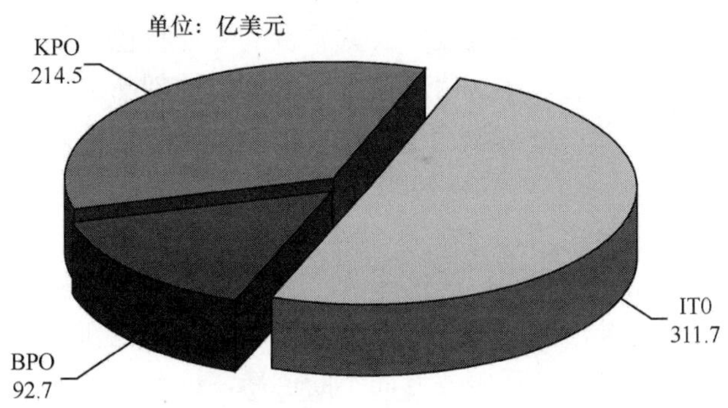

图 2　2013 年中国服务外包市场结构分布

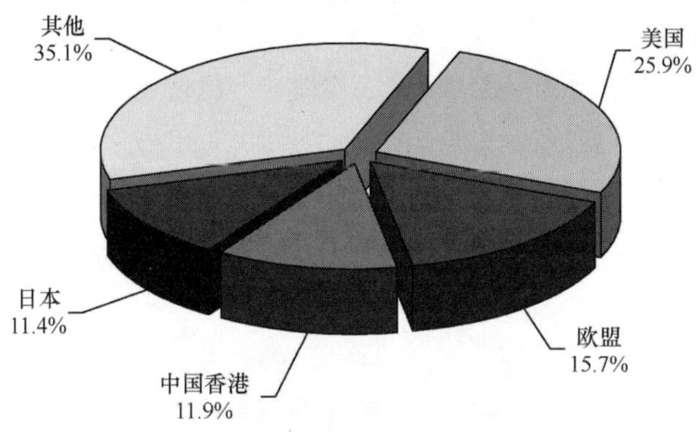

图 3　2013 年中国服务外包市场区域分布

数据来源：商务部服贸司。

（二）市场、政策、环境等要素逐步完善

一是政策支持体系日益完善。推动产业进一步规范化发展，促进在岸离岸服务外包协调发展，同时鼓励特色化、差异化发展。国家出台了一系列政策，《关于进一步促进服务外包产业发展的复函》等文件顺应当前新兴技术发展、促进政府机构和传统产业的信息化升级，以政府、机关单位、国有企业、国内自由市场为主要对象的服务外包的加快释放，将带动内需市场的全面开启。

二是人才培训及服务体系进一步完善。人才作为服务外包产业的核心资源，贯穿着外包企业的整个业务流程，甚至可以说人才能力的高低决定着服务外包企业的发展水平和速度。例如，2013 年 3 月，中国服务外包人才基石工程正式启动，从国家层面，将国家标准、地方教育资源、政府、人才培训和服务机构相结合，通过与不同地方政府合作，针对当地的人才特点，为当地打造一套完整的区域可持续的人才产业链。

三是信息安全及知识产权保护体系逐步建立。2012 年发布了《国务院关于大力推进信息化发展和切实保障信息安全的若干意见》，各省市加强了信息安全法律法规体系的建设，国务院办公厅还发布了《2012 年全国打击侵犯知识产权和制售假冒伪劣商品工作要点》，国家知识产权局确立了北京、天津、上海、济南、成都以及湖北等 29 个地区性知识产权局为首批地方专利信息服务中心，随后又确立了武汉、广州、长沙、杭州、苏州等 23 个城市为首批国家知识产权示范城市。

四是产业相关公共服务平台建设。实现从硬件设施建设向软件配套（信息、技术、人才、宣传、融资、知识产权服务等）完善过渡。公共平台的专业特色更加鲜明，功能性增强，并有可能孕育新的商业模式，带动软件与信息技术服务外包的创新发展。例如，上海服务外包交易促进中心线上交易平台正式启动，整合了政府主管部门、行业协会、大型企业、海外机构、专家顾问等资源，集中了上万条政府采购、本地买家和优质海外项目等信息，涵盖了IT、金融、生物医药、文化创意等领域。

五是相关类型园区功能逐步完善。园区成为产业发展的主要功能载体，拥有良好的生态环境，基础设施配套较为完善，集聚了一批具有较强影响力和创新活力的软件与信息技术服务外包企业。园区在运行机制和管理服务方面不断创新，园区发展环境及功能进一步改善和提升，品牌特色效应显著。

中国（上海）自由贸易试验区正式挂牌运行，以上海自贸区的成功为榜样，据悉目前已有11个省市提交或者还在修改自贸区方案。自贸区在制度、税收、投融资方面的改革，能够为经济发展带来更为宽松的产业环境，将促进软件与信息技术服务外包，尤其是离岸外包的快速发展。在国家政策宏观调控的基础之上，更加突出了市场功能和作用，融入市场，发展市场，随着改革的全面深化、自贸区大范围试行，服务外包的内外市场规模、产业价值、全球地位等都将有一个质的飞跃和突破。

二、发展特点

2013年，我国软件与信息技术服务外包企业的数量快速增长，涌现出一批具有国际竞争力和影响力的龙头企业。开拓在岸外包市场、建立全球交付中心、实施整合并购战略、技术引领业务升级四种方式成为软件与信息技术服务外包产业发展壮大的主要途径，例如文思创新与海辉软件合并后成立的文思海辉，人员达到2.3万人，营业收入突破5亿美元。综合来看，2013年软件与信息技术服务外包企业发展中主要呈现以下几大特征。

（一）新技术推动下，企业业务模式转型和升级

云计算、大数据、3D打印等新技术的成熟为软件与信息技术服务外包企业带来新的发展领域，引领商业模式创新。众多企业已经开始在为业务转型和升级寻求突破。比如一些传统数据中心开始向云数据中心过渡，一些软件集成商和开发商也逐步向综合信息服务供应商转型。通过企业间的并购与重组，树立有影响力的品牌，提高企业知名度，加快高端服务能力提升，向高端市场发展。

中国服务外包研究中心组织的企业调研统计显示，84.9%的企业表示对云计算技术十分关注，39.6%的企业开始研究大数据和移动互联技术，30.2%的企业在思考物联网技术应用，另有15%左右的企业关注新媒体、社交网络等。例如，天津南开创元由单一业务转向综合服务提供商，浪潮集团由制造服务商转向云服务提供商，江苏润和软件向智能化升级，大连华信致力于应用载体创新升级，海隆软件向上游业务升级等。

（二）企业并购、合作联盟不断增多

2013年，行业领域内的并购显现了一些新特征，跨界并购初现端倪。2013年发生了多起并购，如2月，杭州网营科技和深圳赛五洲电子商务联合，推出了中国首例电商代运营联

合品牌“网营赛五洲”；5 月，博彦科技与合作伙伴共同以现金形式收购柯莱特公司全部已发行普通股的初步非约束性意向；7 月，东软全资子公司东软医疗与 Philips 公司、东软飞利浦等各方在股权转让、资产转让、知识产权等方面签订协议；中软国际以现金 4100 万美元加上待收购后达成若干条件的额外代价收购咨询服务提供商 Catapult Systems，LLC，借此开拓移动和云解决方案。

（三）中国服务外包上市企业的“集体私有化”

2013 年，尚华医药、亚信联创、文思海辉相继宣布完成私有化，柯莱特、软通动力也宣布即将私有化。至此，中国在美上市的软件外包企业基本都已宣布或完成从美股市场退市，这场中国服务外包领域的“集体私有化”已成为不争的事实。美国资本市场下行，中国在美上市的服务外包企业融资能力大幅下降，再加上国内服务外包行业已行至拐点，亟须调整产业架构，进行转型升级，因此服务外包企业不得不通过私有化方式从美国资本市场退出，以更加灵活、果敢的方式转变公司的商业模式和服务方式，来实施激进的或隐私的策略。但是私有化绝不是终点，而是中国服务外包企业新的起点，可以看到经过私有化后这些企业都已经开始沉淀，更加专注于企业自身业务发展。

三、面临的问题

尽管我国软件与信息技术服务外包行业发展速度很快，但总体发展水平仍然偏低，企业规模小，在国际市场上的竞争力弱。

（一）要素成本优势正在逐步减弱

随着人民币汇率快速上升，服务外包企业人工成本、经营成本、财务成本等过快增长。尤其是作为外包企业主要成本的人工成本，占比为 60%～70%，年均加薪幅度在 15%左右。大多数企业赖以生存的价格成本优势正日益削弱甚至丧失，利润率正由原来的 20%以上急剧下滑至不足 10%。随着我国经济发展阶段的提升和农村剩余劳动力由过去的几乎无限供给向有限剩余的转变，我国劳动力供求关系正在发生重要变化，中国逐步接近甚至达到刘易斯拐点。中国的劳动力成本在过去几年内加速攀升，目前低成本的优势已经丧失殆尽，甚至出现了一定的劣势。印度、泰国、越南、埃及、白俄罗斯、印度尼西亚、俄罗斯等国不仅劳动力成本相对低廉，且劳动力规模比较大，对我国服务外包行业的发展将形成一定的冲击。

（二）企业规模较小，缺乏核心竞争力

工业和信息化部软件与集成电路促进中心（CSIP）的企业调研报告显示，我国的软件与信息技术服务外包企业大部分是成立时间较短的中小企业，市场占有率和人才队伍规模普遍较小。调查显示，目前我国排名前十位的信息技术服务企业合计只能达到约 20%的市场占有率，而印度的前十大企业却囊括了 45%的市场份额；从员工数量来看，671 家接受调研企业中，65%的企业员工人数在 100 人以下，30%的企业员工人数在 100～500 人，500 人以上的企业仅占 5%；自主研发投资不足，主要以跟踪和模仿为主，缺乏核心竞争力；大多数企业人员不够稳定，流动性大；且绝大多数处于地区性服务商和区域性服务商的阶段，缺乏建设自己的交付中心的能力和实力。

（三）从事低端业务，服务品质待升级

我国软件与信息技术服务外包企业承接的国外项目大多属于低端业务。例如，简单的软件编码和测试、基础网络和系统集成服务工作。而在高端的 IT 咨询、应用系统外包服务和业务流程外包服务业务方面，国内多数软件与信息技术服务外包企业能力明显不足，尚不能提供高水平的服务。目前，国内除极少数大型 IT 服务外包企业能获得具有较高附加值的 IT 服务外包项目外，绝大多数中小 IT 服务外包企业所承接的项目多是合同额不大、利润率低的小项目。

（四）人才结构不合理，复合型中高端人才存在缺口

近年来，由于产业跨界融合发展以及电子商务、软件、外包等其他产业的人才争夺战，我国软件与信息技术服务外包行业出现了“人才荒”，尤其是既懂本产业，又懂垂直行业的复合型中高端人才（如新技术人才、管理型人才以及市场人等）匮乏问题进一步被放大。一是我国软件与信息服务人才结构呈“橄榄形”，位于产业上层的软件架构师、系统设计师与项目管理人才，以及属于产业基础的软件蓝领短缺，而处于金字塔中层的系统工程师相对过剩；二是缺乏复合型人才。除少量归国留学生外，技术管理人员的外语水平普遍不高，与印度、菲律宾等东南亚国家相比呈现弱势，众多外包企业缺乏兼具语言和技术或管理能力的复合型人才。

四、对产业发展的建议

（一）顶层设计，统筹规划

随着服务外包进入 3.0 时代，在市场化资源配置和新一轮的国家产业政策的驱动下，整个产业发展的环境都发生了改变。为了更大限度地发挥软件与信息技术服务外包的作用和效益，促进其成为推动中国经济升级的重要产业，国家要从顶层设计层面，重新定义产业，开展扩大服务出口战略研究，明确软件与信息技术服务外包产业战略定位；系统评估原有规划，研究制定下一阶段的发展规划；科学规划产业布局，重新评定服务外包示范城市，培育一批各具特色的软件与信息技术服务外包产业发展功能区，引领产业的集聚发展；完善软件与信息技术服务外包的组织协调机制，保障产业规划和政策的有效落实和实施。

（二）从产业生态出发，完善要素市场体系

以构建软件与信息技术服务外包产业生态系统为目标，完成产业物种（发包商、服务提供商）、资源（资金、人才、知识）以及环境的整合和构建，完善“技术、成本、环境、政策、市场、人才、资本以及产业链”八大产业要素，形成各要素有机互动，健康协调的生态循环。建议国家在立足国际服务外包市场的基础上，打通离岸、内需界限，积极探索建立包括海外发包商、海外服务商、中国本土发包商和中国服务商在内的统一、完善的软件与信息技术服务外包市场体系，加强市场管理、市场准入、市场监管、市场规范和行业标准体系建设，促进资本、人才、中介服务等产业独特要素市场的形成和发展。

（三）着眼转型升级需求，构建中高端人才供给体系

直面服务外包的“人才荒”问题和产业“大变革”时期转型升级的内在需求，建议国家

将人才，尤其是中高端人才的培养和供应放在着重完善的公共服务体系当中：巩固校企合作成果，加强人才实训；探索从源头体制上解决问题，改革高等院校课程体系设置，逐步消除大学生知识水平与企业能力需求之间“最后一公里”的差距。全力构建中高端人才供给体系，科学界定中高端人才标准，境外引进、企业培养、高端培训相结合，着力缓解中高端人才瓶颈制约。构建面向全行业的软件与信息技术服务外包人才库，在此基础上形成包括培养、培训，招聘、猎头、人力资源服务等在内的统一人才服务平台。

（四）聚合多方力量，打造“中国服务”国际品牌

在国务院发布的 2011 年 4 号文件中特别提出了“中国软件产业要加强品牌建设，增强竞争力”。中国软件和信息技术服务外包产业还处在品牌建设的发展阶段，品牌影响力不足制约了中国软件产业的发展，中国软件和信息技术服务外包产业需要加快自身建设，合力打造“中国服务”的国际品牌。例如，国内第一梯队的领军企业正在逐步迈向高端市场，在国际和国内市场上与塔塔、Infosys、Wipro 等国际同台竞技。未来，除了规模、技术、交付能力、行业知识等因素外，高端市场竞争的本质实际上是品牌与品牌之间的竞争，国内第一梯队的企业已经迈出了可喜的一步，其品牌建设逐步走向更深、更高层次的发展阶段。

（稿件由中国软件行业协会提供）

2013 年信息技术服务发展概况

2013 年，在政策支持、信息消费加速推进和各领域信息化持续深入，带动 IT 投入加大，税收优惠以及新兴领域应用需求不断释放等积极因素的推动下，我国信息技术服务业仍然保持快速增长。

一、市场与环境

（一）总体市场状况

2013 年，我国信息技术服务业一直保持了较快的发展速度，产业运行态势良好，产业规模不断扩大，即使在国内经济走势放缓的大背景下，信息技术服务业增速依然保持在 30%以上，远高于 GDP 增速及软件产业增速。根据工业和信息化部数据，我国信息技术服务业 1～11 月实现收入 14690 亿元，同比增长 31.5%（见图 1），在软件和信息技术服务业的地位愈发凸显，占软件产业比重达 51.7%。

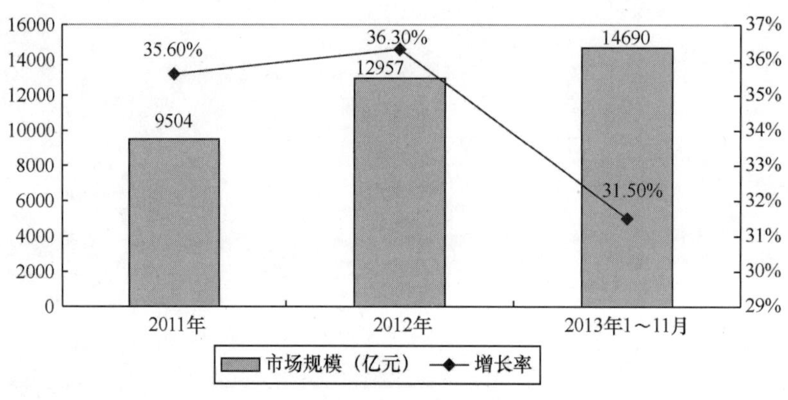

图 1　2011—2013 年我国信息技术服务市场规模及增速

随着移动互联网的快速发展，信息服务业领域的技术创新进一步强化，社会和各行业信息化程度不断加深，企业对信息资源的挖掘、利用和开发有了更深入的要求，普通消费者对信息化产品、信息资源的利用也有了更多样化的需求，信息技术服务市场规模将持续增长。预计 2014 年，我国信息技术服务业将保持 35%以上的高速增长率，成为信息产业的一大亮点。

（二）我国信息技术服务细分市场

2013 年，信息系统集成依然在信息技术服务业中占比最大，但信息技术咨询服务和数据处理与运营服务等高附加值的高端业务，增长速度更快（见表 1）。随着产业成熟度不断提升，两化融合程度不断深化，信息技术在企业研发设计、生产、流通、管理等业务流程上的应用不断增加，用户对信息技术咨询和数据处理与运营服务的需求进一步加强，信息技术服务业产业结构将进一步优化，信息技术咨询、数据处理和运营、数字内容服务等高端环节的比重将进一步增加。

表 1　2011—2013 年信息技术服务业产业结构比重及各领域增速情况

	2011 年		2012 年		2013 年 1～11 月	
	占比	增速	占比	增速	占比	增速
信息技术咨询	20%	42.7%	20%	24.1%	20.7%	26.8%
数据处理和运营	32%	42.2%	33%	35.9%	33.6%	26.3%
信息系统集成	41%	28.4%	41%	24.8%	40%	25.8%
IC 设计	7%	33%	6%	25.5%	5.7%	20.2%

2013 年 1～11 月信息技术咨询、数据处理与运营、IC 设计服务市场规模及增速分别如图 2～图 4 所示。

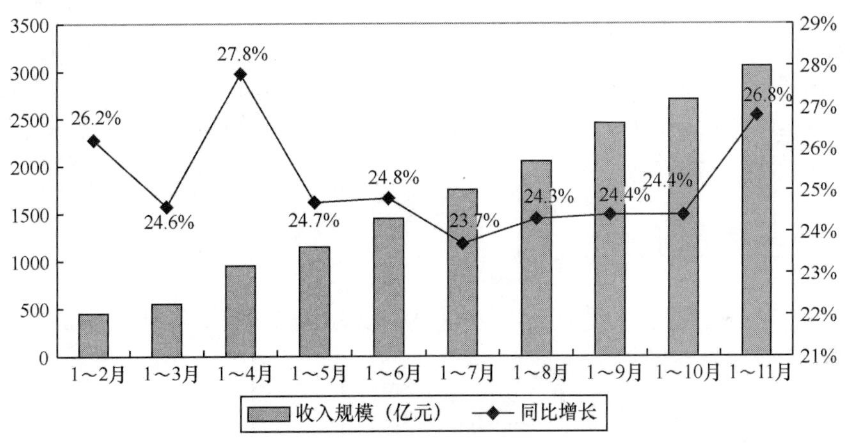

图 2　2013 年 1～11 月信息技术咨询市场规模及增速

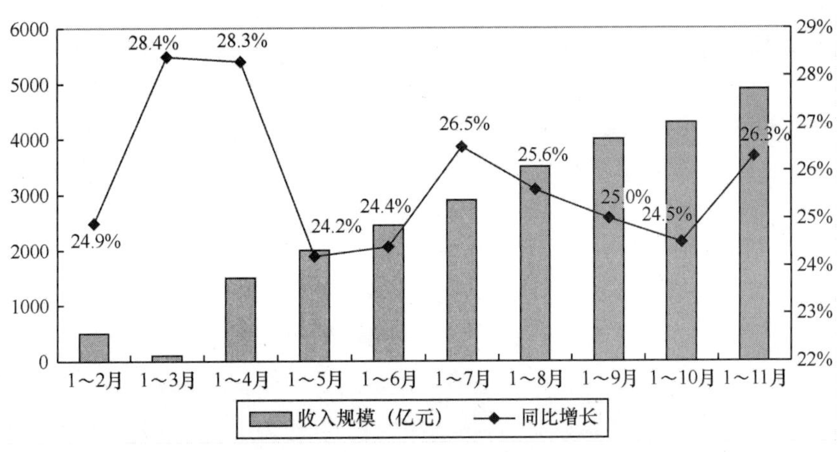

图 3　2013 年 1～11 月数据处理与运营市场规模及增速

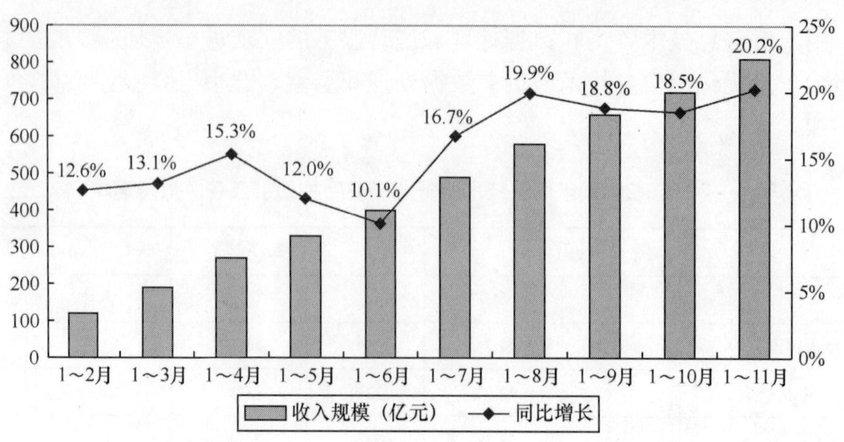

图4　2013年1～11月IC设计服务市场规模及增速

（三）企业并购重组步伐加快

2013年，监测到投资并购案352起，比2012年增加96起，涉及金额1740.5亿元，平均单笔案例金额为4.94亿元。比较有影响的并购投资案例有太光电信以30.15亿元收购神州电信、大唐电信以16.99亿元购买游戏平台要玩娱乐、腾讯战略投资4.48亿元于搜狗、百度1.6亿美元收购糯米团59%的股权等。2014年，尽管IPO重启，但由于IPO排队过长，部分投资机构可能迫使企业选择通过并购退出或引入战略投资，软件和信息技术服务领域并购投资案例仍将处于活跃期。

二、信息技术服务应用市场

2013年，有助于推动信息技术服务业发展的利好政策连续出台，成为推动信息技术服务应用持续增长的重要驱动因素。

（一）智慧城市建设推动信息技术服务高速增长

继年初公布90个首批国家智慧城市试点名单之后，国家住建部8月公布了第二批国家智慧城市试点名单，共包括103个城市，其中，市、区83个，县、镇20个。发改委、工信部等八部委联合起草的《关于促进智慧城市健康发展的指导意见》也即将发布，加之地方政府加快预算审批，智慧城市建设在2014年将进入集中建设阶段。预计2014年，智慧城市建设的IT投资将达到2000亿元，为智能交通、数字城管、智慧医疗、智慧教育、智能社区、智能家庭等领域的信息技术服务企业带来大额订单。同时，智慧城市建设将拉动物联网、云计算、大数据等领域的IT需求，加速新技术、新业态的应用普及。

（二）信息消费带动市场需求增长

信息消费已成为我国经济增长的新引擎，拓展新兴信息服务业态、丰富信息消费内容、拓展电子商务发展空间是培育和扩大信息消费需求的重要手段。国务院于8月印发了《关于促进信息消费扩大内需的若干意见》（国发〔2013〕32号），意见发布以来，北京、重庆、云南等地方积极加快政策落实。随着相关政策的落实，信息技术服务产业作为与信息消费直接相关的产业将从中受益，云计算、大数据、移动互联网等新兴信息技术服务将获得广泛应用。尤其是在个人信息消费方面，个人移动应用需求快速增长，基于智能手机的移动电子商务、移动视频、手机社交等信息服务加速发展，个人信息消费将呈现爆炸式增长态势，成为信息技术服务的新增长点。2014 年，预计数字内容产业规模将达到 6.15 万亿元，互联网产业规模将达到 6.43 万亿元，移动互联网产业规模将达到 2.06 万亿元。信息消费的持续增长将引燃新一轮投资需求，预计 2014 年，互联网应用基础设施和平台将新增投资 1800 亿元，物联网平台将新增投资 2000 亿元，企业信息化将新增投资 390 亿元，信息化平台将新增投资 4190 亿元。

（三）信息系统集成市场集中度提升

工信部在 2013 年 10 月正式公布了首批计算机信息系统集成特一级企业资质授予单位名单，入围厂商分别为中国软件与技术服务股份有限公司、东软集团股份有限公司、浪潮齐鲁软件产业有限公司、太极计算机股份有限公司。目前，国内有 240 多家系统集成一级资质企业，二级资质企业 400 多家，市场份额极为分散。未来，政府和国有大中型企业的一些大型系统集成项目或将对系统集成商有特一级资质要求，市场集中度将有明显提升，国内优势 IT 服务企业有望实现千亿元级营业收入。

三、创新信息技术服务技术进步与商业模式创新

（一）新技术成为产业发展新引擎

在市场需求与政策支持的双重驱动下，云计算进入大规模应用阶段，虚拟技术、分布式计算、海量数据存储、低功耗芯片、新型嵌入式软件系统等技术加快产业化。在信息化建设需求迅速膨胀的推动下，物联网产业化进程加快，给新大陆、远望谷等提供 RFID 和二维码的厂商带来重要机会。大数据分析技术将成为企业技术研发的重点，库内分析、内存计算、连续计算、实时流处理等实时处理技术、并行处理技术等大数据分析技术将取得突破。大数据技术通过汇聚、分析人们生产生活中产生的各种数据，不断挖掘出更多新价值。基于大数据，企业可以创建新产品和服务、改善现有的产品和服务以及创新商业模式。

未来无论智能手机、平板电脑、智能电视以及当前火热的穿戴式计算设备都将配备强大的语音识别、视觉信息识别、动作识别等生物特征识别能力，能更好地获取、处理并分析用户身体产生的信息，为用户提供更加便利的个性化服务。

（二）应用创新和商业模式创新活跃

2013 年，越来越多的信息技术服务公司利用云计算模式向客户提供新的增值服务，云模式将在市场中占据主导地位，基于云计算的应用模式和商业模式创新将持续不断涌现。随着 4G 牌照的发放，2014 年移动互联网的商业模式变得更加清晰，移动视频、移动电子商务、移动游戏、移动广告等商业模式变现能力快速提升。此外，互联网金融将在 2014 年进入爆发阶段，其衍生出的新应用、新模式将逐渐被市场接受和认可。

四、国内外代表性企业和典型产品

国内外代表性企业和主要产品如表 2 所示。

表 2　国内外代表性企业和主要产品一览表

公司名称	主要产品和解决方案	应用领域
中国软件与技术服务股份有限公司	系统集成服务、IT 系统服务、信息安全服务、云计算服务、运维服务	税务、金融证券、轨道交通、电子政务、医疗等领域
东软集团股份有限公司	系统集成、安全运维、IT 基础设施服务、专业测试与性能工程服务、SaaS 服务	电信、能源、金融、政府、制造业、商贸流通业、医疗卫生、教育、交通
浪潮齐鲁软件产业有限公司	系统集成、IT 应用综合解决方案、分销管理、专卖管理、CRM、决策支持、智能客服中心等产品的一体化解决方案	烟草、电子政务、税务、质监、药监、公安等领域
太极计算机股份有限公司	系统集成、IT 咨询、IT 基础设施服务、信息安全服务、运营运维服务、增值服务	政府、电力、金融、制造、交通、石化、煤炭、公共安全
神州数码信息系统有限公司	IT 基础设施运维服务、IT 运营外包服务、维保服务、培训服务、智慧城市解决方案	金融、政府、制造、电信等领域
北京华胜天成科技服务有限公司	系统集成、运维服务、培训服务、IT 设备租赁服务、咨询服务	电信、邮政、金融、政府、教育、制造、能源、交通
东华软件股份公司	系统集成、信息系统咨询、安全服务、灾备、数据中心	医疗、政府、金融、电信、石油、煤炭、交通、保险、安防
中科软科技股份有限公司	咨询服务、商务智能解决方案、系统开发、系统集成、系统服务	政府、金融、保险、医疗、媒体、银行、邮政、呼叫中心
博雅软件股份有限公司	IT 服务及管理、管理咨询、信息安全服务、云计算服务、保修运维服务	金融、政府、能源等领域
信雅达系统工程股份有限公司	系统集成服务、运维服务、技术咨询服务、信用卡专业呼叫中心系统	金融、环保、油气
启明星辰信息技术股份有限公司	系统集成服务、数据存储、信息安全解决方案、呼叫中心服务、云平台服务、IT 咨询服务	政府、制造企业、公安、电力、轨道交通、医疗卫生、教育、金融
中国普天信息产业股份有限公司	通信系统、通信配套以及增值业务的相关产品和解决方案、融合支付系统解决方案	电信、税务、交通、金融等领域
埃森哲	管理及信息技术咨询、企业经营外包、企业业务解决方案、供应链管理咨询服务	制造业、通信、金融、能源、政府等
IBM	IT 咨询服务、行业解决方案、整合服务管理和安全、培训服务	金融、保险、电信、政府、交通、医疗、能源
HP	信息技术咨询服务、应用程序服务、业务流程外包、IT 基础设施外包	制造业、通信、金融、能源、政府等

五、挑战与建议

（一）面临的挑战

1．新兴业态中信息技术服务发展缓慢

2013 年，虽然我国云计算产业规模达到 1174 亿元，增速达到 95%，但绝大部分产值来源于大规模的数据中心和基础设施建设，真正属于信息技术服务环节营业收入的比重不足 10%，高附加值的服务端发展能力不强甚至几乎不具备。在大数据领域，数据存储、信息规划、信息技术咨询，价值提炼等信息技术服务形式还处于初期探索阶段，大数据辅助决策的

能力和价值尚未体现。然而，微软、亚马逊、IBM 等国外巨头的公有云服务 2013 年在我国相继落地，IBM、甲骨文、SAP 等国外企业加快布局我国大数据市场。这些跨国企业凭借其信息技术服务方面的经验，结合在云计算和大数据等领域的先发优势，将对我国信息技术服务业新兴业态中的本土企业带来巨大挑战，甚至会打乱我国信息技术服务业的发展格局。

2．中小企业生存压力加大

2013 年第十二届中国软件百强中，信息技术服务类收入达到 1773 亿元，比上一届增长 16.5%，占行业比重达到 48.4%，百家企业中有 45 家企业为信息技术服务类企业。软件企业服务化转型明显，软件巨头加大信息技术服务业务比重，迅速抢占和瓜分市场份额，使中小企业市场空间急剧压缩。截至 2013 年，我国软件和信息技术服务业企业数量为 31866 家，同比增长 21.6%，新生的企业多数为中小企业，使本来就“僧多粥少”的低端市场更加拥挤不堪，竞争异常激烈。只局限于提供低端服务、服务形式和服务对象单一，或无法提供整体解决方案的企业生存压力陡增，目前靠几个小型项目维持生存的中小企业将难逃出局的厄运。此外，过分依赖政府的企业，一旦脱离政策支持或完全进入市场参与竞争，其生存前景不容乐观。

3．与传统行业结合不紧，产业高速增长难以为继

2013 年，受制造业持续萎靡和信息化进程不断加速的影响，传统的 IT 模式已经无法满足企业业务发展的需求，制造业急需借助信息技术服务降低生产、管理成本，提升技术创新能力，各细分行业已不再满足于 IT 服务提供的简单业务支撑能力。这就强调信息技术服务企业要对支撑行业有很强的理解能力。目前，国内企业由于技术、人才以及对行业知识积累不足的限制，用户不满和市场份额流失现象逐渐凸显，企业走到了转型和变革的关键时期。若国内企业不能真正了解本土用户的需求，不加快与传统行业的有效融合，我国信息技术服务业高速增长的势头恐难以为继。

4．服务外包面临“寒冬”

2013 年软件出口持续低迷，外包服务持续 20 多个月来的低增长态势，实现出口 81.8 亿美元，同比增长 17.6%，增速低于 2012 年同期 21.7 个百分点。受业务规模发展局限、利润下降、人民币升值等因素的影响，从 2012 年年底开始，在美国上市的中国服务外包企业纷纷退市。宇信易诚、柯莱特、文思海辉、软通动力等相继启动了私有化步伐，形成了相对集中的私有化退市浪潮，标志着我国软件服务外包业进入了一个发展的关键期。一些新兴服务外包市场发展迅猛，如南美的哥伦比亚和秘鲁、亚洲的越南、欧洲的保加利亚、欧亚交接的土耳其、非洲的南非等，从一定程度上对我国软件服务外包业形成市场挤压。造成这一局面的主要原因，除宏观经济复苏缓慢、生产成本压力增大、市场竞争格局变化等客观因素外，我国服务外包企业不具备核心竞争优势，长期处于产业链低端而易被赶超，没有与客户建立互补的伙伴关系等内生因素影响极大。

（二）几点建议

1．加快信息安全法律法规体系建设

一是从立法层面对国家信息安全予以重点保障，建立健全重要信息系统等级保护体系和评测审查手段；二是加快健全相关配套政策法规体系和管理机制，明确建立信息安全相关产品的安全审查制度，实行分类分级管理；三是针对移动互联网等新兴产业制定有针对性的法

律法规，如“数据保护法”、“个人信息保护法”、“移动互联网信息安全保护管理办法”等适用于新网络环境下的法律，针对新产业出现的新技术、新业态提高法律法规的适应性和可操作性。

2．营造良好政策环境

一是开展对信息技术服务领域重大问题的研究。针对外资加快进入我国云计算领域的应对策略、信息技术服务价值再认识、大数据与各专业领域融合发展，以及信息技术服务推动信息消费、促进两化深度融合等问题开展前瞻性、系统性研究工作，创新发展思路，探索应对策略。二是做好政策贯彻实施工作。加快服务业务营业税减免实施细则的制定和出台，研究制订信息技术服务重点业务目录，跟踪研究“营改增”扩围提速方案的出台及实施情况。三是在云服务、信息系统集成、服务外包、数据服务、移动互联网等行业实施准入制度或资质细分管理，加强对行业的监管，规范行业市场秩序，促进行业健康有序发展。

3．加速新兴产业布局，引导传统企业转型

一是加速新兴产业领域布局，加强研发和应用示范与推广。结合智慧城市建设、两化深度融合和各行业领域信息化建设，加快推动基于云计算的大数据应用。二是鼓励传统企业加快转型步伐，加大资源整合力度，通过并购、入股等方式进入新兴市场，培育一体化、集成化创新能力，向产业链中高端迈进。三是加大资金、政策等引导力度，利用“核高基”科技重大专项、电子发展基金、云计算专项资金等重要抓手，鼓励企业在移动智能终端操作系统、智能语音技术、分布式计算、虚拟化、非关系型数据库、数据分析挖掘等关键和核心技术领域加大研发投入，实现重点突破。

4．加强企业品牌和人才队伍建设

一是注重企业品牌和形象建设，以优质的产品服务质量赢取用户的满意度和良好口碑。制定合理的市场营销策略，努力提高产品在市场上的知名度和占有率。二是积极参加国内外知名的行业展会和专题论坛，不断提升企业在业内的知名度与影响力。加强企业文化构建，增强社会责任意识，全面提升企业形象。三是积极争取国家和地方的人才政策支持，为引进行业领军人物创造条件。加大力度培养专业人才和复合型人才，建立人才培训实践基地，加强职业化教育。

（稿件由中国软件行业协会提供）

2013年软件人才培养概况

一、全国高等教育软件人才培养

2013年，全国软件及软件相关专业在校学生总数达到481.6万人，与2012年相比基本持平。在校生学历结构发生变化，其中专科生134.3万人，相对于2012年增长44.1%；本科生341.7万人，相对于2012年减少10%；研究生5.6万人，相对于2012年减少48.9%。本专科生依然是主力，其中本科生超过70%，专科生接近30%。

（一）全国普通高校软件及相关专业在校生统计

1. 在校研究生（博士生、硕士生）

2013年，全国软件专业在校研究生21523人，软件相关专业在校研究生33990人，软件及软件相关专业在校研究生总数55513人（见表1）。

表1　2013年全国软件专业及相关专业在校研究生数量

（单位：人）

	软件专业	相关专业	总计
博士生	5497	7806	13303
硕士生	16026	26184	42210
合计	21523	33990	55513

注：此处软件专业包括计算机软件与理论、计算机科学与技术，未包含软件工程硕士专业数据。

2. 在校大学生（本、专科生）

2013年，全国软件专业本、专科在校生733841人，软件相关专业本、专科在校生4026308人。软件及软件相关专业在校本、专科生总数4760149人（见表2）。

表2　2013年全国软件专业及相关专业在校本、专科生数量

（单位：人）

	软件专业	相关专业	总计
本科生	600123	2816969	3417092
专科生	133718	1209339	1343057
合计	733841	4026308	4760149

注：此处本科软件专业包括计算机科学与技术、软件工程。专科软件专业包括软件技术、网站规划与开发技术、游戏软件、软件开发与项目管理、软件测试技术、网络软件开发技术、软件外包服务、医用软件与网络技术、智能手机软件应用技术、移动互联网应用技术。

3. 软件专业在校生学历结构

2013年全国高等学校软件及软件相关专业在校生学历结构如表3所示。

表 3　2013 年全国高等学校软件及软件相关专业在校生学历结构

（单位：人）

	博士生	硕士生	本科生	专科生	合计
2013 年	13303	42210	3417092	1343057	4815662
所占比重	0.3%	0.9%	71.0%	27.9%	100%

（二）2013 年全国普通高校软件及相关专业毕业生统计

1．研究生毕业数量

2013 年全国普通高校软件及相关专业研究生毕业数量如表 4 所示。

表 4　2013 年全国普通高校软件及相关专业研究生毕业数量

（单位：人）

	软件专业	相关专业	总计
博士生	715	1254	1969
硕士生	5754	9856	15610
合计	6469	11110	17579

注：此处软件专业包括计算机软件与理论、计算机科学与技术，未包含软件工程硕士专业数据。

2．本、专科毕业生数量

2013 年全国普通高校软件及相关专业本、专科毕业生数量如表 5 所示。

表 5　2013 年全国普通高校软件及相关专业本、专科毕业生数量

（单位：人）

	软件专业	相关专业	总计
本科毕业	141210	496777	637987
专科毕业	45213	447018	492231
合计	186423	943795	1130218

注：此处本科软件专业包括计算机科学与技术、软件工程专业。专科软件专业包括软件技术、网站规划与开发技术、游戏软件、软件开发与项目管理、软件测试技术、网络软件开发技术、软件外包服务、医用软件与网络技术、智能手机软件应用技术、移动互联网应用技术。

3．软件专业毕业生学历结构

2013 年全国高等学校软件及软件相关专业毕业生学历结构如表 6 所示。

表 6　2013 年全国高等学校软件及软件相关专业毕业生学历结构

（单位：人）

	博士生	硕士生	本科生	专科生	合计
2013 年	1969	15610	637987	492231	1147797
所占比重	0.2%	1.4%	55.5%	42.9%	100%

（三）教育热点

1．国家开放大学设立软件学院和行业学院

2013 年 11 月，国家开放大学办学体系——行业学院建设试点研讨会在京召开，国家开放大学软件学院、煤炭学院、社会工作学院、物流学院、纺织学院、机械工业学院、汽车学院、铸造学院、信息安全学院、循环经济学院 10 家行业学院正式成立。国家开放大学行业学院是国家开放大学与行业部委合作，面向行业从业人员开展非学历继续教育和学历继续教育的办学组织机构，是国家开放大学办学组织体系的重要组成部分。行业学院将引入行业职业资格证书或合作开发新的非学历培训证书，以非学历继续教育为切入点，在国家学习成果框架下组织专家制定行业领域认证标准，探索非学历继续教育和学历继续教育有效衔接的模式和机制，为“立交桥”的搭建做出贡献。

行业学院建设试点工作的主要目标是通过行业学院建设的试点实践和相关课题研究，探索并构建国家开放大学与行业、部委合作，开展以提升职业能力为核心的非学历继续教育和学历继续教育的教学模式、管理模式和运行机制，并以国家开放大学学分银行为纽带实现非学历继续教育和学历继续教育的沟通和衔接。

2．中国加入《华盛顿协议》，工程教育专业认证步入正轨

2013 年 8 月，中国正式加入《华盛顿协议》，成为该协议组织第 21 个成员。这在一定程度上表明我国工程教育的质量得到了国际社会的认可，标志着我国工程教育及其质量保障迈出了重要步伐。

《华盛顿协议》是世界上最具影响力的国际本科工程学位互认协议，该协议提出的工程专业教育标准和工程师职业能力标准，是国际工程界对工科毕业生和工程师职业能力公认的权威要求。加入《华盛顿协议》，意味着通过工程教育专业认证的学生可以在相关的国家或地区按照职业工程师的要求，取得工程师执业资格，将为工程类学生走向世界提供具有国际互认质量标准的通行证。加入该协议，将促进我国工程教育人才培养质量标准与《华盛顿协议》的标准实质等效，推动教育界与企业界的紧密联系，对尽快提升我国工程教育水平和职业工程师能力水平，实现国家新型工业化的战略目标，提升我国工程制造业总体实力和国际竞争力具有重要意义。

3．职业教育再度成为高等教育改革重点

2014 年 2 月，国务院召开常务会议，部署加快发展现代职业教育，会议确定了加快发展现代职业教育的五项任务措施。

（1）牢固确立职业教育在国家人才培养体系中的重要地位，促进形成“崇尚一技之长、不唯学历凭能力”的社会氛围，激发年轻人学习职业技能的积极性。

（2）创新职业教育模式，扩大职业院校在专业设置和调整、人事管理、教师评聘、收入分配等方面的办学自主权。建立学分积累和转换制度，打通从中职、专科、本科到研究生的上升通道。引导一批普通本科高校向应用技术型高校转型。

（3）提升人才培养质量。大力推动专业设置与产业需求、课程内容与职业标准、教学过程与生产过程“三对接”，积极推进学历证书和职业资格证书“双证书”制度，做到学以致用。开展校企联合招生、联合培养的现代学徒制试点，鼓励中外合作。完善企业工程技术人员、高技能人才到职业院校担任专兼职教师的政策。

（4）引导支持社会力量兴办职业教育。积极支持各类办学主体通过独资、合资、合作等形式举办民办职业教育；探索发展股份制、混合所有制职业院校，允许以资本、知识、技术、管理等要素参与办学并享有相应权利。探索公办和社会力量举办的职业院校相互委托管理和购买服务的机制。社会力量举办的职业院校与公办职业院校具有同等法律地位。推动公办和民办职业教育共同发展。

（5）强化政策支持和监管保障。各级政府要完善财政投入机制，分类制定和落实职业院校办学标准，加强督导评估。加大对农村和贫困地区职业教育的支持力度，完善资助政策，积极推行直补个人的资助办法。健全就业和用人政策。让职业教育为国家和社会源源不断地创造人才红利。

2014 年 3 月，在 2014 中国发展高层论坛上，教育部表示，中国现有近 2500 所高等院校，通过相关改革，将有 1600～1700 多所学校转向以职业技术教育为核心；在培养模式上，这些高校将淡化学科，强化专业，培养技术技能型人才。600 多所地方本科高校将实行转型，向应用技术型转，向职业教育类型转。本次针对职业教育的改革重点是 1999 年大学扩招后“专升本”的 600 多所地方本科院校。这些地方高校，将逐步转型做现代职业教育。如此一来，中国高等教育的人才培养结构将发生重大变化，培养技术技能型人才的高校比重将从现有的 55%提高到 70%～80%。

二、全国非学历职业教育软件人才培养

（一）职业教育市场

现阶段，我国的职业教育市场主要有以下四种方式：①以高中生为主的技能加学历培训，②以大学生为主的就业培训，③以在职人员为主的能力提升培训，④以职业证书考试为主的认证培训。

经过多年的扩招，高等教育规模不断扩大，而随着高考人数的下降，通过高考进入高等学校接受学历教育的人数占高考总数比重不断加大，以落榜生为主的民办院校和职业技能培训学校规模和数量都在大幅度降低。而随着大学毕业生总量的持续增加，就业问题越来越突出，国内 IT 培训市场以大学生就业培训为主。

（二）IT 就业培训市场热点问题

1．培训机构承诺 100%包就业

IT 就业培训机构大多都会进行就业承诺，有的承诺“100%推荐就业”，有的承诺“100%保证就业”，有的承诺“100%高薪就业”。这些承诺都是商业行为，深究起来基本上都难以落实。即使有机构在某些班次上确实落实了，在整个大环境中也是小概率事件。

所以，如何对待不切实际的承诺，作为就业培训的消费者也需要多从自身实际情况出发，理性选择适合自己的培训机构。

2．宣称 IT 就业培训免费

据调查，针对大学生 IT 就业培训免费有以下几种情况：①企业大学为招聘培训生实施的免费培训或已经决定录用但尚未入职的岗前培训；②人才派遣机构为派遣实习生实施的免费培训；③培训机构为配合招生推出的免费体验课程；④培训机构为扩大影响针对少部分优秀

学生的带有奖励性质或公益性质的免费培训；⑤被不正当解读为免费培训的“先就业后付款培训”。

从实际情况看，这类机构实施的免费培训更多的是提供了一个非常接近该企业真实状况的实践环境，企业提供的更像是入职后新员工的基本培训服务，对学员的自我学习能力要求较高。由于是免费培训，很多企业会根据学员学习情况不断选拔实习生进入业务部门或对不符合企业潜在招聘需求的学员实施淘汰。这类企业大学实施的免费培训可以理解为企业的大学生招聘选拔集训营，其提供的培训服务不可能达到收费培训机构的普适标准，企业也没有义务为大学生提供更多的细致服务。

3. 实行先就业后付款问题

这是一部分规模不大的 IT 就业培训机构，在激烈竞争的市场中，为了扩大生源不得已而为之的一种招生方式。这种方式存在很大风险，在缺乏监管的情况下，竞争力不强的培训机构被迫跟进后，很多机构采取一些不良手段欺骗学员，导致这种招生方式被市场普遍质疑，甚至被怀疑是新型“传销”骗局。

学员如果参加培训不交费，培训机构将面临三方面的压力：财务压力、学员不能就业的压力、学员就业后违约的压力。因此，这种形式对培训机构的要求相当高，也难以进行大规模实施。部分培训机构因为难以实现学员就业（原因可能是多方面的，有培训机构的原因，也有学员自身的原因，还可能面临招聘市场变化的原因等），于是采取与企业联合造假的方式将学员推荐到企业工作，试用期工资实际上由培训机构支付，一个月后企业再将学员合理解聘。

4. 宣染学员高薪就业

几乎每个 IT 就业培训机构都会宣传其个别已经高薪就业的学员，而且有名有姓，非常真实。但是，对参加就业培训的普通学生而言，最值得关注的不是这些得到宣传的优秀学员，而应该关注培训机构毕业学员中优秀学员的比例是多少，或者说平均就业薪水。而这些数据培训机构一般是不说的，或者说了也白说，因为无法验证。最终造成培训机构公布的各种就业薪水数据就像高校公布的就业率数据一样，信不信由你。

从本质上讲，所有未经第三方认证的就业数据都是良心数据。一些规模不大，有固定生源的培训机构，学员可以通过熟人进行验证，除此之外，严格地说，在没有可靠证明的情况下，在中国信用普遍缺失的情况下，所有培训机构宣传的就业数据都属于仅供参考类信息。

不同培训机构针对学员会选取不同的策略，最终导致培训效果的巨大差异。有的培训机构严把入口、控制学习过程甚至实施淘汰制，就会获得好的就业效果。

5. 企业委托培训或订单培养

通常意义上说的企业委托培训应该是企业将已录用或准备录用的人员委托培训机构培训，并支付培训机构相关费用，学员无需付费。这种情况比较少，已经不属于通常意义上的就业培训范畴。

6. 培训机构人为夸大就业预期

由于大学生就业困难，参加 IT 培训机构的就业培训往往成为其不得不做的选择。但是，现在的 IT 就业培训市场上，有着太多虚假的因素，很多培训机构为了获得生源，对入口把关不严，只要交钱就能上，不断夸大就业预期，承诺高薪就业，给学员不切实际的幻想，最终导致各类培训纠纷。

7．就业培训协议

几乎所有的培训机构都会与学员签订就业培训协议，很多培训机构提供的协议经过精心设计，对培训学员有过多要求或存在一些文字陷阱，最终导致各类培训纠纷出现，学员凭当初签订的就业培训协议基本不可能找回公道。

（三）IT 在线教育市场

最近发布的《2013—2014 中国在线教育趋势报告》数据显示：86.1%的被调查者曾通过互联网获取知识，其中通过百科和搜素引擎获取知识途径的比例分别是 62.2%和 61.2%；有 42.6%的被调查者曾利用教育网站获取知识；39%的被调查者有过线上学习的经历。在线教育市场已经变得越来越重要。

2013 年，从某种意义上而言，可以说是在线教育元年。在美国几乎每隔几周就会有一个提供在线课程的创业公司宣布获得百万美元级的投资。在国内，大量传统培训机构纷纷推出各自的在线教育服务。BAT 三巨头不断涉足教育，阿里推出淘宝同学、百度投资传课网、腾讯的 QQ 新版功能加入课程直播。在资本方面，2013 年国内市场有数十亿元资金进入在线教育行业，51talk、猿题库、沪江英语、 起作业、91 外教网、梯子网等在线教育机构相继披露融资信息。

尽管在线教育十分火热，但 IT 领域的在线教育却面临巨大挑战，如果线上平台的教学智能化运营没有质的突破，单纯的在线教育不可能走得太远。目前 O2O 模式仍然是在线教育的最佳方式，通过线下机构、渠道和资源形成互补，未来方能更好落地。

国内 IT 领域在线教育网站如表 7 所示。

表 7　国内 IT 领域在线教育网站一览表

名称	简介
麦可网	基于移动开发课程和移动开发者社交的网站
泡面吧	在线趣味编程网站
代码坦克（CodeTank）	腾讯旗下游戏编程网站
CGMentor	以职场导师指导为核心的纯在线动画培训网站
Hero 英雄会	通过定期发布挑战题目或比赛促进在线编程
Fenby	免费的在线编程互动编程学习网站
中国 IT 公开课排行榜	原创 IT 视频教程平台
开课吧	泛 IT 学科领域的垂直 B2C 在线教育服务平台
优才网	提供互联网和移动互联网的在线培训
玩编程	自学编程网站
多贝公开课	兴趣培养、技能培训的线上 C2C 公开课开放平台

三、我国软件人才培养面临的挑战

（一）软件人才供需矛盾持续

一方面，2013 年大学毕业生接近 700 万人，其中软件及相关专业毕业生人数接近 115 万人，大学生就业形势严峻。另一方面，企业对软件人才的需求持续增加，除了传统的软件企业自身人才需求不断增长，互联网尤其是移动互联网在中国的快速发展带动了大量的人才需求，各行各业都需要开发移动互联网应用。Android 和 iOS 方向的开发人员和产品设计人员成了急需人才，而高校真正面向职业教育的改革要出成果尚需时间，软件人才的供需矛盾仍将持续。

（二）软件人才培养缺乏可循的标准和规范

长期以来，高等教育的软件人才培养与产业界的需求存在很大的脱节，一方面是因为体制机制的原因，另一方面也是因为缺乏权威和适合中国国情的软件人才培养标准和规范。高校开设专业时都要设定培养目标、岗位要求等，但实际操作中往往流于形式，或是局限于部分企业需求，不具备行业代表性。

为改变这一现状，中国软件行业协会将在部分省市软件行业协会开展的软件企业岗位技能标准研究的基础上，启动中国软件行业岗位技能和人才培养规范的编制工作。希望通过该规范的实施，为企业之间的人才评价提供参照，为高校培养符合软件产业需求的人才提供指南。

（三）缺乏符合企业需求的软件人才评价标准

近些年，企业在软件人才招聘中明确提出需要“211/985 毕业生”或重点院校毕业生的情况屡见不鲜，这从一个侧面反映出企业在面对 100 万人以上软件及相关专业毕业生时，由于缺乏有效的评价标准带来的尴尬。软件行业急需符合企业需求的软件人才评价标准。

（四）缺乏规范有序的软件人才市场

由于软件人才的招聘量大、评价标准缺乏，为了应对人才招聘困境，有些软件企业自己成立企业大学或培训机构，有些企业通过与大学或人才中介及培训机构建立人才供应渠道方式缓解人才供应问题。但总体上说，由于招聘量和招聘成本的问题，这些都还只能是少数企业的个体行为。由求职者、中介机构、评价机构等构成专业的规范有序的软件人才市场，才能降低供求对接成本，实现软件人才供求的有序对接。

四、我国软件人才资源发展趋势

（一）软件名城促成软件人才“培修聘”良好生态

据统计，19 个软件名城具有资质的专业软件培训机构全部在 20 家以上，年均培训超过 1 万人次。多元化的培训模式，为软件服务业发展不同层次人才的需求提供了保障。未来，软件名城如能在政府扶持下通过软件园、省市软件行业协会等率先建立软件人才市场，软件人才资源问题才能不再是瓶颈，软件企业需要的人才才能来得快、留得住。

（二）互联网营销衍生大量人才需求

目前，互联网正迅速渗透到社会政治、经济、文化各个领域，进入人们的日常生活，并带来社会经济、人们生活方式的重大变革，为企业营销带来新的契机。作为一种全新的营销方式，网络营销具有较传统市场营销方式无可比拟的优越性，客观上决定了网络营销必然具有强大的生命力，也将成为今后企业营销的主流。由此，衍生出大量软件人才需求。基于网络引擎优化、网络口碑营销、SNS构建的互联网营销将衍生大量人才需求。

（三）移动互联网领域人才将炙手可热

随着我国3G、4G移动互联网的快速发展以及不断增长的电信服务需求，人们对移动微博、移动阅读、移动娱乐、移动工作等移动互联网应用需求剧增，因此需要大量的软件工程师作为3G、4G移动互联网各项应用软件的提供者。据工信部统计，未来3年内我国移动互联网应用与软件开发类人才需求量将超过100万人。移动互联网领域人才将炙手可热。

（四）云计算应用人才将持续紧俏

2012年，著名研究机构IDC对全球几百名IT经理人进行了调查，分析云计算在IT人才中的需求度。调查显示，全球有接近2/3的企业计划导入或使用云计算运算，而且有超过50%的企业认为云计算具有较高优先性。IDC根据调查进行了预测，从2012年到2015年的3年之间，云计算的相关工作需求将出现26%的年增长率，超过1/4的增长率再次证明了企业对云计算人才的巨大需求。未来，云计算领域的应用人才将持续紧俏，主要需求方向有：基于云平台的系统工程师、熟悉云架构的开发工程师、提供云计算解决方案的系统设计师。

（稿件由中国软件行业协会提供）

2013 年世界软件产业发展概况

2013 年，全球经济增长仍旧低迷，但呈现回升趋势。在此经济形势下，全球 IT 支出增长较缓，全球软件产业增速下降。SaaS、移动应用、大数据等新兴业务发展迅速，成为全球软件产业新的增长点，带动了软件市场结构的调整。各大 IT 企业围绕这些新兴业务展开越来越激烈的竞争，加快业务调整和产业链整合。全球软件领域的投资并购活动回暖，移动互联网和云计算成为投资并购的热点。各国政府加大对新兴技术和产业的布局，通过战略规划、研发投入、应用推广等措施进行支持和促进。

一、全球经济低速增长，IT 支出增长低迷

2013 年，全球经济增长仍处于低速，而且增长动力也发生改变。根据国际货币基金组织（IMF）10 月发布的报告，2013 年全球经济增长率预计为 2.9%，低于 2012 年的 3.2%。虽然主要新兴市场的增长依然强劲，但增长率将低于预期，部分原因是国际金融危机后新兴市场采取的刺激措施逐步退出导致经济活动自然降温。另外，基础设施、劳动力市场发展的滞后及投资中存在的结构性问题也导致许多新兴市场的增速放缓。IMF 预测，2014 年全球经济增长率将上升到 3.6%，且增长回升将主要由发达经济体推进。

受全球经济持续低速增长的影响以及低价的平板电脑和云服务逐渐取代价格昂贵的 PC 和软件产品，全球 IT 支出增长较缓。Gartner 指出，2013 年，全球 IT 支出约为 3.7 万亿美元，较上年仅上涨 2%，增速低于前两年（见图 1）。其中，电信服务支出规模最大，但增速最低，为 0.9%，但已扭转了 2012 年负增长的态势；设备支出增速下滑最大，从 2012 年的 10.9%下滑至 2.8%；增长最快的是企业软件，增速为 6.4%（见表 1）。

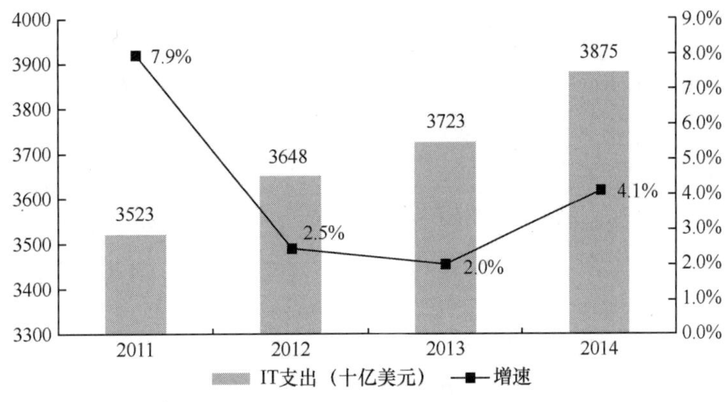

图 1　全球 IT 支出增长情况

资料来源：Gartner。

表 1　全球 IT 支出明细情况

	2012 年		2013 年		2014 年	
	支出（十亿美元）	增速（%）	支出（十亿美元）	增速（%）	支出（十亿美元）	增速（%）
IT 设备	676	10.9	695	2.8	740	6.5
数据中心	140	1.8	143	2.1	149	4.1
企业软件	285	4.7	304	6.4	324	6.6
IT 服务	906	2.0	926	2.2	968	4.6
电信服务	1641	-0.7	1655	0.9	1694	2.3
合计	3648	7.9	3723	2.0	3875	4.1

资料来源：Gartner。

2013 年，由于全球经济仍处于低迷状态，且 IT 支出增长乏力，世界软件产业增长速度下降为 5.4%，产业规模超过 1.5 万亿美元（见图 2）。不过，软件产业仍是全球 IT 产业中增长态势最好的产业，占全球 IT 产业的比重也不断提升，根据牛津智库（Oxford Intellgence）的数据，软件产业在全球 IT 产业的比重已达到 24.6%。

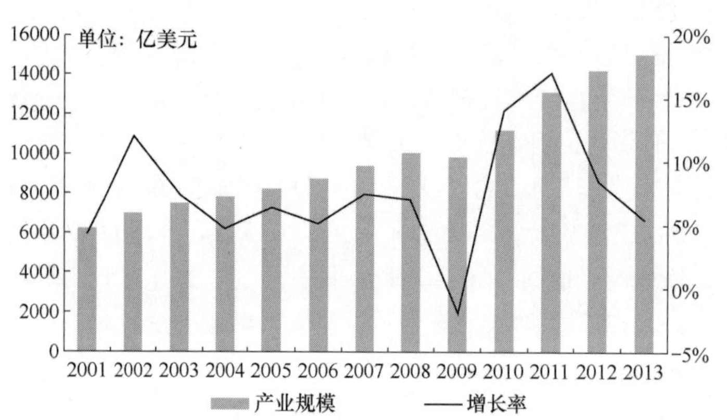

图 2　2001—2013 年世界软件产业增长情况

资料来源：中国软件行业协会，工业和信息化部电子科学技术情报研究所。

从国家和地区来看，美国和欧盟仍是全球最主要的软件市场，其中美国软件产业占全球软件产业的比重为 29.3%，欧盟为 24.9%（见图 3）。受全球整体经济低迷和本国经济增长不力的影响，中国、俄罗斯、印度等新兴市场的软件产业增速趋缓，占全球软件产业的比重的提升速度也放缓。相比之下，拉美、澳大利亚、东欧等地区的 IT 支出和软件产业均保持较快增长态势。

二、新兴业务快速增长，软件市场结构调整加快

随着 IT 消费化趋势日益明显和新技术、新模式的快速发展，全球软件市场结构加快调整变化的步伐，云计算技术、SaaS（软件即服务）、移动技术、大数据等对软件产业产生了越来越大的影响，所带来的新兴业务逐渐成为全球软件市场的重要组成部分。

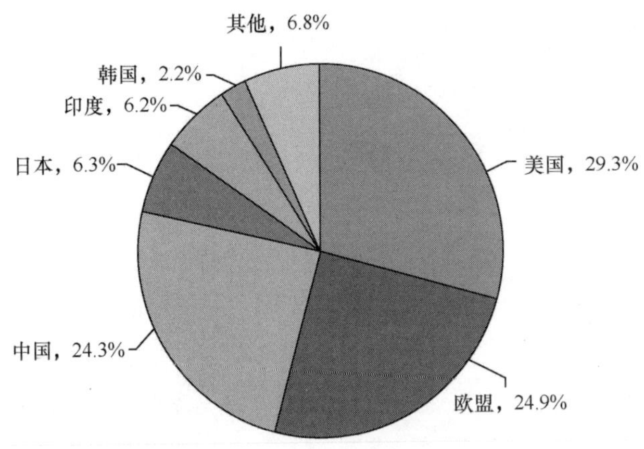

图 3　世界主要国家和地区在全球软件产业中的比重

资料来源：中国软件行业协会。

云计算应用加速，SaaS 成为软件业务的新增长点。根据 Gartner 的数据，2013 年，全球 SaaS 收入将达到 160 亿美元，预计到 2015 年将增长至 213 亿美元（见图 4）。另据普华永道的研究，软件授权收入正逐渐收缩，而 SaaS 带来的收入和利润在全球软件业务中的比重正不断提高，预计到 2016 年将达到 24%。

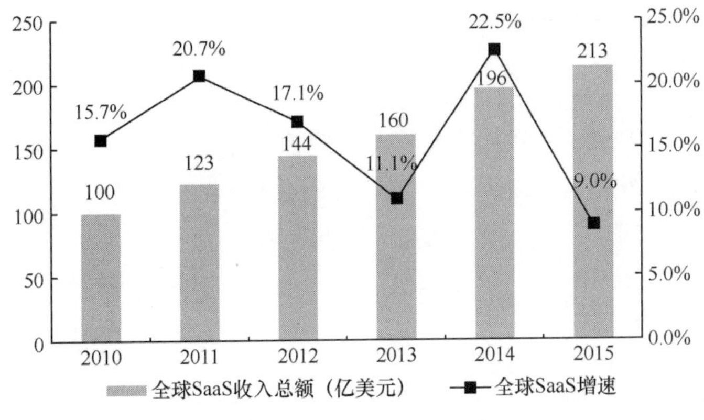

图 4　全球 SaaS 收入增长情况

资料来源：Gartner。

SaaS 也成为越来越多软件公司的主要业务。在全球 100 强软件服务公司中，有 10 家公司表示 SaaS 带来的利润已占软件业务收入的 40%以上；前十大 SaaS 服务提供商中有 5 家的 SaaS 收入占软件业务收入超过 40%（见图 5）；在全球前十大软件服务提供商中，除爱立信外，其他公司均有 SaaS 收入，有的 SaaS 收入占比已达近 10%（见图 6）。

另一个快速增长的新业务是移动应用。Gartner 的数据显示，2013 年全球移动应用商店下载总量达到 1020 亿个，比 2012 年增长了 37.3%；下载总收入将达到 260 亿美元，比 2012 年增长了 44.4%。移动应用的付费下载量持续较快增长，2013 年为 91.86 亿美元，比 2012 年增长 38.1%，预计到 2017 年将增长至 147.78 亿美元，届时应用程序内购买（IAPs）占应用商店收入的比重将达到 48%（见图 7）。

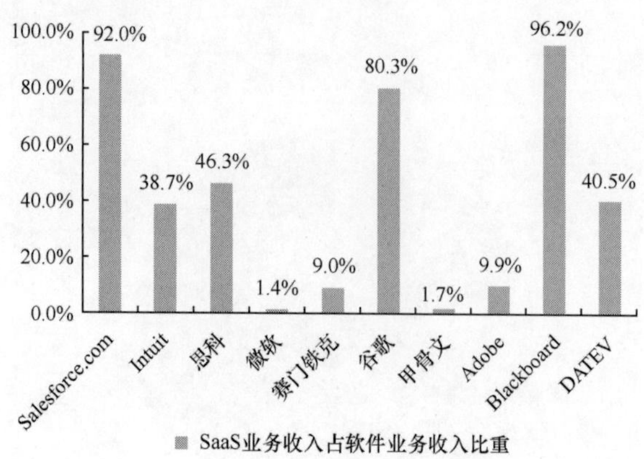

图 5　全球前十大 SaaS 服务提供商 SaaS 业务收入占比情况

资料来源：普华永道。

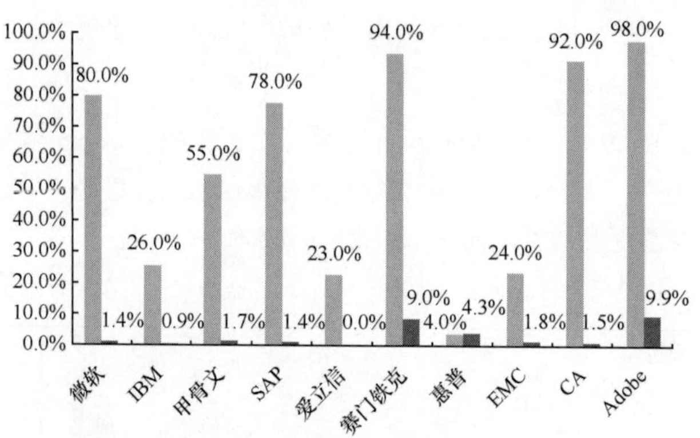

图 6　全球前十大软件服务商 SaaS 业务收入占比情况

资料来源：普华永道。

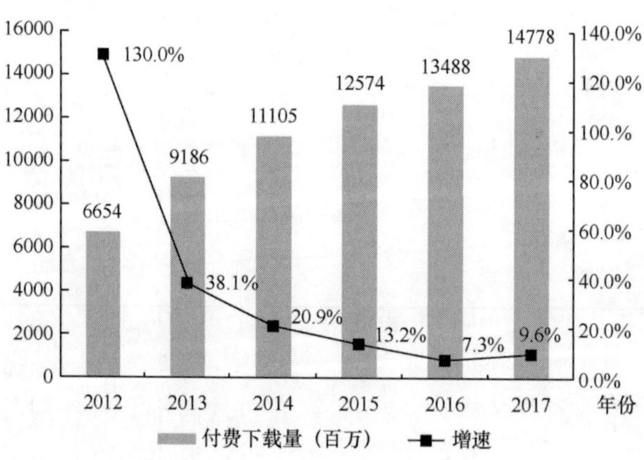

图 7　全球移动应用商店移动应用付费下载量增长情况

资料来源：Gartner。

另外，大数据应用加快，大数据技术及服务市场发展迅速。IDC 的研究显示，2012—2016 年大数据技术及服务市场将呈现强劲增长，年复合增长率将达到 31.7%，2016 年收入规模将达到 238 亿美元。大数据的迅速发展为相关软件公司带来了新的市场空间，根据 IDC 的信息图，未来 5 年 SAP 公司全球大数据与分析方案合作伙伴的收入将高达 2220 亿美元。

三、企业加速整合，新业务成竞争焦点

受 IT 支出低迷和业务转型的影响，2013 年软件企业的业绩增长表现一般，一些企业出现下滑情况。2013 年，全球软件企业 500 强的总收入为 6729 亿美元，比 2012 年增长了 4.5%，增速大幅回落（见图 8）。从主要软件企业的营业收入表现来看，2013 年前三季度，微软的营业收入同比增长都在 10%以上；谷歌的营业收入增长也较好，其中第一季度实现了 31.2%的同比增长；苹果在第一季度同比增长 11%，但后两个季度表现不佳；甲骨文和 SAP 的营业收入同比增幅较低，其中甲骨文在第一季度还出现了 0.1%的下滑；IBM 受新兴市场疲软拖累，连续六个季度营业收入同比增长下滑（见图 9）。从净利润表现来看，苹果、IBM 连续三个季度出现同比下滑，引起投资者的担忧；甲骨文在第一季度增长持平，在第二、第三季度分别增长 10%和 8%；而微软与 2012 年相比，表现出色，第一季度和第三季度分别同比增长 18.5%和 17%，第二季度则同比扭亏为盈；谷歌、SAP 也保持了两位数增长，谷歌第三季度增长高达 36%。

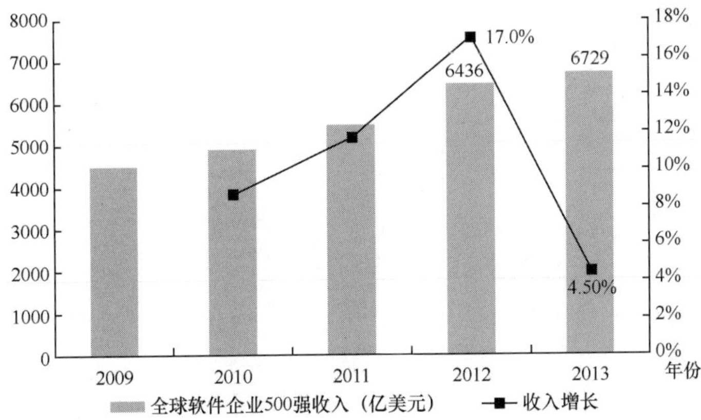

图 8　全球软件企业 500 强收入增长情况

资料来源：Software Magazine。

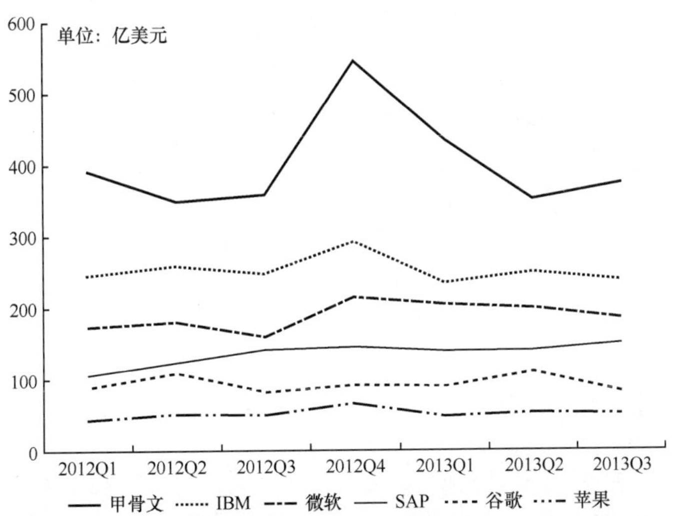

图 9　主要 IT 公司 2012 年第一季度至 2013 年第三季度营业收入情况

资料来源：根据各公司财报整理。

各大公司营业收入和利润增长的变化引起资本市场的反应，使得市值排名出现调整。截至2013年第三季度，苹果的市值仍居第一位，但市值较2012年年底有较大减少；谷歌、微软市值有较大增长，其中微软市值排名上升了1位，排在第三位；2012年新上市的Facebook受投资者追捧，市值上升了6位，排名第九位；而2012年表现出色的三星电子、高通的市值排名出现下滑（见表2）。

表2 市值最高的前十家IT企业市值变化情况

排序	企业	2013年第三季度市值（亿美元）	2012年年底市值（亿美元）	排名变化
1	苹果	4331.3	5006.1	0
2	谷歌	2917.0	2324.4	0
3	微软	2772.2	2248.0	+1
4	IBM	2028.5	2164.4	+1
5	三星电子	1665.3	2290.7	-2
6	甲骨文	1511.7	1577.5	0
7	亚马逊	1428.4	1136.3	0
8	思科	1256.3	1043.2	+1
9	Facebook*	1223.3	576.7	+6
10	高通	1154.8	1054.1	-2

注：Facebook于2012年新上市。

资料来源：ZDNet。

为在新兴技术和模式快速发展的时代取得发展机会和发展空间，各大IT企业加快业务整合，在云计算、大数据、移动互联网等新兴业务领域展开越来越激烈的竞争。谷歌收购摩托罗拉移动之后，完成软硬件业务整合，形成了从硬件终端、操作系统到云服务的产业链垂直布局。在谷歌等企业的竞争压力下，微软也加快了软硬件业务和产业链的整合。2013年9月，微软宣布以72亿美元收购诺基亚手机业务，强化了其在移动互联网领域的竞争优势和专利优势。IBM自2012年以来业绩表现不佳，加快了业务调整步伐。IBM公司表示，将进行资源调整，集中发展社交商务、移动云和大数据等方面的业务。截至2013年10月，IBM在云计算、商业分析和移动等领域进行了7起收购，其中在6月花费了近20亿美元收购云服务提供商SoftLayer。SAP 5月宣布，为了进一步专注于云计算和数据库软件业务，对公司管理架构进行了调整。甲骨文2013年的业绩增长低于预期，尤其是硬件业务下滑，于是加强了业务的结构性调整，加大了对云计算业务的布局，甚至与Salesforce结盟。

四、投资并购回暖，移动互联网和云计算持续走热

2013年，发达经济体经济形势有所好转，资本市场活跃度提高，再加上新兴IT业务快速发展，带动IT领域投资并购活动回暖。根据美国风险投资协会（NVCA）的数据，2013年前三季度全美投资案例共计2867起，同比增长2.7%，其中软件和IT服务共计1367起，同比增长15.1%；投资金额207.45亿美元，同比增长2.1%，其中软件和IT服务共计95.3亿

美元，同比增长 21.9%（见图 10）。

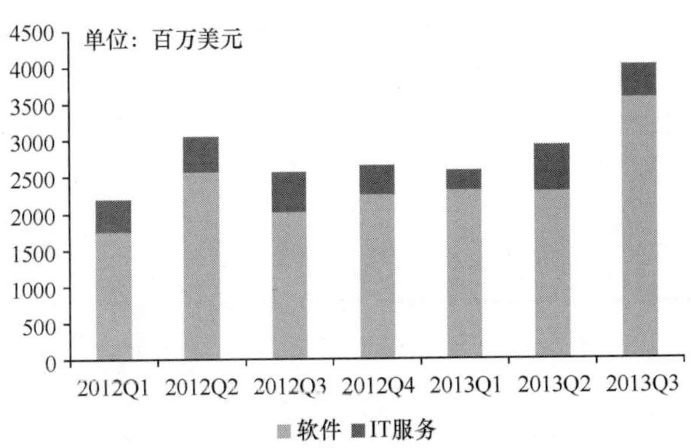

图 10　2012Q1—2013Q3 美国软件和 IT 服务领域的风险投资情况

资料来源：NVCA。

在 IPO 方面，根据 Renaissance Capital 的数据，2013 年前三季度全球共有 176 起融资金额超过 1 亿美元的 IPO 案例，同比增长 9.7%，共计募集资金 779 亿美元，同比增长 23.9%。根据普华永道的数据，2013 年前三季度全球 IT 领域的 IPO 案共有 39 起，募集金额共计 48.58 亿美元，比上年同期两个数据都有增长（见图 11）。其中，软件、互联网和 IT 服务是 IPO 的最主要细分领域。

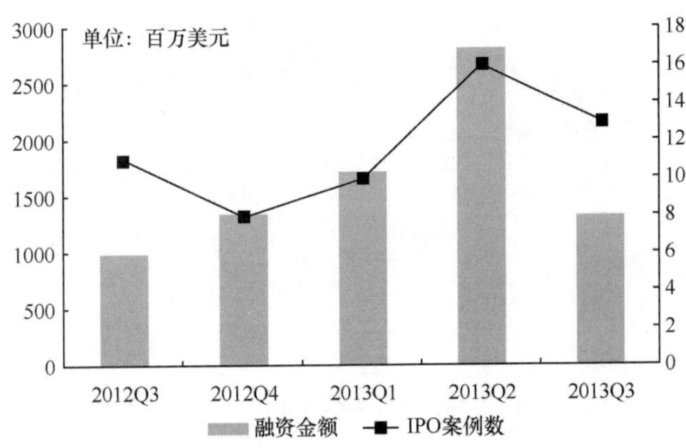

图 11　全球 IT 领域 IPO 情况

资料来源：普华永道。

在并购方面，2013 年前三季度全球 IT 并购的交易数量、已披露金额的交易数量较 2012 年同期均有所下降，但已披露的交易金额和平均交易金额比 2012 年同期均有较大增长（见表 3）。其中，软件、互联网和 IT 服务领域的交易数量和交易金额所占的比重都超过 50%，是 IT 交易并购的主要领域。从细分领域看，并购关注的重点是移动互联网、云计算、大数据等新兴领域。其中移动互联网、云计算领域继续领先，并购案例数量均超过 300 起，与 2012 年同期相比有所增加；其次是大数据领域，并购案例数超过 150 起，与 2012 年同期基本持平（见图 12）。

表 3　2012Q1—2013Q3 全球 IT 并购情况

	交易数量	已披露金额交易数量	已披露交易金额（百万美元）	平均交易金额（百万美元）
2012Q1	756	145	25090	173
2012Q2	728	158	33374	211
2012Q3	752	153	28233	185
2012Q4	699	151	29424	195
2013Q1	661	118	36437	309
2013Q2	627	134	33391	249
2013Q4	704	179	71220	398

资料来源：安永。

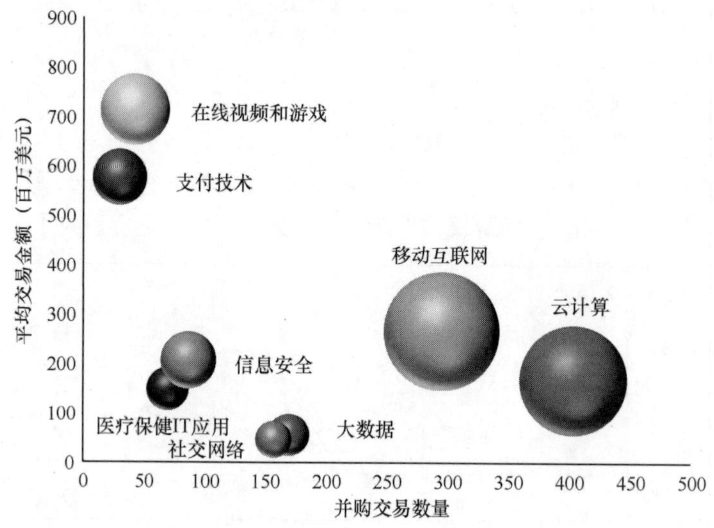

图 12　全球 IT 领域 IPO 情况

资料来源：安永。

五、各国加快支持和布局，争抢新一代信息技术和产业发展先机

近两年来，美国、欧盟、日本、韩国等国家和地区出台云计算、大数据等战略规划，加大投入，积极推进对云计算、大数据、移动互联网等新一代信息技术的研发和应用，加快技术、标准、产业的布局，力图抢占发展先机和战略制高点。

自 2011 年 2 月发布《联邦云计算战略》以来，美国联邦政府通过积极推进政府应用、建设标准体系、规范服务合同、加强安全和隐私保护等措施促进和引导云计算产业发展。2013 年 5 月，美国总统签署《数字政府：构建一个 21 世纪的服务平台以更好地服务美国人民》总统令，进一步提出要采用云计算等新兴技术提高 IT 项目管理水平。美国国家标准和技术研究院（NIST）在前两年的基础上，于 2013 年发布了《云计算安全参考架构（征求意见稿）》和《云计算标准路线图（2.0 版）》，进一步完善了云计算及其安全的标准体系。

美国政府认识到大数据所蕴涵的战略意义，于 2012 年 3 月推出《大数据研究和发展倡议》，多个政府部门投资 2 亿美元开展大数据技术和应用的研发。为在大数据环境下开放政府数据，推动政府透明和数据产业发展，2013 年 5 月，奥巴马总统发布了《开放政府信息资源并让机器可读》总统行政令。

欧盟也加快云计算战略部署。2012 年 9 月，欧盟委员会宣布启动名为《充分发挥云计算在欧洲的潜力》的战略性计划，旨在加速和扩大云计算的应用，并创造大量的就业机会。2012 年 10 月，欧盟委员会正式向欧盟理事会和欧盟议会提交了《云计算发展战略及三大关键行动建议》草案，该草案旨在加速欧盟云计算服务建设，加强云计算技术研发创新和基础设施投入强度，把欧盟打造成云计算服务的强势集团。2013 年 10 月，欧盟委员会成立专家组，研究制定安全而公平的云计算服务准则，以推动云计算服务的发展。

英国政府大力支持大数据技术和新一代移动网络技术的研发与应用。英国商业、创新和技能部在 2013 年年初宣布，将投资 1.89 亿英镑研发大数据技术，并将投入巨资加强相关基础设施建设，加强数据采集和分析，从而让英国在“数据革命”中占得先机。为了提升移动宽带速度，拉动英国经济发展，英国政府积极推进 4G 网络建设。2013 年 1 月，英国启动 4G 频谱拍卖，共有 7 家公司参与竞投。截至 2013 年 10 月，英国 4G 网络已覆盖 60%以上的人口和主要城市区域。英国政府还率先推动国内的 5G 移动通信网络技术研发工作，将在位于英格兰东南部的萨里大学建立一个 5G 网络研发中心。该项目投资总数将达到 5000 万英镑，其中 1/3 由政府出资。

日本近年来的 IT 战略将大数据作为重点。2012 年 7 月，日本总务省推出综合战略“活力 ICT 日本”，将重点关注大数据应用。2013 年 6 月，日本第二次安倍内阁正式公布了新 IT 战略——《创建最尖端 IT 国家宣言》。该宣言全面阐述了 2013—2020 年日本以发展开放公共数据和大数据为核心的新 IT 国家战略，其大数据内容要点主要是：向民间开放公共数据，2013 年度内启动居民可浏览中央各部委和地方省厅公开数据的网站（试用版）；促进大数据的广泛适用，推进个人数据的流通与应用。

韩国加大大数据的研发和应用投入。韩国政府划拨了 2 亿美元预算，在 2013 年起的 4 年时间里打造运用大数据的国家工程。韩国政府还投资建设大数据中心。韩国大数据中心由韩国科学、通信和未来规划部与韩国国家信息社会局共建，计划创建一种基础解决方案，使任何人都可以使用其服务对大数据进行分析。该中心主要面向中小企业、创业企业、大学和普通公民提供服务，用户可以通过该中心利用大数据技术解决业务或者研究方面的问题。韩国大数据中心于 2013 年 6 月进行了硬件和软件的招标，基本的 Web 平台于 8 月建成，9 月进行试运行。

六、软件走向更广阔的领域

2011 年 10 月，Netscape 创始人、硅谷著名投资人马克·安德森（Marc Andreessen）在《华尔街日报》上刊登了一篇引起广泛反响的文章《软件正在吞噬整个世界》，其核心内容是越来越多的大型企业及行业将离不开软件，从电影、农业到国防，网络服务将无所不在。许多赢家将是硅谷式的创新科技公司，它们侵入并推翻了已经建立起来的行业结构。未来十年，预计将有更多的行业将被软件所瓦解，出类拔粹的硅谷新公司将会成为这一趋势的主要推动者。

软件定义世界的本质是社会全方位的数字化。软件作为数字化的核心和灵魂，在国民经济和社会发展各个领域发挥着全面覆盖、全面支撑和全面服务的作用。目前，在信息技术进入全面覆盖、深度融合的时期，软件提升、改造传统产业，催生新兴产业的速度更快，力度更强，软件定义世界的作用也更加凸显。在软件定义世界的推动下，产业加速重构、消费加速转型、社会加速变革，多领域的企业将面临适者生存、优胜劣汰的演变。

近几年，无论是《新闻周刊》的闭幕、新媒体的兴起，诺基亚的陨落、苹果的崛起，还是百盛上海虹桥店关张、电子商务的爆发，都可以看到软件定义世界的力量。

目前，软件定义世界的现象主要发生在服务业领域，如电子商务、互联网金融、数字媒体、网络视频等，未来几年，制造业领域的软件重新定义现象也将频繁发生，如类似特斯拉的电动汽车、谷歌无人驾驶汽车等，诞生所谓的新服务业、新工业和新农业（见图 13）。

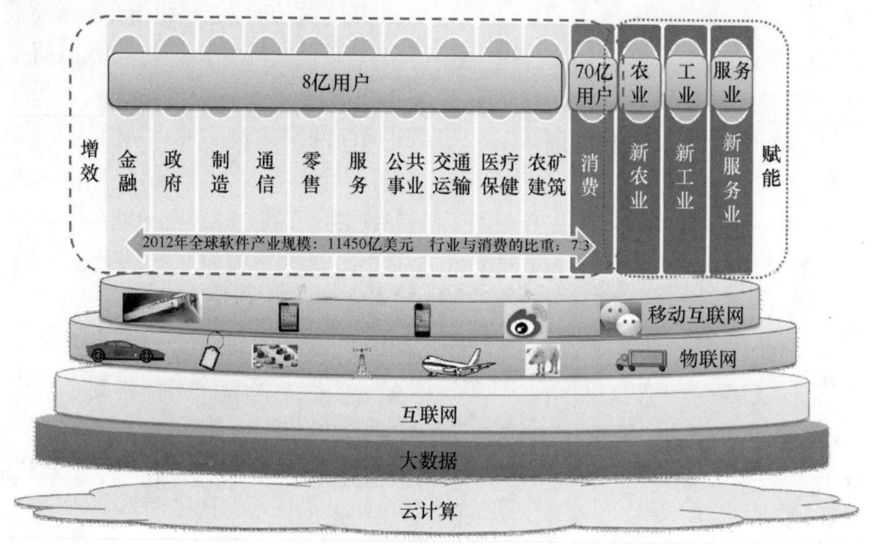

图 13　未来软件产业蓝图

资料来源：陈新河，《软件和信息服务业中长期发展趋势前瞻性研究》。

软件定义世界所带来的影响是全方位的，不仅将改变我们生活和环境的质量，改变消费方式和工作方式，创造新产品和服务，促进产业均衡发展，调节供需，还将影响就业，挑战现有的法律法规。

（稿件由工业和信息化部电子科学技术情报研究所提供）

2013 年云计算发展概况

2013 年，全球云计算市场保持快速发展，市场规模超过了 1300 亿美元。我国云计算经历了初期的概念导入、市场培育后，开始踏入成长阶段。随着国外云计算巨头相继涌入，国内 IT 企业加快产业布局，云计算的产品和服务逐渐增多，个人云应用特别是云存储发展较快，行业云应用也进入实践阶段。

一、国内云计算市场规模偏小

2013 年，我国云计算市场规模约为 111 亿元，年复合增长率为 50%（见图 1），相对于全球 1300 亿美元的市场规模，我国的云计算市场在全球所占比重较小，市场规模总体偏小。我国云计算市场中，SaaS（软件即服务）市场规模最大，占云计算整体市场的比重超过 50%，PaaS（平台即服务）市场规模最小，占比在 5%左右。IDC 对中国公有云市场的调研显示，在企业最需要的云服务类型中，PaaS 的需求占比最高，其次为 IaaS，可见 PaaS 市场潜力巨大。

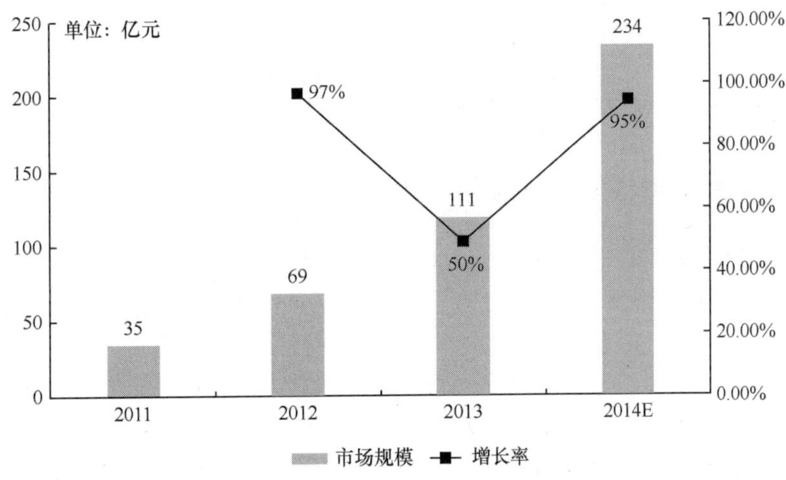

图 1　2011—2014 年中国云计算市场规模

资料来源：工业和信息化部电子科学技术情报研究所。

二、“云盘”推动消费云时代到来

2013 年，个人云存储受到广泛关注并逐渐被消费者接受。随着越来越多的软件和数据迁移到“云端”，特别是移动互联网“Cloud+App”应用模式的普及，个人云取代本地存储的趋势日渐明显。Gartner 的报告显示，预计到 2016 年将有 36%的数字内容存储至云端，而在 2011 年这一比例仅为 7%。2013 年中国的个人云存储用户数估计在 2 亿以上。庞大用户群吸引了越来越多国内厂商加入到争夺用户的“云盘大战”中。2013 年 8 月 12 日，金山快盘针对个人版用户推出 100GB 免费空间领取活动，拉开了网盘扩容大战的序幕。随后，百度、奇虎 360、腾讯纷纷加入战场，云盘的空间也从 1TB 到 10TB，最后到“无限空间”（见图 2），各方都希望通过“免费+大空间”的方式吸引客户，以抢占先机，培养用户对平台的忠诚度。不过，免费不过是这些企业争抢用户的市场策略，如果不能找到有效的盈利模式，这种市场策略能够走多远还有待观察。

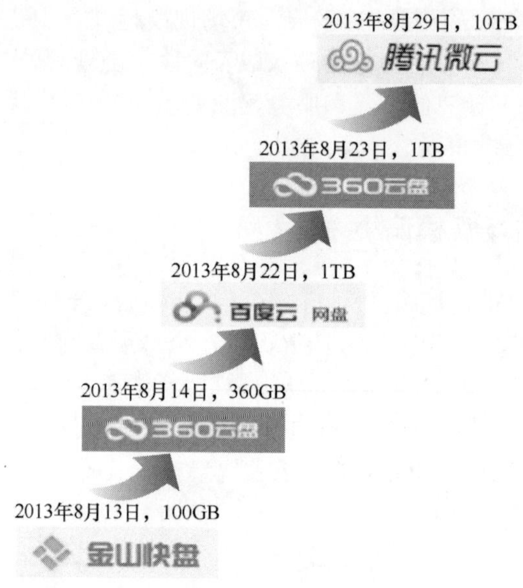

图 2　2013 年 8 月云盘竞争态势

资料来源：工业和信息化部电子科学技术情报研究所。

三、云计算逐渐向传统行业渗透

2013 年，云计算由 IT 行业向传统行业渗透越来越多，制造、医疗、政务、金融等领域都已不同程度地使用云计算。在制造业方面，已经建立起以云制造为核心理念的公共服务平台，如中国航天二院的云制造平台、天津卓朗科技的数字化工程仿真云平台和宁波市云制造服务平台等，将云端制造资源虚拟化提供给资源需求方，大大提高了制造资源利用率，促进了工业化和信息化的融合。在医疗卫生方面，受“3521 工程”（我国卫生信息化建设路线图）和电子健康档案及电子病历建设的需求驱动，以云计算为核心的区域医疗卫生平台正在逐步推广和应用，2013 年 6 月全国第一个健康云在上海市的闸北区正式投入运营。电子政务方面，以私有云建设为主的地方政务平台已有眉目，浪潮承接济南市人民政府整体服务外包“政务云”平台，杭州市政府牵手阿里云建设政务云，覆盖交通、公安、科技等领域。在金融业方面，国内一些 IT 企业也尝试进行云应用探索，如神州数码抓住银监会鼓励开设农村金融机构的机会，打造农村金融信息平台，通过整合农村金融机构公用的功能模块再向农村金融机构提供租用服务，按需收费。

四、国内企业向云计算转型开始起步

从市场供需角度看，转型企业既包括 IT 服务提供方，也包括 IT 服务需求方，以云计算为基础架构的IT服务将逐渐成为市场交易标的。随着IT服务需求方逐渐采纳并接受云服务，越来越多的IT服务提供方将首先被倒逼向云计算转型，国际老牌IT企业IBM、甲骨文等近几年也都积极向云计算服务商转型。2014年年初，东软集团同阿里云签署合作协议，将逐步把传统IT服务迁移到云计算平台中，SaCa、UniEAP等系列产品将支持基于阿里云平台的部署与运维。用友软件依靠私有云UAP和公有云CSP两大平台，开始逐渐由软件产品型企业转变为平台型企业，随着对CSP云平台的不断投入，这种转变正在加速。为了帮助金融行业用户更好地向云计算转型，浪潮和中科软合作开发金融大数据一体机和金融行业大数据解决方案。2014年3月，浪潮集团联合南天信息正式推出国内首款面向金融行业的大数据定制机。国内IT企业向云计算转型，不仅有利于企业自身的发展，也为云计算等新技术应用到关键行业提供了国产化保证，为国家信息安全保驾护航。

五、国际巨头纷纷进军中国市场，国内云计算格局生变

2013年，IBM、微软、亚马逊、甲骨文、SAP等巨头纷纷通过联手国内数据中心、运营商、云计算园区等合作伙伴，布局中国市场（见表1）。公有云市场，微软的Office 365、Windows Azure和亚马逊的AWS等纷纷落地；私有云市场，IBM的SCE+（SmartCloud Enterprise+）于2013年12月底进入中国。

表1　近两年来国外云计算巨头与国内企业和机构的合作情况

时间	厂商	国内合作单位	提供主要服务
2012.11	微软	上海市政府、世纪互联	Office 365和Windows Azure
2013.07	IBM	无锡、宁波智慧物流、国民技术、甘肃移动、杭州世导、软通动力、首都在线、世纪互联等	SmartCloud
2013.07	甲骨文	安富利、亚信联创、中软、大唐软件、神州数码、佳杰科技、富通、华为、金蝶、东软集团、中科软、华胜天成和用友等	Exadata和Exalogic集成系统，Oracle CX云
2013.11	SAP	华为、中国电信	SuccessFactors，CRM软件、小微企业典型应用
2013.12	亚马逊	网宿科技、光环新网、宁夏的西部云基地、北京中关村科技产业园	Amazon AWS

资料来源：工业和信息化部电子科学技术情报研究所。

面对着巨大的市场潜力和国外厂商的竞争，国内IT企业包括数据中心服务商、运营商、传统IT设备厂商、互联网企业和初创企业等有集体发力之势，积极部署云计算业务并推出相关产品及服务（见图3）。数据中心服务商依靠自身的优势，主动向云服务转型，推出云主机业务，其中不乏通过与国际巨头合作以谋取更大的竞争优势者，如世纪互联、首都在线等；三大运营商集合自身的数据资源、网络资源和庞大用户数，打造云品牌，如中国移动的“大云”、中国联通的“沃云”和中国电信的“天翼云”；传统的IT设备和系统集成商，如华为、浪潮积极寻求云转型，由卖软硬件产品转向提供云服务；互联网企业具有先天提供公有云服务的优势，弹性可扩展的云平台首先可以用来支撑自由业务，其次可以卖给生态系统内的开发者，最后做成公有云平台，为全社会提供服务。2013年年初，百度正式开放应用引擎BAE，面向所有开发者推出公有网络应用开发和部署平台。2013年9月，腾讯正式宣布全面开放腾

讯云生态系统，覆盖了计算云、数据云、个人云三个层面，包括云服务器、云数据库、NoSQL高速存储、罗盘、CDN、云监控和云安全等产品。阿里云已在移动互联网、游戏、开发者服务以及金融创新、电子商务等多个领域开展应用，并于2013年12月获得全球首张云安全国际认证金牌。初创企业如Ucloud和青云（QingCloud）发展迅速，已分别拥有数千家的注册单位，2014年年初分别获得了1000万美元和2000万美元的融资。其中，Ucloud成立于2011年年底，主要从事IaaS产品的研发与运营服务，目前产品线覆盖云存储、云加速、云数据库等。QingCloud能以“秒”为单位来计算服务费用，主要瞄准中国的DevOps（Development&Operations）开发市场。

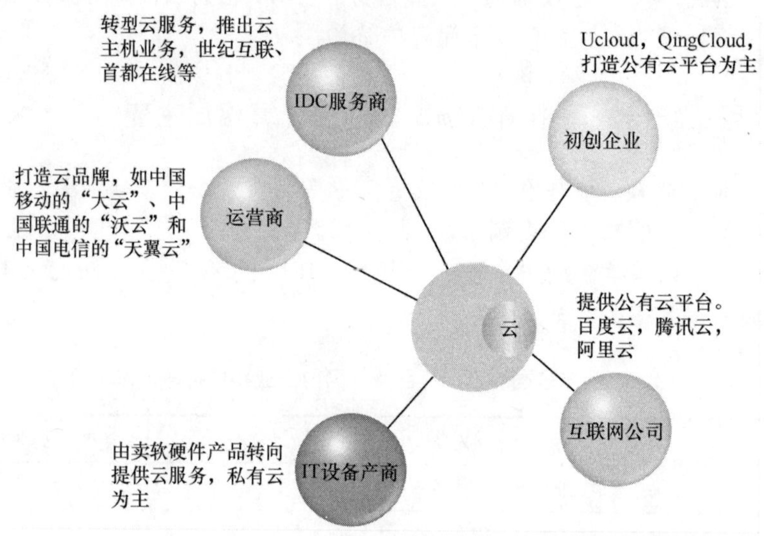

图3　国内云计算市场格局

资料来源：工业和信息化部电子科学技术情报研究所。

六、国内外厂商差距依然明显

一是云计算产品较少，云战略缺乏相应的产品支撑。国外知名企业提出的云计算战略都有具体的产品和服务为依托，如亚马逊的Elastic Compute Cloud，谷歌的Google App Engine、Gmail、Google Docs等。而国内企业的云计算发展战略缺乏产品支持，不少IT企业提出的云计算战略多停留在概念上，除了几个大的互联网企业外，其他企业推出的具体云计算的产品较少。二是企业规模较小，研发投入不足。进入云计算领域需要较高的技术和资金门槛，2013年SAP的研发创新费用接近25亿欧元；2014年1月，IBM宣布投资12亿美元用于数据中心和云存储建设；微软每年有95亿美元的研发投入，而其中有90%的费用投向云计算相关领域。国内云计算企业与国外企业的收入相差很大，企业规模明显小于国外企业，研发投入规模必然无法和国外相比。三是云计算订单量小，获利能力不足。从云计算收入来看，2013财年Salesforce在云计算领域的收入累计已超过30亿美元，亚马逊2013年在云计算领域的收入约为24亿美元。从云计算订单来看，亚马逊2013年获得了美国中央情报局（CIA）的云计算订单，仅这一笔订单价值6亿美元。我国企业虽然也推出了云计算产品，但目前并未见到相关的收入统计，整体上还处于投入阶段，获利能力较差。

七、云产业统筹规划和应用落地需要进一步加强

国家部委继续鼓励和支持云计算的发展，并开始注重规范发展指导。在2011年工业和信息化部与国家发改委开展云计算服务创新发展试点示范工作及2012年科技部发布《中国云科技发展“十二五”专项规划》之后，2013年年初，国家发改委、工业和信息化部、能源局、国土部、电监会共同发布《关于数据中心建设布局的指导意见》，旨在通过加强顶层设计和规划，推动数据中心节能减排。2013年5月，国家信息技术服务标准工作组（ITSS）发布《中国云服务白皮书》，通过大量成功案例、系统化的内容和应用实践解析了云服务的优势和特征，展示了云服务的模型以及交付和使用的过程。地方政府通过规划、政策、项目等方面的优惠条件吸引云计算中心和云计算企业的进驻。据初步统计，国内已有30多个城市推出了云计算规划，提出要大力发展云计算的城市更多，其中首批云计算试点城市已取得了一定的成绩（见表2），但问题依然存在，各地蜂拥推出“云计划”，一哄而上建云计算中心，争相提高优惠条件招商引资，难免出现重复建设、巨资购买硬件、不顾本地实际求政绩的现象，不利于云计算的健康有序发展。2011年美国公共云市场硬件投入只占12.5%，中国的硬件投入却高达70%。另外，云计算的发展要靠应用和市场驱动，目前各地重招商引资和建设数据中心，轻应用和服务，对云计算的理解和认识可能还存在偏差。因此，我国云计算发展需要进一步加强顶层设计和统筹规划，加大应用示范和服务推广，以提升企业的云服务实力和水平为重点。

表2　首批云计算试点城市云产业发展阶段性情况

城市	计划名称	阶段效果
北京	祥云工程	基本完成云计算产业链布局；云计算领域的创业创新氛围较高；已形成南部亦庄北部中关村两大聚集区，参与云计算产业的企业已达150多家
上海	云海计划	宝信软件、万达信息、上海华为、盛大网络、华东电脑等软件和信息技术服务业龙头企业成功地向云计算转型；银联数据、中远资讯等云服务龙头企业实现销售额超过亿元；新增云计算技术研发与公共服务企业超过百家；云计算产业新增产值及带动软件和信息技术服务业增收值超过500亿元
深圳	鲲云计划	形成了相对完整、市场自发的产业链，云服务层面有腾讯、迅雷等，云计算软件层面有金蝶等，云设备制造层面有华为、中兴等
杭州	杭州云计算产业园	引进华通云数据中心，产生税收近500万元；与阿里云合作，共建阿里云创新基地；力争5年内实现产值50亿元，税收2亿元
无锡	云谷计划	与IBM合作建立了云计算软件服务平台和全球首个商用云计算中心；结合物联网推进云计算

（稿件由工业和信息化部电子科学技术情报研究所提供）

2013年北京市软件和信息技术服务业发展概况

2013年，北京市软件和信息技术服务业在保持健康发展的同时，逐步进入结构转型升级阶段，稳中有进，稳中有为，在市场资源配置决定性作用下，提质增效，产业发展取得新的成绩。

一、基本情况与主要特点

（一）高水平创建中国软件名城

北京市创建中国软件名城工作取得重要成果，被工信部授予“中国软件名城”荣誉称号，创建过程中，北京市强化资源整合和统筹发展，着力提升企业创新发展能力，加快培育世界水平的名企、名人和名牌，打造战略性新兴领域发展高地，引领全国高水平建设中国软件名城，并向具有世界影响力的软件名城迈进。

1．产业运行平稳，发展质量持续提升

2013年北京市软件产业实现营业收入4211亿元，同比增长14.5%。企业景气指数平稳运行，产业处于较为景气区间运行（见图1）。全行业实现增加值1749.6亿元，同比增长7.2%。产业发展的质量提升表现在：一是人均营业收入持续提高，达到82.4万元/人，比同期提高了2.4万元/人；二是规模以上企业平均营业收入达到1.75亿元/家，比同期提高了约1100万元/家；三是企业利润稳步增长，同比增长40.2%；四是“营业税改征增值税”加速了软件定制服务产品化转型进程，提高了产品的可复用性、可靠性，企业经营模式进一步转变，发展质量进一步提升。

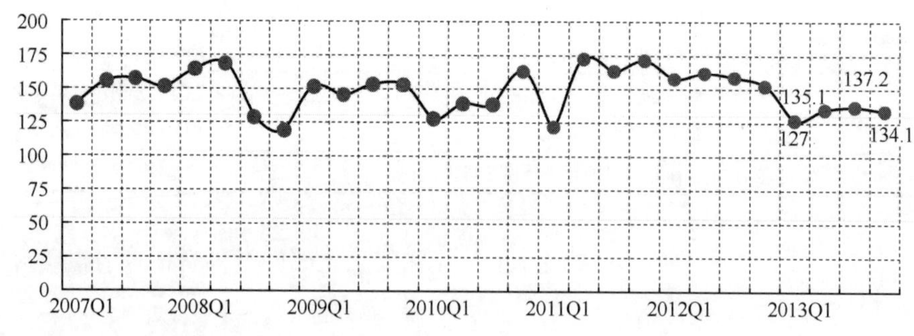

图1　2007—2012年各季度企业景气指数

注：企业景气指数划分标准为180以上为“非常景气”区间，（150，180］为“较强景气”区间，（120，150］为“较为景气”区间，（110，120］为“相对景气”区间，（100，110］为“微景气”区间。

2．技术创新形成自主体系，研发产品大幅增加

一批关键技术突破有力支撑了产业发展。人大金仓公司建立国产数据库产业化体系，在高可靠、高性能、高安全及海量存储管理等方面突破关键核心技术，在国内数据库管理系统

的市场份额大幅提高。超图公司以全新云计算架构，打造全球领先的新一代地理信息系统平台。北京市交通信息中心承担的国家“核高基”课题“特大城市重大活动综合交通应急保障系统应用研究与示范”成果成功应用于第九届中国（北京）国际园林博览会。千方科技公司牵头建设车联网产业基地，推动汽车电子、芯片、位置服务等车联网产业链创新发展和我国交通运输业转型升级。握奇数据公司通过中国银联卡嵌入式软件安全认证和COS开发企业认证，成为首家也是目前唯一一家荣获银联卡嵌入式软件开发企业资质的公司。全年新登记软件产品9115件，同比增长39.3%。

3. 大企业产业链整合力度加大，骨干企业实力更加突出

大企业通过海内外自建园区、并购入股等手段，在全国乃至全球布局，加大产业链整合力度。北京市软件和信息技术服务业领域2013年发生并购案例38起，涉及金额约295亿元，约是2012年全年的2.8倍；平均单笔案例融资7.8亿元，约是2012年全年的2.6倍；发生融资案例107起，涉及金额约104亿元。其中，百度公司发起并购7例，涉及金额约160亿元，包括3.7亿美元收购深圳PPS视频业务、19亿美元收购福建网龙旗下的“91无线”，并在硅谷设立人工智能实验室。掌趣科技以8亿元收购海南动网先锋100%的股权。

通过并购和自主发展并举，北京市骨干企业实力更加突出。在首批四个特一级计算机信息系统集成资质企业中，北京市2家企业（中国软件、太极股份）入选。73家企业成为国家规划布局内重点软件企业，比上年增加23家；软件业务收入百强企业28家，系统集成一、二级资质企业237家，占全国的28%。11家企业通过首批国家运维通用要求符合性评估，约占全国的60%（见图2）。《福布斯》杂志公布的2013年全球最具创新力的100强企业名单，两家中国科技企业上榜，百度公司排名第6位。

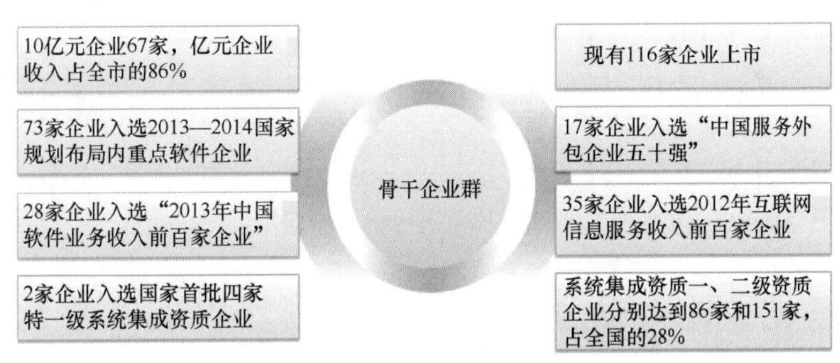

图2　北京软件和信息服务业骨干企业群

（二）深层次培育新兴产业

2013年是北京市云计算“祥云工程”深耕年。北京云基地“基金+基地”模式取得成效并被推广，已在上海、深圳、香港、台湾地区和美国硅谷设立了机构，构建起北京、硅谷“双城”合作的平台。京张合作共建项目祥云云计算产业园数据中心占地面积450亩，初期将部署20万台服务器，项目总投资48.5亿元。百度云开放联盟、金山云存储、畅捷通中小企业云、EVERNOTE笔记云四大云服务平台应用效果显著。百度云开放联盟企业已超过60万家，应用商店月活跃用户数过亿，每天通过百度地图服务产生的定位请求超过20亿次。金山快盘云存储，注册用户超过4500万，成为全球最大的文档存储平台。畅捷通中小企业云服务百万家中小企业，提供移动协同办公服务、财税知识服务、网络营销服务、网店管理以及移动应

用等多项云业务，可为企业降低15%～20%的运营成本。EVERNOTE（印象笔记）作为北京吸引国际云计算创新公司的引领示范项目，在京成立一年，中国用户增长4倍，从110万迅速扩张到400万。

北斗导航与位置服务产业化取得一系列成果。北京市与总参测绘导航局签署《关于推进北斗产业发展的战略合作协议》。通过总装备部评审，北京市成为国家北斗卫星导航应用示范区，围绕智慧北京建设，以城市精细管理、城市安全运行、便捷民生服务、高效产业为核心，总投资5.45亿元，应用北斗终端10.8万台，目前北京市已有2000多辆出租车安装应用了北斗终端。新一代车载北斗多媒体智能导航芯片产业化取得突破，全球首款自主知识产权北斗多媒体处理器芯片可实现北斗多媒体智能应用的平滑升级。基于北斗的精准农业新型应用及管理平台将北斗农机定位服务于播种、施肥、打药等精准机械化作业，结合4G通信技术，实现作业调度、电子围栏、病虫害监测、收成评估等多功能的农机综合管理。基于北斗的地质灾害监测预警系统投入使用，在密云地质灾害多发区建设了32个监测点，对滑坡、崩塌、泥石流、地裂缝、地面塌陷和沉降等地质灾害进行监测和预警。基于北斗的海洋渔业安全生产与交易信息服务系统和渔捞日志自动采集与分析系统，已成功应用于我国全部渔政船、农业部渔业局下属300余条信息采集船和沿海3万多艘渔船，对于保障我国渔业安全发挥了重要作用。北斗导航与位置服务产业公共平台建设启动，成为北京市导航与位置服务产业的最重要的基础设施和位置服务应用创新的核心创新工厂，首批已推出针对老人、车辆、宠物管理的导航位置服务产品。

（三）大力度加强金融创新服务

通过政银合作，加强科技金融创新，北京软件和信息服务交易所积极探索软件交易、行业服务、科技金融等产业热点需求，累计已有逾千家企业通过软交所平台达成合作，提升了软件和信息服务产业的活跃度，累计交易额6.8亿元；联合数家银行开发软件贷、知产贷、集信通、科技通、软件企业转型升级集合信托、中小微企业私募债等金融产品，累计为121家中小微企业融资9.6亿元；成立软交所互联网金融实验室，推动互联网金融模式创新，该实验室已集合工商银行、建设银行、北京银行等银行及易宝支付、我爱卡、好贷网、翼龙贷、合力贷、大童网、网贷之家等各类互联网金融机构参与实验室建设。发挥中介机构作用，委托北京信息化协会将“新业态创新企业30强遴选”活动进一步做好，形成一批业态创新、技术创新的优秀中小企业同一批风险投资、天使投资的对接平台。

（四）进一步促进国际化发展战略

2013年，北京信息技术服务外包实现收入30.4亿美元，同比增长20.7%，其中对美出口占36.1%，对欧出口占33.6%，对日出口占9%，完成对出口市场的高端化转型。以东南亚国家为重点市场的近岸出口战略取得一定成果，北京市企业的软件能力、系统能力、软硬件结合能力，已在国际市场占据一席之地。首次召开北京-曼谷信息软件开发合作推荐洽谈会，推进中泰软件开发合作。优视科技公司的浏览器已成为印度的第一大浏览器。亚信公司赢得全球第6大移动通信运营商、拥有158年历史的挪威电信集团的中标通知，获得覆盖欧洲8个国家、金额达1亿欧元的电信系统转型建设项目。合众思壮公司收购高精定位领域的加拿大“半球公司”，极大地提高了北京市定位及北斗技术水平。

（五）多维度创新服务举措

北京软件与信息服务业公共服务平台加强协同，不断创新服务举措，提升服务质量。积极应对国家软件企业新的认定政策、新的网上申报系统、新的业务办理机构等调整带来的影响，办理软件企业认定和产品登记 13209 件、办理计算机系统集成资质 7444 件，开展产业公共服务平台“进园区，送服务——走进亦庄开发区”活动，提供 17 项具体事项的一站式咨询服务。集聚首届“开源大会”、首届软件交易大会、首届名人论坛、北京新加坡 ICT 对接等各类活动，在软博会同期首次举办“北京软件周”活动，全面提升北京市软件和信息技术服务业的影响力。北京软件行业协会作为北京市首批认定的知识产权纠纷司法委托调解组织，成功调解北京市 33 起软件知识产权纠纷案件。

二、2014 年形势展望

2014 年，北京市软件和信息技术服务业在调整升级过程中面临一系列有利条件。第一，国家政策的利好效应将得以进一步释放。《国务院关于促进信息消费扩大内需的若干意见》的出台从一定程度上解决了地方政府智慧城市建设资金，政府公共服务信息化市场将得以回升。《国家卫星导航产业中长期发展规划》、《国务院关于推进物联网有序健康发展的指导意见》及 10 个物联网发展专项行动计划的发布，新一批的国家云计算服务创新试点项目、工信部首批“政务云”试点、下一代互联网试点城市等试点项目启动将为北京市物联网、云计算、大数据、导航带来更大的应用市场，新兴领域将加速发展。第二，北京市企业综合实力不断提高，企业营业利润率增长明显。在首批四个特一级计算机信息系统集成资质企业中，北京市 2 家企业（中国软件、太极股份）入选，北京市将在承接国家核心系统、重大工程、智慧城市建设项目中占据更大市场份额。第三，《北京市进一步促进软件产业和集成电路产业发展的若干政策》和《北京市关于促进信息消费扩大内需的实施意见》的出台将在产业空间、资金扶持、研究开发、人才奖励、应用市场等方面解决产业关键问题，释放更多的生产力。

同时，产业发展也面临挑战。第一，上海自贸区的设立对北京市中关村先行先试政策形成挑战，互联网金融、增值电信（互联网信息服务、数据处理和存储服务、呼叫中心以及其他电信业务）等业态放开外资投资，在这些领域上海从一定程度上抢占了吸引全球资源的先机。第二，空间成本、人力成本、生活成本的提高使得北京市部分企业外迁意愿增强，需要新的增长点予以支撑，调整升级的需求更为迫切。第三，传统大企业的领域优势抵挡不住产业平台化、规模化、国际化的发展趋势，能否成功转型升级又存在不确定性，势必影响全行业增长。

三、2014 年发展目标与重点工作

2014 年的工作思路是围绕“优化布局、加速升级、促进创业”的总基调，以高端化、平台化、国际化为发展方向，推动软件和信息技术服务业转型升级，以云计算、移动互联网、导航与位置服务、智慧城市等重大集群应用为引领，力促新领域、新业态尽快成长为产业主力军，实现产业在转变模式、优化升级中稳健增长，推动北京建设成为有世界影响力的软件名城。

2014 年的发展目标为：北京市软件和信息技术服务业收入达到 5400 亿元，年均增长 12%

左右；产业增加值达到1900亿元，同比增长10%左右，软件出口达到39亿美元。为实现这一目标，重点工作如下。

1．优化发展环境

通过政策和服务创新，释放生产力。发布实施北京市促进软件产业和集成电路产业发展的若干政策，以及促进信息消费扩大内需的实施意见；以“基金+基地”的模式，建设一批软件产业孵化基地，联合相关部门为小微企业优化服务；设立一批软件产业投资基金；完善产业公共服务平台，进一步简化、优化软件企业认定和软件产品登记审批流程。

2．做强优势平台

以百度、奇虎 360、小米、京东四大优势平台为核心，实施信息平台引领工程，形成一批集新型智能终端、软件、内容、运营服务于一体的信息平台，引领产业向网络化、服务化、集成化方向转型。

3．推进新兴领域

实施“祥云工程”2.0 版，推进教育、健康、交通、政务四大云应用。深入推进北斗区域应用示范和北斗产业公共服务平台建设。会同有关部门，启动互联网金融创新工程、大数据应用示范工程，制定大数据发展战略。

4．拓展发展空间

以上地为核心，全面启动建设中关村软件城，盘活区域内存量产业用地，加快建设中关村软件园二期，积极推动中关村软件园三期规划，启动建设西三旗金隅软件园，组织软件企业加强京津冀区域合作。

2013年天津市软件和信息技术服务业发展概况

2013年，随着国内信息技术创新不断加快，IT领域新产品、新服务、新业态不断涌现，天津市软件产业发展牢牢把握市场机遇，坚持以企业为主体，以自主创新为核心，以大项目为抓手的工作主线，以“发展重点领域、突出特色领域、扩大优势领域，拓宽软件产品市场”为战略举措，实现了产业发展速度持续加快，竞争力进一步增强，产业规模不断壮大的良好发展态势。

一、基本情况

（一）产业规模持续壮大

2013年，天津市软件和信息技术服务业产业规模继续保持快速发展，软件产业实现业务收入711亿元，同比增长28.3%（见图1），其中软件产品、系统集成、信息技术咨询、数据处理和运营服务、嵌入式软件和集成电路设计收入分别占软件业务收入的28.9%、12.5%、11.7%、13.9%、15.8%和17.2%。

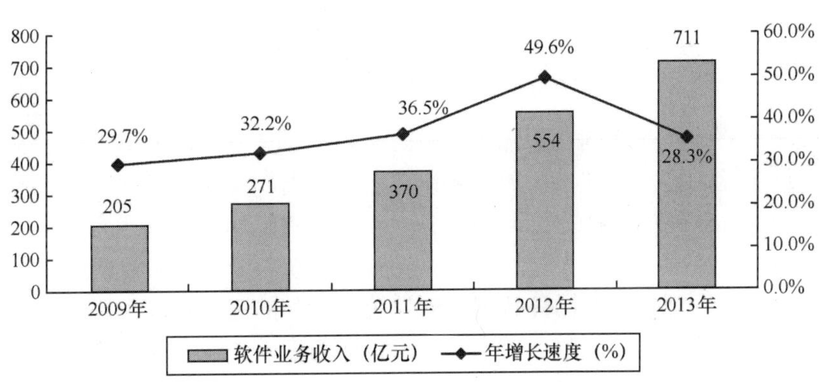

图1　近五年天津市软件业务收入增长图

（二）企业实力持续增长

2013年，共认定软件企业189家，其中新认定企业36家，重新认定企业153家，累计通过认定软件企业544家；登记软件产品525件，累计登记软件产品2482件；计算机软件著作权登记2539件，累计登记著作权达到11848件（见图2）。新增28家系统集成资质企业和信息工程监理资质企业，累计达到118家，完成18家资质单位换证；160人获得系统集成（高级）项目经理和监理工程师资格证书，完成（高级）项目经理换证198人，累计达到854人。累计通过CMM/CMMI认证的企业19家，通过ISO 27000信息安全认证的企业6家。

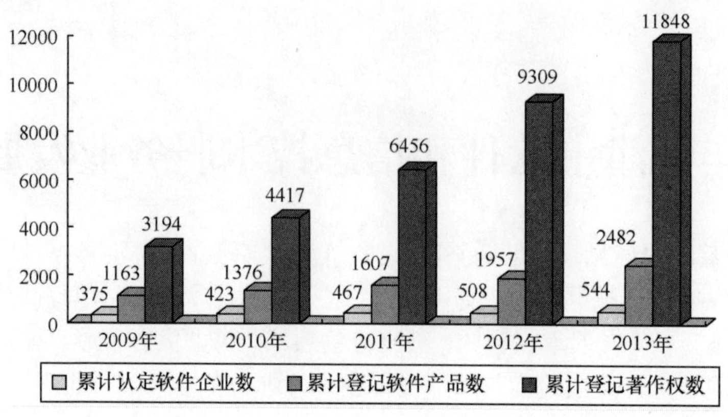

图 2　近五年天津市“双软”认定及著作权登记数量图

（三）积极推动载体建设，实现软件产业聚集发展

经过多年培育，天津滨海高新区于 2012 年成功列入国家新型工业化示范基地（软件和信息技术服务业）。该基地代表着在产业规模、聚集效应、技术水平、创新能力等方面都具有一流水平的产业基地。基地创建的成功标志着天津市软件和信息技术服务业发展水平已进入全国先进行列，也必将带动天津市软件产业的整体水平提升。目前，天津市已初步形成了以滨海新区为龙头的软件产业核心区，以周边区县软件园为主体的软件产业辐射区和以中心城区商务楼宇为核心的软件产业特色区，天津市软件产业逐步实现了定位明确、分工协作、互补配套的集约发展模式。

（四）推进项目建设，为软件产业规模增长提供动力

为加快天津市软件产业结构不断优化，提高核心产业竞争力，天津市一方面重点推进传统领域软件项目建设，另一方面不断加强云计算、大数据、移动互联网等新兴领域的项目投入和加大对国产基础软件的支持力度。2013 年，天津神舟通用数据技术有限公司承担的“核高基”国家科技重大专项“神通大型通用数据库管理系统与套件研发及产业化”实施完成，在电信、金融等重点领域打破了国外数据库软件公司垄断的局面，成为国产数据库的领导品牌，它代表着天津市软件产业的整体技术水平，也成为未来产业发展的杀手锏。同时，充分发挥软件产业发展专项资金的引导和放大作用，推进了由 58 同城、科大讯飞、中海创等企业承担的一批重点软件项目，主要涉及工业控制软件、移动互联、云计算、电子商务等领域，这些项目总投资 1.76 亿元，项目完成后新增销售收入 31.4 亿元。通过重点项目的建设，推进了软件企业的快速发展，在不断壮大天津市软件产业总量的同时，进一步优化了产业结构，增强了产业发展后劲。

（五）加大招商引资力度，促进软件产业结构升级

天津市一方面以组织参加“第十七届中国国际软件博览会”、“2013 中国（重庆）国际云计算博览会”和“第九届中国（南京）国际软件产品和信息服务博览会”等知名展会为契机，充分展示了天津市软件产业发展成果，宣传了天津市软件产业发展环境和政策，为进一步做好招商引资工作奠定了基础；另外，充分利用京津一体化发展战略，发挥京津科技研发、产业、土地等互补优势，开展全方位的产业转移和对接合作，吸引了一批北京知名软件企业、

研发基地等来津发展。2013 年以来，人人游戏、搜房网北方总部、CNTV、中影北方基地、新浪天津、华胜天成、华图教育等一批优秀的软件和信息技术服务业企业在天津市落户，此外，阿里巴巴、当当网、京东商城等一批颇具实力的电子商务企业加速在天津市聚集。

（六）做好人才培养，为产业发展提供智力支撑

天津市通过组织软件人才招聘等活动，积极利用多种渠道搭建校企合作沟通平台，努力提高天津市软件人才的就业能力，为推动天津市软件产业的快速发展发挥了积极的作用。近年来，天津市已构筑了政府引导和扶持，高校、社会机构和企业共同参与的多层次人才开发体系，依托各高校软件学院，建立面向企业不同层次需求的实用型软件人才培养模式，全年累计培训超过 4 万人次，为产业创新提供了持续动力。

（七）做好政策落实，完成规划收尾

一方面落实好国家对软件产业的扶持政策，根据《国务院关于印发进一步鼓励软件产业和集成电路产业发展若干政策的通知》（国发 4 号文）和《关于进一步鼓励软件产业和集成电路产业发展企业所得税政策的通知》（财税〔2012〕27 号）文件精神，制定了《天津市经济和信息化委关于做好天津市软件企业认定工作的若干意见》，并报工信部备案，保证了天津市“双软”认定工作的顺利实施。2013 年共认定软件企业 189 家，其中新认定企业 36 家，重新认定企业 153 家，为软件企业退税近 10 亿元，切实做到为企业减负，保障了企业的正常运转；另一方面做好软件产业“十二五”规划的中期评估工作，规划提出的产业规模、企业实力、产业布局、创新能力和人才队伍五个方面的指标均已完成或超过预定目标。此次评估工作，有力地改变了“重规划、轻实施”的弊端，促使天津市软件产业向“规划与实施并重”转变，并为今后进一步健全完善五年规划实施的长效机制奠定了基础。

（八）发挥桥梁作用，为软件企业做好服务

2013 年天津市软件产业各相关部门充分发挥作用，共同为软件企业做好服务。一是充分发挥天津市经信委作为天津市软件产业主管部门的作用，积极协调解决软件产业发展中的问题，为使天津市企业能够及时把握大数据、云计算、移动互联网等最前沿的技术发展方向，多次邀请相关院士以及业内知名专家，召开主题讲座，共同探讨相关技问题，为天津市软件产业的技术提升奠定了良好的基础。二是充分发挥软件行业协会和系统集成协会等中介机构在市场调查、信息交流、咨询评估、行业自律、知识产权保护和政策宣传等方面的作用，促进软件产业健康发展。三是组织高校、研究院所等专业机构，为企业发展提供专业咨询和指导。

二、2014 年发展目标和工作思路

2014 年，天津市软件和信息技术服务业发展将继续以壮大产业规模为重心，紧紧围绕软件产业“十二五”规划中的发展重点，全力推动软件产业发展，力争使天津市软件产业规模达到 1000 亿元。将主要在以下几个方面着力开展工作。

一是努力打造产业聚集区，以新创建的国家新型工业化示范基地（软件和信息技术服务业）为核心，带动周边区域集约发展，抓好关键环节，健全工作机制，形成产业发展的合力，

实现企业、人才、园区的联动发展。二是加大招商引资力度，依托京津冀协同发展战略，利用区位优势，积极引进北京的知名软件企业，实现借力发展。三是打造一批重点项目，大力扶持移动互联网、大数据和云计算等新兴领域的重点项目，结合智慧城市建设，将软件和信息技术服务产业打造为引领天津市信息消费的新引擎和推进智慧城市建设的新动力。四是继续加强人才培养，将软件人才培养与软件产业发展相融合，实现软件人才培养与软件产业升级互动的可持续协同发展模式。

2013 年河北省软件和信息技术服务业发展概况

2013 年，在投资乏力、政策环境、产业载体没有根本性改变的前提下，河北省软件业务增速依旧保持了小幅平稳增长。

一、基本情况

2013 年，河北省软件业累计完成软件业务收入 134 亿元，同比增长 5.50%。累计实现利税 42 亿元，同比增长-12.73%，其中利润完成 32 亿元，同比增长-16.04%。软件出口累计完成 5767 万美元，同比增长 12.99%。软件产业基础较好的石家庄、秦皇岛、廊坊、唐山、保定五个市主营业务收入均超过 10 亿元，统计显示，五个市中增长最快的秦皇岛市（15.85%）已成为产业较为活跃、收入高速平稳增长的地区，增长最慢的廊坊市为 7.49%，但唐山、保定两个市为负增长，其中唐山市的主营业务收入与 2012 年同期相比下降了 16.59%。另有统计数据的五个市每个市的软件业主营业务收入在千万至几千万元之间，增长的多与少对总的收入影响几乎可以忽略不计。从总体上看，河北省软件业运行的质量是脆弱甚至是不稳定的，需要全面提升持续发展的能力和水平。

二、主要特点

一是近年来信息系统集成服务收入占软件业务收入 2/3 的状况依然没有改变。

二是信息技术咨询服务收入、数据处理和存储服务收入、集成电路设计收入跌宕起伏、极不稳定。

三是从业人员工资的增长摊薄了软件企业的利润。

三、面临的问题和展望

（一）主要问题

1. 对发展软件和信息技术服务业重视程度不够

河北省 11 个设区市仅有唐山、廊坊制定了《电子信息产业“十二五”发展规划》，明确了软件产业发展目标、发展重点和保障措施。有较好基础的石家庄、秦皇岛、保定三个市也未制定电子信息产业“十二五”发展专项规划，缺乏明确的发展目标和工作的针对性。

2. 软件产业基础还十分薄弱

河北省软件业务收入在全国排名第 17 位，通过比较分析，河北省软件产业无论在企业的数量上还是质量上都存在较大的差距。

3. 发展软件和信息技术服务业的载体相对落后

河北软件产业基地（石家庄）、秦皇岛数据产业基地无论在体量还是配套设施、公共服务平台建设，以及政策环境、服务能力等方面与国内先进软件园区相比都存在巨大差距。

4．缺乏支持软件产业发展的政策手段

国家出台了一系列鼓励软件产业发展的政策措施，推动了软件产业的快速发展。2009 年河北省政府机构改革后，河北省对软件产业的扶持力度、政策手段急剧弱化。

5．缺乏整合产业资源的龙头骨干企业

从软件规模看，河北省没有大的软件企业，2010 年全国软件业务收入前百家企业入围门槛为 5.3 亿元，2011 年为 6.03 亿元，2012 年为 7.8 亿元，在这两个年度，河北省软件业务收入排名第一位的海湾安全技术有限公司软件业务收入分别是 3.75 亿元和 4.2 亿元，排名第二位的秦皇岛康泰医学系统有限公司软件业务收入分别是 3.2 亿元和 3.96 亿元。从影响力看，河北省还没有在全国知名的品牌软件企业。

6．缺乏促进产业发展的市场空间和人才支撑

统计数据显示，河北省信息系统集成企业占入统软件企业的 1/3，信息系统集成服务收入占软件业务收入的 2/3，河北省信息化应用程度直接影响着河北省软件业务收入的增长。另外，培养人才、留住人才一直是困扰软件企业的一个长期问题，“十二五”以来软件业从业人员平均人数一直在 2.5 万上下徘徊，从业人数的不稳定也是影响产业发展的主要因素之一。

（二）展望与目标

尽管 2013 年软件业务收入较上一年度增长了 8.11%，但是河北省软件产业基础薄弱，企业内生增长动力明显不足，2014 年河北省软件业务收入不会有较快增长。如果能够保持上一年度的增长速度加之理顺统计归类，那么软件业务收入将有望突破 150 亿元。

四、2014 年重点工作

2014 年，河北省将切实搞好《河北省软件和信息技术服务业“十二五”规划》与各市软件基地（园区）发展的衔接，在政策资金等方面向基地（园区）倾斜，支持公共服务平台建设，从组织、政策、资金上加大对软件产业聚集发展的统筹协调力度，扎实推进各项工作的落实。

（一）抓好园区建设，形成产业聚焦效应

积极呼吁有选择地以资金配套支持的方式，加大对软件园区的投资建设力度，推动软件产业集聚发展。

（二）加大招商引资力度

积极引进国内软件百强企业，力争在云计算、物联网等领域有所突破，以大企业为引领完善产业链条，带动中小型软件企业快速成长。

（三）支持软件园区公共服务平台建设

提升园区的孵化能力和特色服务水平，不断完善服务功能，打造优质、高效的生态环境。

（四）抓好企业运行监测

采取多项措施切实加强对河北省软件和信息技术服务业经济运行情况的监测，客观、准确地反映行业经济运行动态，把握重点监测企业情况和重点经济指标的走势，加强问题的统计监测和分析研究，加强对行业经济运行中重大项目的跟踪监测和预测分析，及时提出意见和建议，促进河北省软件和信息技术服务业的健康、有序地发展。

（五）及时了解和解决国家有关政策的贯彻落实情况

在落实好《进一步鼓励软件产业和集成电路产业发展的若干政策》的同时，抓住云计算、物联网、智慧城市建设的机遇，重点抓好示范工程，带动软件和信息技术服务业发展。

（六）积极谋划新项目，增加经济发展的后续力量

围绕国家电子信息产业发展基金、国家和河北省重点产业调整和技术改造、物联网、三网融合等引导的方向，积极开展项目谋划，支持企业进行项目申报，培养新的增长点。

（七）通过信息化建设抓好应用，促进产业发展

搭建传统产业、行业应用、企业之间对接的平台，为软件和信息技术服务企业提供融合、合作交流的机会，以应用为重点推动物联网、移动互联网、云计算、大数据的应用和发展。

（八）加快推进物联网发展

深入贯彻落实《河北省人民政府关于进一步推进物联网发展的实施意见》（冀政〔2013〕53 号），充分利用河北省物联网发展联席会议平台，按照《河北省物联网发展联席会议工作规则》扎实开展工作，密切与有关部门的联系和沟通，完善部门、行业、区域间的物联网发展统筹协调机制，协调解决物联网发展中的重大问题，着力推进河北省物联网研发应用，加快培育和发展物联网产业。

2013年内蒙古自治区软件和信息技术服务业发展概况

一、基本情况

2013年，尽管受欧债危机和美国经济复苏乏力的影响，世界经济整体发展形势日趋复杂，但在国家决策层稳定宏观经济政策、创新宏观调控方式的总基调下，内蒙古自治区软件产业呈现出稳定增长的态势，增长质量和技术力量也在不断提升，国务院4号文件产业政策效果已逐步显现。

2013年，内蒙古自治区规模以上软件和信息技术服务业实现销售收入27.8亿元，同比增长10%。其中软件产品收入13.6亿元，同比增长32.3%；信息系统集成服务收入10.3亿元，同比下降14.1%；数据处理和运营服务收入0.6亿元，同比下降13%；信息技术咨询服务收入3.2亿元，同比增长45%；嵌入式系统软件收入0.2亿元，均与2012年基本持平。

二、主要特点

（1）内蒙古自治区的软件业仍保持着较为稳定的发展态势。随着信息技术的广泛应用和市场需求的扩大，对软件企业的拉动作用日益显现。软件企业的规模实力以及综合竞争能力不断加强，但整体规模仍然偏小。

（2）从自身发展质量上分析，一部分企业紧紧结合内蒙古自治区各行业应用需求，不断提升研发和服务水平，努力在改造和提升传统产业中开拓发展空间。另一部分企业的软件开发和服务已经延伸到外地，个别企业在北京等发达地区还设立了分公司，一方面广泛开拓区域外市场，另一方面为更进一步接近软件行业发展前沿，迅捷了解和掌握行业技术发展动态创造了条件和机遇。

三、主要问题

（1）内蒙古自治区软件业仍处于“小、散、低”的阶段。软件产业仍是以小企业为主，销售收入超过亿元的为数甚少，且技术力量分散。

（2）产业发展资金支持不够。由于地方经济相对落后，财力有限，自治区没有专项资金扶持信息产业的发展。加之国家二十年来在内蒙古自治区信息产业方面的投资项目很少，某种程度上也延缓了内蒙古自治区信息产业的发展。

四、2014年展望及工作重点

2014年内蒙古自治区软件产业预计完成收入33.5亿元，同比增长20%。

一是推进以包头内蒙古软件园为主的软件产业发展。大力培育大型骨干软件企业和拳头产品，积极推进和发展行业软件、嵌入式软件、信息安全、数字娱乐等产品和领域。重点抓好蒙古文软件产品标准符合性检测认证平台建设，蒙古软件开发项目及蒙古文软件应用示范项目工作。2014 年，争取出台一些支持软件园建设的配套文件，落实优惠政策，引导软件企业向园区集聚，做大做强软件园区和软件企业。

二是继续抓好国务院 4 号文件的贯彻落实工作。加大在政策、资金等方面的研究和投入，制定贯彻落实新政策的实施意见和细则，争取设立自治区支持软件企业发展的项目资金等。充分发挥内蒙古软件行业协会的桥梁纽带作用，把软件行业协会确实办成软件企业之家，帮助企业解决发展中遇到的难点和问题。

三是大力推进物联网产业发展。依据《物联网发展专项资金管理（暂行）办法》，加强对物联网项目的管理，对已经得到国家专项资金支持的企业做好跟踪管理、事中检查和项目完成后的绩效考核及验收备案。进一步完善物联网发展规划，加大政策扶持力度和资金投入。改善投资环境，充分利用内蒙古自治区的区位优势，鼓励和吸引物联网企业到内蒙古自治区投资。

四是做好电子信息产业运行监测工作。按照工信部的要求，进一步提高行业依法统计意识，保证数据的准确性并及时报送，切实做好电子信息产业统计工作。

2013年辽宁省软件和信息技术服务业发展概况

一、基本情况

辽宁省软件和信息技术服务业经济运行平稳，实现软件业务收入 2779 亿元，同比增长 30%，其中软件产品收入 970 亿元，系统集成和技术服务收入 666 亿元，信息技术咨询收入 398 亿元，数据处理和存储服务收入 400 亿元，嵌入式软件收入 320 亿元，集成电路设计收入 25.6 亿元。实现软件业务出口收入 60.6 亿美元，同比增长 20.1%。纳入国家统计范围内的企业数达到 4140 家，从业人员超过 55 万人。

二、主要特点

（一）产业总体保持平稳增长态势，离岸外包收入连续八年全国第一

2013 年，辽宁省软件和信息技术服务业软件业务收入同比增长 30%，继续保持了平稳增长的态势，产业规模居全国第四位。前三季度增速保持在 25%左右，进入第四季度呈快速增长趋势，第四季度收入 679.2 亿元，同比增长 38.2%。沈阳、大连两市共实现软件业务收入 2701 亿元，占辽宁省软件业务收入的 97.5%。全年离岸外包业务收入 45.7 亿美元，同比增长 20%，连续 8 年位列全国第一位。

（二）各行业收入稳步增长，软件产品收入增速较快

2013 年，各行业收入继续保持增长态势，除 IC 设计行业外，其他各行业收入增速均超过 25%，其中软件产品收入 970 亿元，同比增长 37.9%，占辽宁省软件和信息技术服务业总收入的 34.9%，继续占据各项收入的第一位，主要原因是各行业应用市场对软件的需求加大，研发企业市场范围不断拓展。

（三）软件出口平稳增长，离岸外包收入增速放缓

2013 年，辽宁省软件和信息技术服务业实现软件业务出口收入 60.6 亿美元，同比增长 20.1%；由于日元汇率不断降低，与年初相比汇率降低 20%，对企业业务收入和利润影响较大，离岸外包业务收入增速为 24.2%，与 2012 年相比降低了 6 个百分点，加上国内外包市场需求增长迅速，2013 年离岸外包收入比重达到 46%，与 2012 年相比降低了 4 个百分点。

（四）新增企业数量近千家，龙头企业发展情况良好

2013 年，辽宁省纳入统计范畴的软件企业数量达到 4140 家，东软集团、大连华信等辽宁省内 10 亿元以上龙头软件企业平稳发展，其中东软集团全年预计完成主营业务收入 80 亿元，大连华信受日元汇率变动影响，2013 年收入与 2012 年持平，保持 15 亿元的收入规模。

（五）税金保持平稳增长，利润持续低速增长

2013 年，辽宁省软件和信息技术服务业共完成利润和税金分别为 202 亿元和 196 亿元，增速分别为 22.9%和 30%。受人力资源成本上升、融资成本居高不下等因素影响，软件和信息技术服务业利润增速，从年初的 24.8%持续走低，8 月降至全年最低的 18.4%。

三、面临问题

（1）人力资源成本进一步上升。

（2）日元贬值及人民币汇率的波动对辽宁省软件服务外包出口产生了一定的影响。

四、2014 年展望与目标

预计 2014 年辽宁省软件和信息技术服务业将实现主营业务收入 3400 亿元，同比增长 23%，实现软件业务出口 64 亿美元，同比增长 15%，继续保持产业平稳较快增长的发展态势。

五、下一步工作

（1）贯彻落实国发〔2011〕4 号文件，鼓励各地因地制宜出台支持产业发展的政策法规，加大工业领域嵌入式软件开发的认证力度，支持有条件的地市开展软件和信息技术服务业政策创新试点。

（2）支持沈阳和大连创建“中国软件名城”，签署部省市协同开展中国软件名城创建工作合作备忘录，全面落实软件名城创建各项指标，争取早日成为“中国软件名城”。

（3）推动软件外包成本转移。引导大连市发展高端服务外包，将中低端外包产业向丹东、锦州、营口等低人力成本的地市转移。加快丹东、锦州、营口等市人才培养步伐，引导丹东市利用朝鲜软件人才优势，发展中低端软件服务外包产业，引导锦州和营口大力发展以数据录入、呼叫中心为主的信息服务产业，促进软件外包产业地域调整。

（4）培育大数据应用市场。以公共服务示范为引领、主要行业应用为驱动，促进大数据技术在位置服务、医疗健康、交通物流、城市管理等领域的示范应用，积极鼓励社会资本投入大数据产业，支持信息服务骨干企业、科研机构联合国内外知名大数据企业或研究机构，开展大数据关键技术、解决方案等相关研究，共同推进研究成果市场化应用，推动辽宁省大数据业务的快速起步发展。

（5）加快人才培养和引进。推动建立多层次的软件和信息技术服务人才培养体系，创新培养模式，营造有利于高端人才脱颖而出的人才发展环境。引导发挥社会教育与培训机构的作用，鼓励企业与高等院校及培训机构合作培养人才，建立企业实习培训机制，建设实践实训基地，重点做好丹东地区日语、朝鲜语人才培养工作及营口市软件人才的培养工作。

（6）加强产业管理工作。高度重视行业统计和运行监测分析工作，加强对重点企业的监测，逐步完善行业统计指标体系和运行分析系统。充分发挥辽宁省软件行业协会等中介组织在市场调研、人才培训、诚信建设、资质认证、知识产权运用与保护、标准推广等方面的作用。

2013 年吉林省软件和信息技术服务业发展概况

“十二五”期间，面对国际、国内复杂多变的经济形势，以及吉林省推进“三化统筹”、“两化深度融合”，建设“两型社会”、“和谐吉林”的战略部署，吉林省软件行业的战略性、基础性、先导性作用更加突出，软件和信息技术服务业在更高层次、更大范围、更深领域将吉林省社会经济活动与其他产业技术深度结合，推动发展方式转变和提速，构建现代产业体系的支撑地位更显紧迫。因此，大力发展软件和信息技术服务业是调整吉林省产业结构的需要，是转变经济发展方式的需要，是以信息化带动工业化走新型工业化道路的需要。

一、基本情况

自《国务院关于印发进一步鼓励软件产业和集成电路产业发展若干政策的通知》（国务院 4 号文件）颁布以来，在网络演进升级、用户规模增长、新兴信息消费培育、互联网产业壮大和宽带中国战略推进等多方面因素的共同作用下，吉林省软件和信息技术服务业快速发展，产业规模迅速扩大，产业结构不断优化，产品种类日益增多，自主创新能力显著增强，综合竞争力明显提高，软件产业有了长足的发展。

截至 2013 年 12 月底，吉林省软件和信息技术服务业相关企业达到 908 家，软件业务收入 320 亿元，全国排名第 14 位，同比增长 22%。吉林省软件和信息技术服务业保持健康、快速的发展势头。

（一）软件和信息技术服务业的发展推动产业结构优化升级

软件和信息技术服务业是吉林省服务业发展的重要组成部分。2013 年吉林省服务业投资额达到 4186.77 亿元，是 6 年前的 2.11 倍，而信息传输、计算机服务和软件业投资额为 73.85 亿元，是 5 年前的 2.02 倍，占服务业投资额比重的 1.85%。从 2008 年到 2013 年，吉林省信息传输、计算机服务和软件业投资额逐年增加，其中增长最快、最明显的是从 2008 年到 2009 年，同比增长 35.21%。在信息传输、计算机服务和软件业迅速发展的带动下，吉林省服务业投资额也逐年增加，且信息传输、计算机服务和软件业投资额占服务业投资额的比重也逐年增加，分别是 1.63%、1.75%、1.81%、1.82%、1.85%和 1.97%（见图 1）。可见，吉林省软件和信息技术服务业越来越受重视，发展越来越迅速。

（二）软件和信息技术服务业的收入稳定上升

截至 2013 年 12 月底，吉林省软件行业全年产业规模达到 320 亿元，比 2012 年增长 22%。从 2008 年到 2013 年的 5 年间，吉林省软件业务收入上升趋势明显。从同比增长率来看，从 2008 年到 2011 年，呈逐年上升态势，到 2011 年同比增长率达到 29.98%，较上一年提升了近 3 个百分点，但是 2012 年和 2013 年增长率较上一年有所下降（见图 2）。

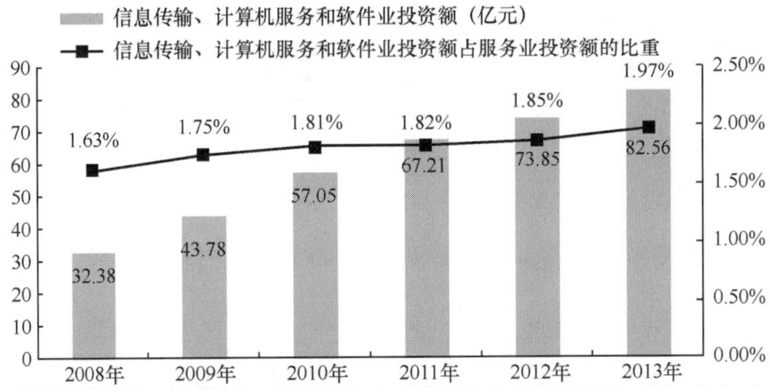

图 1　2008—2013 年吉林省信息传输、计算机服务和软件业投资额变化情况

数据来源：根据吉林省统计年鉴统计数据整理。

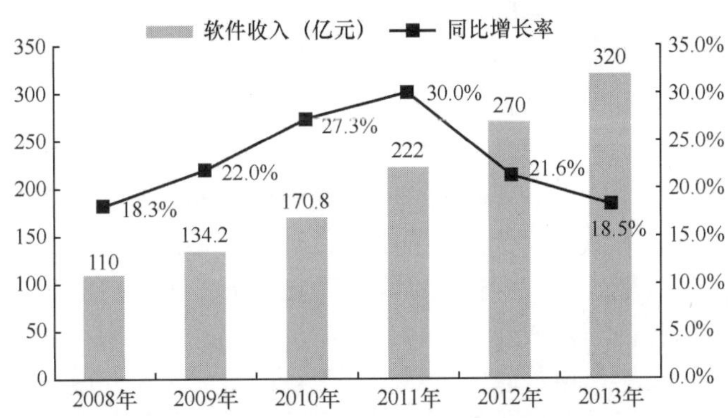

图 2　2008—2013 年吉林省软件业务收入增长图

数据来源：根据吉林省统计年鉴统计数据整理。

从吉林省软件产业构成来看，软件业务收入主体是软件产品、信息系统集成服务、信息技术咨询服务、数据处理和运营服务、嵌入式系统软件等。2013 年吉林省软件业务收入达到 320 亿元，其中，软件产品收入 72.2 亿元，占软件业务收入的 22.6%；信息系统集成服务收入 81.5 亿元，占软件业务收入的 25.5%；信息技术咨询服务收入 60.3 亿元，占软件业务收入的 18.8%；数据处理和运营服务收入 35.9 亿元，占软件业务收入的 11.2%；嵌入式系统软件收入 70.1 亿元，占软件业务收入的 21.9%（见图 3）。

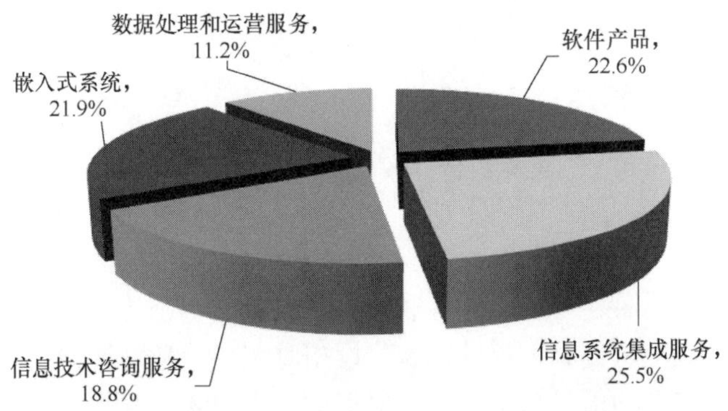

图 3　2008—2013 年吉林省收入构成情况

数据来源：根据中华人民共和国工业和信息化部统计数据整理。

从吉林省软件企业发展情况来看，2013 年吉林省从事软件和信息技术服务业的企业超过千家。软件企业在研究开发投入、建立和完善核心技术创新体系、提高自主创新能力、扩大产业规模以及丰富产品结构等方面均有较大突破。拥有自主知识产权、具有核心技术优势和特色的软件产品，市场占有率不断提高，品牌效应不断提升。在 2013 年中国软件前百家企业评选中，吉林省启明公司被入选，排名 55 位。

（三）吉林省信息服务业基础建设成果显著

“十二五”以来，在加快发展信息服务业的规划指导和政策引导下，吉林省以软件基地为依托，以骨干企业为主体，凝聚和发挥人才优势，着力培育适宜软件业发展的优良环境；以产业园和产业群的配置方式为主体，实现软件产业的集约式发展；以培育有吉林特色的名牌软件产品和企业为重点，带动软件业的跨越式发展；坚持软件开发与传统产业改造相结合，软件与硬件相结合，国内市场与国际市场相结合。依据“十二五”规划，吉林省在信息服务业方面取得了很大的成果。

第一，网络信息服务业不断深化。目前，在以电信网、广电网为主的基础网络体系和以光纤通信为骨干，卫星通信、数字微波为辅的通信网络体系的良性运行下，吉林省信息服务业的网络化建设取得了显著的进展。具体来看，在电子商务方面，小商品在线支付网络、防伪信息网络、网上银行、企业的电子商务采购平台等全年运行平稳，吉林省密钥管理中心和数字认证中心的综合服务能力进一步提高，尤其是电子商务中的短信业务实现较快增长；在电子政务方面，电子政务内、外网建设与管理机制逐步完善，应用水平整体提高，政务信息发布逐步规范、及时、透明，电子政务重点项目建设和培训工作开展有序，突发应急信息管理逐步加强，“一站式”电子政务服务能力大大提升，政府网站内容不断丰富，功能逐步增强，从而有力地强化了政府通过网络信息进行社会管理、市场监督和公共服务的职能。

第二，信息服务平台建设不断加强。目前，吉林省信息服务平台涉猎的领域不断拓宽，建设完善力度不断加强。例如，数字电视服务平台、农业综合信息服务平台、制造业信息化服务平台、企业基础信息交换平台、信息技术综合服务平台等的建设正日趋完善与健全，从而大大提高了信息资源共享和开发应用的能力。同时，在就业、社会保障、安全生产、公共卫生等领域，信息服务平台的作用也日益突出。

第三，信息安全保障体系建设不断健全。随着信息化的全面推进，信息的安全性愈显重要。当前，吉林省网络信任体系建设整体水平快速提升，信息安全等级保护制度、信息安全风险评估体系和审核标准日趋完善。

二、发展的优势及特点

（一）发展优势

1．区位优势

吉林省 80%以上的软件企业都集中在长春市、吉林市和延边朝鲜族自治州。长春市地处东北亚区域几何中心，交通便利，基础设施建设相对完善，是物流、人流和信息流的重要枢纽地区，为大力发展软件和信息技术服务业奠定了坚实的物质基础。延边朝鲜族自治州一直以来与日韩等国家关系较为密切，特别是近几年来长吉图开发开放先导区的建立，大大促进了吉林省软件和信息技术服务业外包市场规模的发展壮大。

2．科教人才优势

从人才培养的硬件设施投入来看，目前，吉林省设立了软件及相关专业的全日制大学就有 40 余所，其中吉林大学计算机专业是中国计算机学会常务理事单位之一。现有国家级软件学院 2 所，省级 15 所，国家级软件技术学院 2 所，有计算机技能培训机构 50 多家。从人才培养的规模和数量来看，吉林省现有计算机及相关专业在校大学生 4 万多人；各级软件学院及软件技术学院年培养计算机及相关专业本科毕业生、硕士毕业生分别达 10000 多人和 2500 多人；计算机技能培训机构年培训各类人才 5000 多人。从人才结构来看，软件工程师所占的比例较高，系统分析员和项目总设计师的比例较低。目前，拥有一线软件工程师近 10000 人。据统计，每年吉林省为全国各地软件及服务外包企业输送的人才就将近 20000 人。

3．产业依存度优势

吉林省长春市是全国重要的工业生产基地，尤其是在汽车、轨道客车和装备制造业方面，具备了较高水平的研发、设计、加工、生产等综合能力，拥有一汽集团、一汽大众等著名整车生产企业及十几家专用车、改装车企业，拥有全国最大的轨道客车生产基地，该基地将形成年产 800 列高速动车组的生产能力。同时，随着战略性新兴产业规划的进一步确定，新能源、新材料等诸多领域对软件和信息技术服务业的依存度和需求量不断增加，必将为吉林省软件和信息技术服务业的加快发展提供广阔的应用领域和市场空间。

4．产业集群优势

在信息产业领域，吉林省已经成立了国家产业基地和省级产业园区。长春国家光电子产业基地、新兴的现代电力电子产业基地、吉林省（长春启明）汽车电子产业园、吉林新元器件产业园、长春软件园、吉林软件园、延边信息产业园、吉林东北亚文化创意科技园、长春软件与动漫服务外包产业园、清华国际服务外包研究院等企业形成了特色的产业集群。光显示器件、新型元器件和汽车电子等领域发展迅速，形成了吉林省特色化的信息产业。

在软件领域，长春启明已经在汽车管理软件产品研发与服务和车载信息系统研制及服务两个领域的市场份额居国内同行业第一位。一批具有自主知识产权的软件产品已遍布全国，拥有“双软”认证的企业数 300 余家，各种领域的应用软件，如税务、银行指纹识别、教育、网络安全等都有非常活跃的市场。

5．其他优势

吉林省的软件和信息技术服务业发展的优势还体现在产业结构、产品种类和软件园区建设的特色方面。在产业结构上，吉林省软件产业虽然产业规模逐年扩大，但仍然是中小企业占大多数，大型企业数量偏少。而且企业性质也是以民营、中外合资、股份制等所有制的公司为主。

在产品种类上，吉林省软件产品以应用软件占绝对优势，系统软件和支撑软件数量较少。其中，汽车、信息安全、教育、政府、农业等行业应用软件在市场占有率、技术水平及知名度等方面处于国内领先水平。

在软件园建设上，吉林省政府明确提出，将着力把信息服务业打造成重要的特色产业，着力建设长春软件园、吉林软件园和延边中韩软件园，以形成优势互补、共同发展的新格局。其中，长春软件园主要发展企业管理软件、人口信息管理软件、汽车软件、教育软件、信息安全软件；吉林软件园主要发展嵌入式软件和电力行业、石化行业大型应用软件；延边中韩软件园着重承接韩国、日本的软件外包和信息服务。据统计，目前，吉林省 80%以上的软件企业、85%的软件收入都主要集中在这三家软件园区，聚集效应十分显著。

（二）项目建设情况

2013 年，吉林省信息化建设取得了较大的进展，信息化基础设施不断加强。2013 年吉林省软件和信息技术服务业重点项目如表 1 所示。

表 1　2013 年吉林省软件和信息技术服务业重点项目

序号	项目名称	登记企业	内容及作用
1	纯电动轿车核心零部件开发及产业化	启明信息技术股份有限公司	本项目开发了纯电驱动轿车动力系统平台、电机控制系统、电池管理系统、整车控制系统、整车监测系统等核心零部件，从而丰富和完善电动车试验评价体系，为电动车规模化生产提供支撑
2	启明软件园		围绕数字化企业和数字化汽车两个主导方向的产品进行研发生产，全力打造汽车业 IT 第一品牌，同时，逐步向面向吉林省的中小企业信息化服务方向发展
3	吉林省数据灾备中心建设		备份防范的灾难将包括地震、火灾、水灾等自然灾难，以及战争、设备系统故障和人为破坏等无法预料的突发事件，保证了政府和重点企事业单位数据安全和业务连续性运作
4	基于数字证书的可信内网安全管理平台产业化	长春吉大正元信息技术股份有限公司	本项目第一次将内网计算机、用户和移动存储介质的身份统一到一个身份管理的平台，可在财政部、公安部、核工业集团、南方电网等部门进行应用，以加强保密措施，保证内网安全性
5	迪瑞/BF-6600 全自动五分类血细胞分析仪软件系统	长春迪瑞医疗科技股份有限公司	分析仪是由机械运动、液路、光学、电子控制、软件等系统组成，由专业人员使用，用于测试血液中红细胞、血小板、白细胞的数目以及体积分布、血红蛋白的浓度，同时提供白细胞分类的散点图，为临床诊断提供依据
6	迪瑞/CS-6400 全自动生化分析仪软件系统		该仪器搭载离子检测模块可实现每小时 7360 速检测速度并具有完整的检测组合、国内顶尖的检测效率、人性化的操作系统以及高准确性、高稳定性等特点，将能够为新乡市中心医院的临床诊断提供科学、准确的依据，使医院检测水平和检测质量得到升级
7	面向职业教育的虚拟仿真实验室软件产业化	东北师大理想软件股份有限公司	在已经取得的虚拟仿真实验教学与技能培养关键技术成果的基础上，完成面向职业教育的虚拟仿真实验室软件的产业化，从而解决职业教育中难以开展实验教学与技能培养的瓶颈问题
8	移动网第三方测试服务	联通系统集成有限公司吉林省分公司	针对吉林省移动网进行第三方测试，通过第三方测试达到客观评估网络质量，及时发现网络问题，监督和促进网络优化的目的
9	长春市智能卡口综合信息系统平台		该系统是长春市交通指挥系统服务的统一信息平台，通过对采集到的静态与动态数据进行分析加工处理，来实施交通管理控制和诱导。达到对全市监控点的“实时监视、联网布控、自动报警、快速响应、科学高效、信息共享”之目的
10	动漫、网络游戏及其衍生产品开发	吉林风雷网络科技有限责任公司	依托吉林动画学院吉林动漫游戏原创产业园，致力于动漫、游戏原创作品及其衍生产品的策划、创作与发行，推动长春特色文化建设，振兴中国动漫、游戏产业，弘扬中华民族优秀传统文化

1．吉林省数据灾备中心建设

吉林省数据灾备中心是在吉林省委、省政府及中国第一汽车集团公司的倡导与支持下，由启明信息技术股份有限公司自筹资金、按照国家灾难恢复能力 6 级标准建设的经营性数据中心，也是东北地区最大的第三方数据中心，机房使用面积为 6600 平方米，标准机柜超过 2600 台，主要为政府及企事业单位等用户提供数据与应用容灾、业务连续性方案及相关技术咨询等服务。

吉林省数据灾备中心自 2012 年 9 月在长春落成揭牌，数据与灾备产业的集聚效应逐步显现。通过这一平台优势，集中向省内外用户提供数据灾备外包服务，这将使更多的国家部委到吉林省开展数据灾备业务，吸引大量的 IT 产业及服务外包企业向吉林省集聚，对带动吉林省高新技术产业和服务外包等战略性新兴产业发展，加快产业转型升级必将起到重要的推动作用。

2. 吉大正元公司基于数字证书的可信内网安全管理平台产业化项目

吉大正元公司基于数字证书的可信内网安全管理平台产业化项目建设期为 2010 年 1 月 1 日—2012 年 12 月 31 日，总投资 4500 万元。该项目融合了“可信计算”安全理念，结合了“可信校验、可信连接、可信恢复”等核心技术，从而构建“一站式”可信内网安全平台整体解决方案。

3. 迪瑞 CS-6400 全自动生化分析仪软件系统

CS-6400 全自动生化分析仪采用全球先进的模块理念，组合后可实现 1600 速、3200 速、4800 速、6400 速的高效生化检测，用以满足各级医院的不同需求。该仪器搭载离子检测模块可实现每小时 7360 速检测速度，是目前国产已知的检测速度最快的生化分析仪。

7360 速全自动生化分析检测流水线，拥有完整的检测组合、国内顶尖的检测效率、人性化的操作系统以及高准确性、高稳定性等特点，将能够为新乡市中心医院的临床诊断提供科学、准确的依据，使医院检测水平和检测质量得到升级，为吉林省医疗卫生事业的发展提供更大的支持。

三、存在的问题

近年来，吉林省软件和信息技术服务业虽然在质和量两方面都取得了突飞猛进的发展，但同国外发达国家和国内经济发达省份地区相比，依然存在差距和不足。

（一）城乡差距明显，共享性较低

吉林省的软件和信息技术服务业还存在总体规模偏小、比重偏轻、发展环境设施急需改进、服务外包出口额较小、产品结构不优、核心技术缺乏、自主创新能力薄弱、产业集群效应不明显、区域发展不平衡等问题。在农村，信息化建设相对缓慢，通信覆盖率和网络利用率相对较低；在城市，软件和信息产业园区建设较快，但公共服务平台建设较缓慢。这种地区之间、城乡之间存在的“数字鸿沟”，以及基础网络和信息资源的较低共享水平在一定程度上制约了吉林省软件和信息技术服务业的快速、健康发展。

（二）政策环境有待完善

吉林省在综合分析省内软件和信息技术服务业发展现状及趋势的基础上，相继制定了《吉林省信息产业跃升计划》、《吉林省信息服务业发展三年跨越计划》，并且提出经认定的软件企业和登记的软件产品可享受税收优惠政策等。然而，同国内其他发达省区相比，吉林省为软件和信息技术服务业发展提供的政策支持机制尚不完善，措施手段较为单一，政策供给与需求还存在结构性矛盾，并且政策的落实情况和实施效果并非十分理想。

（三）人才问题日趋突出，制约企业长远发展

2010年以来，软件企业成本明显上升，人力成本同比增长40%以上，企业成本压力很大，企业毛利率下降，同时人才流失和招人难问题日趋突出，此外，企业在软件人才结构性方面矛盾突出，缺乏高层次的技术、管理、营销人才和复合型人才。主要原因：一是物价上涨较快，员工需要增加工资才能应对生活压力；二是国外软件企业和研发机构加速向我国转移，增加人才争夺力度；三是软件产业发展快，与其他领域的融合加快，复合性人才培养跟不上行业发展步伐；四是吉林省的软件研究和市场开发人员待遇相对较低，人员流失日趋严重，无法和经济较发达地区竞争。

（四）低价竞争现象明显，市场环境有待完善

尽管近年来吉林省对知识产权的保护力度不断加大，但用户对软件和信息技术服务价值的认可度仍然不够，采购中对软件服务盲目压价和招标中低价择标的现象仍突出，伤害了软件企业的持续发展能力；计算机系统集成企业、小企业产品和服务同质化发展，有市场一哄而上，恶性竞争现象大量存在，产业安全面临潜在风险。

（五）研发创造能力和新技术应用不足

近年来，吉林省建设的物联网基地和云计算数据中心的稳定性及规模化服务依然不足。2012年，公共云服务市场规模仅有35亿元，仅占互联网服务市场的1.5%，占全球市场的1.9%，不足国外一家领先公司的1/3；物联网的应用对物联网产业的发展贡献率仅有5%。

（六）制约因素日益凸显

尽管目前启明信息、鸿达集团、吉大正元、东师理想、长白科技等软件企业在吉林省软件和信息技术服务业领域处于龙头地位，并取得了一定的成绩，但从吉林省软件行业看，仍然延续着企业数量多，规模小，产业优势、集群效应和品牌形象不突出，研发生产投入不足的模式，整体落后于发达省份，缺少真正具有国际竞争力的龙头企业。在资金需求方面，缺乏广阔而有效的融资来源渠道；在核心技术方面，自主创新能力薄弱；在制度法规建设方面，促进吉林省软件和信息技术服务业发展的风险投资及投融资机制、海外市场开拓支撑体系、公共技术开发体系、软件技术创新机制、统筹协调机制以及相关的制度法规建设还尚未健全，亟须进一步完善相应的体制机制，以从根本上提升服务水平，打造“信息化”、“数字化”吉林。这些都在一定程度上影响和制约了吉林省软件和信息技术服务业的健康发展。

四、2014年目标及工作思路

（一）2014年目标

近年来，受国内外经济大环境的影响，吉林省经济增长进入了调整期，但软件和信息技术服务业却逆势上扬。2013年，吉林省软件业务收入为320亿元，年平均增长率为18.5%。通过对2013年吉林省软件和信息技术服务业发展情况的分析，综合考虑未来软件和信息技术

服务业发展过程中的有利条件和不利因素，预计2014年吉林省软件和信息技术服务业仍将保持高速增长态势。总体目标上，“十二五”时期，吉林省要实现软件和信息技术服务业平稳较快发展，产业的整体质量效益得到全面提升，创新能力显著增强，应用水平明显提高，推动经济社会发展、促进信息化和工业化深度融合的服务支撑能力显著增强。具体发展目标如下。

1．产业规模

按照保守增长速度12%测算，到2014年，软件业务收入突破358亿元，占信息产业的比重达到23%，软件出口达到1.4亿美元以上，信息技术服务收入超过2.5万亿元，占软件和信息技术服务业总收入比重超过60%，从业人员超过4.5万人，成为吉林省重点产业。

2．技术创新

基本形成以企业为主体的产业创新体系，软件业务收入前百家企业的研发投入超过业务收入的10%。拥有自主知识产权的基础软件、业务支撑工具和核心技术取得重大突破，自主发展能力显著提升。技术水平和产业化能力进一步提高，具备主要应用领域安全、可靠解决方案的提供和实施能力。基本形成软件和信息技术服务标准体系，各类技术和服务的标准、规范得到普遍推广。

3．应用推广

初步建立安全、可靠软件应用推广体系，推动安全、可靠的基础软件进入自我良性发展阶段。操作系统、数据库、中间件、办公软件等基础软件的成熟度、可靠性、安全性全面提升，与整机和应用系统的集成应用能力、系统协同运行水平和综合服务保障水平得到显著提高，基于安全、可靠和关键软硬件的产业生态链基本形成，在国民经济重要领域得到规模化应用推广，对国家信息安全的保障能力得到实质性提高。

4．产业组织

培育一批具有国际竞争力的龙头企业，扶持一批具有创新活力的中小企业，打造一批著名软件产品和服务品牌。到2014年，培育10家以上年收入超过110亿元的软件企业，产生3～5个千亿元级企业。

5．人才建设

调整和优化人才队伍结构，创新人才培养模式，拓宽人才引进渠道，营造有利于优秀人才脱颖而出的成长环境，着力培养一批高端领军人才，形成结构合理、满足产业发展需求的高素质人才队伍。到2014年，从业人员超过4.5万人。

6．区域布局

产业集聚度进一步提高，创建若干中国软件名城、软件和信息技术服务业示范基地，形成充分利用区域资源优势、能够发挥区域协同效应的产业发展格局，有力支撑城市经济社会转型和可持续发展。到2014年，形成2个以上产业收入超过千亿元的城市，培育2～3个产业收入超过5千亿元的产业集聚区。

（二）发展措施

1．着力提高对软件和信息技术服务业的重视程度，继续强化政府支持力度

软件和信息技术服务业在我国仍是一个新兴而又有巨大发展前景的行业，政府的重视与

支持是吉林省这一行业快速发展并能继续相对领先的重要支撑。目前政府部门中“重硬轻软”的倾向仍不同程度地影响着这一行业的快速发展，认为软件和信息技术服务业的财政收益不高，特别是一些地区认为本地软件和信息技术服务业基础薄弱、不成气候等看法都极大地阻碍了这一行业的发展。事实上，吉林省软件业在 2013 年已创 320 亿元收入。同时，软件和信息技术服务业对经济发展有着巨大的带动作用，据专家估计软件业如新增 1 亿元产值，将会支撑电子信息产品制造业新增 10 亿元产出，并进而带动 GDP100 亿元的新增长，更何况软件和信息技术服务业的发展将大大增加中高端就业。正因如此，当今世界各发达国家都高度重视与支持软件和信息技术服务业的发展。着力提高吉林省各级政府，特别是省、市二级政府部门对软件和信息技术服务业的认识与重视程度，是推进这一产业快速发展的不可或缺的首要支撑。为此，首先要切实加强政府对软件和信息技术服务业的专职管理部门的机构建设与服务力度。及时出台引导与扶持这一产业发展的相关政策，继续落实与强化扶持这一行业发展的财税优惠政策。其次要切实加大政府财政扶持力度，重点支持基础性、公益性、战略性的产业平台建设和重大行业信息服务试点示范项目建设，强化项目管理，建立公开、透明、科学规范的政府项目审批机制，优化资金投向，提高政府资金的导向作用与使用效益。此外，要在继续努力建设长春市全国核心软件基地的同时，在各市地大力加强软件和信息技术服务业的培育建设。各地要鼓励与支持当地大型企业的网管和信息技术服务部门从企业内“剥离”，实行专业化经营与社会化服务，大力推进政府部门网管服务与电子政务的“外包服务”，切实加强对当地信息服务业的拓展与扶持。

2. 着力推进跨行业信息技术应用合作，构建各类跨行业合作平台

积极推进“两化”融合发展，坚持技术驱动和应用牵引相结合，重点推动制造业重点企业、重点行业和产业集群积极与软件企业合作开发新型应用软件，促进工业企业由价值链低端向价值链高端转变。各级政府应着力构建传统制造业、服务业与信息服务业企业间的交流、合作平台，适时扶持并推出一批新型信息服务试点示范项目。推进吉林省优势行业领域的专业性信息搜索和工具引擎技术的研究开发和创新应用。

积极推进现代服务业发展，大力扶持电子商务应用，建立并完善电子认证、在线支付、物流运输等电子商务公共服务体系。鼓励和支持大中型企业的网上交易业务，加大商贸流通企业的信息化改造力度，推动商贸企业建立集购、销、调、存于一体的信息系统和营销网络。发展面向公共事业、交通旅游、休闲娱乐、市场信息等领域的小额支付、便民服务、商务信息等移动电子商务。加快行业性、区域性的公共服务平台建设，促进公共服务平台体系的专业化、网络化、一体化，实现平台资源整合共享。重点发展电子商务专业平台和第三方综合服务平台。

加强与国外政府部门、相关组织机构的交流，完善项目引进与协调机制，扩大交流领域，鼓励跨国软件企业在吉林省设立研发机构、服务中心和地区总部。积极举办软件和信息技术服务业相关的产业博览会、对接会、研讨会、大型论坛等活动，搭建国际交流合作平台。建立支持企业“走出去”的服务平台，积极提供市场调研、法律咨询、信息收集、资金融通等服务。加强交流合作，鼓励信息技术企业与跨国公司开展合作。

3. 积极开展软件园区招商引资工作

加强基地专业化服务设施建设，强化招商引资、招才引智和重大项目引进，加强与跨国公司合作，建立集“研发、孵化、交易、培训”于一体的信息服务产业园区。组织园区企业

参加大连软交会、北京软博会、中国（深圳）国际物联网技术与应用博览会、上海国际物联网技术与应用展览会。抓好外引内联，加大对日、韩、美等发达国家有关企业的定向招商力度，促进世界知名企业研发机构和生产基地进驻，促进产业群的加快形成。

4．开展“培育龙头企业工程”，扶持企业加快发展

开展“培育龙头企业工程”，培育具有自主创新能力和自主品牌建设的大型骨干企业，鼓励具有创新活力的中小企业发展壮大，以在激烈的市场竞争中立于不败之地。此外，还要优化企业构成，改变传统的企业分布格局，使其向“纺锤形”的分布格局发展，形成一大批中等规模服务企业和一定数量的收入超过亿元的龙头企业。与此同时，鼓励这些实力雄厚的龙头企业扩大开放合作，实施软件和信息技术服务业“走出去”战略，充分发挥IT产业和人才的比较优势，从而加快企业发展。

5．成立工业软件产业发展联盟，开展软件企业与工业企业现场对接活动

吉林省软件和信息技术服务业的发展不仅注重该产业的发展壮大，更加注重软件和信息化领域的高技术对传统工业发展的渗透和促进作用。软件和信息技术服务业的核心价值也体现在信息化与工业化的融合。在具体的应用领域中，结合吉林省的实际情况成立工业软件产业联盟，开展软件企业与工业企业现场对接活动，实现两化融合，例如在推动汽车产业的发展过程中，可以通过汽车电子控制产品装置的研发，积极开拓混合动力汽车市场。又如，在能耗较高的石化行业、建筑行业、冶金矿业中推进重点企业的节能改造，通过企业信息化的建设实现能源消耗管理与控制一体化，进而加速吉林省节能减排的进程。在信息化对传统工业改造的过程中，实现软件和信息产业的技术突破和发展壮大。

6．着力加大市场监管力度，规范网络与信息服务市场秩序

依法治理软件和信息技术服务业交易市场，及时规范网上交易市场秩序，注重产业促进和市场监管的有机结合。鼓励和引导企业申请国内外专利和版权，加快推进软件产品、软件著作权的版权申请和认定。加大对计算机软件著作权、网络知识产权的保护执法力度，严厉打击盗版、网络侵犯知识产权和网络非法出版行为。发挥行业协会作用，强化行业自律。推动软件和信息技术服务业诚信体系与企业信用评价体系建设，加强企业和个人信用安全保护，营造守法诚信的市场环境。建立和完善网络信用服务体系，确保网上交易安全。

2013年黑龙江省软件和信息技术服务业发展概况

一、基本情况

（一）软件业务收入同比增长，增速比2012年同期水平低

2013年，黑龙江省软件产业累计实现软件业务收入118亿元，同比增长10.6%，增速比2012年同期降低5.9个百分点。

（二）信息技术咨询服务收入继续增长，IC设计收入同比减少

信息技术咨询服务收入20亿元，同比增长24.2%；IC设计完成收入720万元，同比减少27%；信息系统集成服务、嵌入式系统软件、软件产品、数据处理和运营服务分别完成收入28亿元、16亿元、50亿元和13亿元，同比分别增长7.9%、16.2%、6.3%和5.9%。

（三）实现利润总额持续增长，上缴税金总额稳步增长

实现利润总额17亿元，同比增长9.9%；上缴税金总额8亿元，同比增长27.2%。

二、主要特点

（一）用好政策，进一步优化产品结构

做好有关国家政策的宣传、落实工作，帮助软件企业享受到税收减免优惠政策，使软件企业加大研发投入，转变现有业务模式，实现转型升级，提升企业核心竞争力。大力推进服务业和制造业融合，为企业拓展新的服务领域做好服务。

（二）两化融合，不断开拓新的市场

黑龙江省工业企业的信息化程度绝大多数处于初级阶段、基础设施建设阶段。随着大量落后工艺的淘汰，新工艺结合计算机及软件，形成一种发展趋势。用户认知度的提升，使得软件市场的客户群体得到了极大的扩充。中小企业对自身竞争力的诉求更加迫切，很多中小企业都把这种压力转化为采购软件的动力，黑龙江省软件企业又有了新的市场。

（三）创新发展，加快园区建设

大力推动哈尔滨国际数据城建设，加速中国云谷发展。中国云谷总规划面积50平方公里，以建设全国规模最大、运营成本最低、最绿色节能的云计算数据中心基地，吸引了网络运营商、云计算中心、应用开发服务商等国内外云计算领军企业和战略投资者入驻，加速了云计算产业聚集，带动了新媒体、软件、服务外包、电子商务、网络游戏及动漫相关产业加速发展。

2013年大庆服务外包产业园引进了黑龙江城市之窗文化传播有限公司等11家外地企业

落户大庆。2013 年园区共有新建、继建项目 18 项，其中锦华联电子等 10 个新建项目进展顺利；大庆英辰创新等 8 个继建项目目前正在试运营。园区协调联通、电信、移动等有关部门，通过两方向、双通道建设，在园区实现了 6 路光纤进区，彻底解决了因光纤故障影响外包业务开展的问题。

（四）引导消费，推进信息消费

2013 年 8 月，国务院下发了《国务院关于促进信息消费扩大内需的若干意见》，陆昊省长作了重要批示。根据陆昊省长的批示，黑龙江省对国务院文件进行了认真研究，同时联系工信部相关司局，详细咨询中央部委对地方开展促进信息消费的工作要求和具体内容；组织黑龙江省三大电信运营商和数十家在哈尔滨长期开展与信息消费相关业务的企业进行了座谈，并对部分企业进行实地调研，征求了企业的建议；与一些兄弟省份负责推进信息消费的调研小组进行了深入沟通，交换了对促进信息消费的想法和不同意见。经过多次讨论和修改，起草了促进黑龙江省信息消费的措施和建议。持续关注国家部委出台的各项文件和政策，逐步完善黑龙江省促进信消费的具体操作措施。

（五）开拓市场，推进重点产业链发展

组织黑龙江省相关企业、中国航天科技集团、中国电子科技集团黑龙江测绘地理信息局、哈尔滨工业大学、哈尔滨工程大学、黑龙江电子产品监督检验院等科研院所和国家有关专家，通过调研、座谈和实地考察，研究探讨了我国卫星的发展趋势和黑龙江省发展卫星应用产业的形势，并针对黑龙江省实际提出了较为实效的发展意见和措施，形成了《黑龙江省卫星应用产业链实施方案》，该方案瞄准“卫星遥感、卫星导航、卫星通信”三大应用领域，以重点项目建设为抓手，通过引进国家各类卫星数据集中落地，开展重点卫星应用产业示范，打造卫星服务业产业集聚，建设国家级卫星应用示范区，带动黑龙江产业结构升级，促进经济社会协调发展。

（六）强化服务，扶持新兴产业项目

积极扶持发展新兴产业，针对云计算、物联网等新兴领域给予政策和资金倾斜，指导帮助大庆华拓数码科技有限公司开发建设华拓数码信息服务平台、哈尔滨中和信息技术有限公司开发基于 GIS 的三维数字资源服务平台、黑龙江中科方德软件有限公司开展农业物联网应用平台项目建设，对国裕集团的中国云谷建设、哈尔滨乐辰的云医疗等十余个项目给予重点支持。

三、面临的问题

黑龙江省部分软件企业正在度过结构调整的转型期，调整期间，效益受到一定影响。

黑龙江省人力成本持续增长，软件企业成本增加、利润空间不断缩小，迫使部分软件企业放弃利润较低的订单，市场竞争更加激烈。

四、2014 年展望与目标

一方面，在高速发展了 20 年后，中国软件行业遇到了前所未有的挑战，产业整体增长乏力、利润下滑。另一方面，云计算、大数据、移动互联网、社交网络、物联网等新技术对软件产品的研发模式、应用模式、商业模式也带来了巨大的挑战。可以说，软件行业进入了发展以来的最困难时期，转型将成为未来十年中国软件行业发展的主旋律。黑龙江省软件产业也面临经济下行的压力，发展缓慢。黑龙江省绝大多数的软件企业，其客户都是本省的企事业单位，这些客户主要是考虑到足不出户，就可以满足自己的生产需要，故而市场份额每年变化不大，在没有重大利好消息的前提下，增量有限。这种市场格局，导致了黑龙江省内稍有实力的软件企业，在北京、上海、广州等一线市场设立运营中心或者结算中心，降低融资、税费和物流等交易成本，寻找新的机遇。2014 年，黑龙江省软件产业也将步入减速区，增长幅度低于 2013 年。2014 年促进黑龙江省软件产业发展的有利因素，一是“国发 4 号文件”(《进一步鼓励软件产业和集成电路产业发展的若干政策》)对软件产业税收给予优惠政策，鼓励软件产业自主创新，做大做强软件企业。二是工信部“核高基”和“电子信息产业发展基金”等重大专项，促进了基础软件的发展和产品升级换代。三是贯彻落实《国务院关于促进信息消费扩大内需的若干意见》，加大结构调整，大力培育新增长点。四是上海自贸区对信息产业产生了影响，为信息产业创造了一个良好的经营环境。五是黑龙江省“新工业 17 条”和拓展北斗卫星民用领域产业链，为软件企业开拓市场创造了条件。2014 年主要指标预计：软件业务收入 127 亿元，同比增长 7.6%。

五、下一步工作

（一）贯彻落实《国务院关于促进信息消费扩大内需的若干意见》，发展信息服务，促进信息消费

（1）按照国务院文件精神，结合黑龙江省实际抓紧研究制定并颁布实施黑龙江省加快信息服务业发展，促进信息消费实施方案。

（2）加强宣传和推进国务院关于促进信息消费意见精神，结合黑龙江省鼓励和培育信息领域产业发展，促进信息消费整体部署，开展各类宣传和推进活动。

（3）深入开展鼓励和促进信息消费调研，针对重点领域和骨干企业产业发展和政策环境情况进行具体、深入的调研和剖析，学习其他省市落实促进信息消费的先进经验，探索和推进黑龙江省加强信息产业发展，促进信息消费的有效途径。

（二）进一步推进云计算产业发展

坚持优先发展云计算数据中心及运营服务，以行业云计算应用引领产业发展的工作思路，积极营造云计算发展的产业环境，加大力度吸引国际、国内知名云计算技术和服务提供商在黑龙江省集聚。

（1）积极协调启动推进云计算产业发展的相关政策。引导和推动政府公共信息资源开放，协调和推进政府全面购买云服务，将政务数据中心整体外包给云服务商运营，由云服务商提供云服务器、云容灾、专享服务、运维、云托管等按量计费服务；协调争取启动云计算数据中心、服务商等云计算企业用电补贴等优惠政策，鼓励和支持云计算产业进一步发展。

（2）充分利用和发挥黑龙江省基础优势和已经开展的云计算资源存量优势，指导和帮助相关市地结合本地特色和优势建设适合本地发展的云计算产业模式，形成符合黑龙江省实际的云计算产业布局。引导和鼓励哈尔滨市优先发展云计算中心运营和集成服务，争取在政务、

金融等行业云计算应用服务方面有所突破；指导并跟进大庆市重点发展石油石化等行业云计算应用、集成和运营等服务，在石油市场资讯、位置云建设等方面有所推进；充分发挥黑河市电力、气候等优势，绥芬河的地理位置、气候和电子商务等基础优势，指导和支持两地重点发展云计算基础设施服务，推动数字通关平台和容灾备份云计算中心建设。

（3）统筹黑龙江省云计算基础设施布局，支持云计算服务创新和商业模式创新。积极争取国家关于云计算重点布局和创新模式等试点，积极推进政府及公共服务信息平台的商业化运营，带动黑龙江省各行业、各领域信息服务的云计算服务商业化运营，采取购买服务的方式实现云计算应用，已建成的数据中心，逐步向商业化运营的云计算中心迁移。

（三）深入推进两化深度融合，积极组织开展软件和信息服务专项行动

（1）积极引导促进软件企业与物流、生产型企业协作，探索发展新型生产性服务业。组织软件企业与黑龙江省物流协会对接交流，探讨建立物流信息交流与管理平台，推进物流信息化和现代化水平；积极引导和推进电子商务企业、软件企业与创意设计、生产制造企业交流对接，培育建立重点行业电子商务平台，探索开展网上研发、设计和软件产品服务。

（2）加快黑龙江省物联网技术进步和产业化进程，提升面向重点行业和重点民生领域的物联网公共服务能力，支持黑龙江省企业争取国家物联网重大应用示范工程。积极引导和推动物联网在工业领域的创新和应用，在煤炭、石油化工等重点行业，以骨干企业带动示范为切入，重点培育和支持生产过程控制、生产环境监测、远程诊断管理等物联网应用。

（3）积极推动工业软件开发、标准化及行业应用。依托行业协会，引导、鼓励软件企业围绕重点行业应用开展研发和应用推广活动，通过软件产品登记，筛选一批优秀软件产品通过多种形式向社会和工业企业宣传、推介。

（4）鼓励黑龙江省企业和各研究机构加强智能终端、智能语音、信息安全等关键软件的开发应用，加快安全可信关键应用系统推广。引导黑龙江省软件企业开发基于开放标准的嵌入式软件和应用软件，加强工业控制系统软件开发和安全应用。

（5）积极推进以新一代信息技术为基础的服务外包加快发展，促进服务外包高端化，运用信息化服务平台等手段，促进重点行业和中小企业信息化基础和集成应用。

（6）支持移动互联网核心技术研发和产业化。吸引中小移动应用开发者，丰富移动应用开发内容，推进网络信息技术与服务模式融合创新。

（四）积极服务软件企业，做好软件行业管理工作

（1）认真贯彻执行国务院 4 号文件，协调落实软件企业减免税优惠政策，全面推进并做好“双软”认定工作。一是按照国家有关规定，取消软件企业年审等相关费用；二是进一步加强宣传和培训，进一步推进贯彻执行 64 号文件，引导帮助企业进一步深入理解有关政策精神，实现更高效服务；三是继续协商并会同黑龙江省国税局联合开展“双软”认定工作，推进软件行业管理更科学规范，促进软件企业税收优惠政策更好落实。

（2）组织开展国务院 4 号文件贯彻执行情况跟踪调研。为了落实“国发 4 号文”，优化软件产业发展环境，提高软件产业发展质量和水平，了解减免税政策落实情况，相关政策执行过程中存在的难点和突出问题。倾听建议、问计于民、理清思路，帮助软件企业减轻经济运行中的负担。

（3）按照国家部署积极开展规划布局内软件企业推荐工作，争取使黑龙江省更多骨干软

件企业纳入国家规划布局内。

（4）积极努力扩大黑龙江省软件产品社会影响力，筹备开展“IT 龙江行”活动，通过多种形式的体验和展示活动，让 IT 产品走入千家万户，推动信息消费及智慧城市建设走进生活，走近百姓。

（5）组织信息技术服务业务对接活动。邀请谷歌、腾讯等 3～5 家国内外大型 IT 企业与黑龙江省中小软件企业对接，开拓新的合作市场，创新发展方式，解决黑龙江省软件企业自我发展能力不强，产业链有待完善等问题。同时开展沙龙活动。

（6）加强软件和信息技术服务产业人才交流和管理，建立“IT 人才网”，培育 IT 人才交流市场，推进黑龙江省 IT 专项人才的交流与管理，提高企业与 IT 人才之间的供求可视度及信赖度。

（7）建立和完善软件和信息技术服务企业数据库，加强软件和信息技术服务企业统计和运行分析工作。

（五）加快推动卫星导航技术研发和产业化，推进文化生产数字化和新闻媒体素材的信息化

（1）按照《国家卫星导航产业中产期发展规划》，研究制定黑龙江省卫星导航产业发展思路和措施并组织推进，依托哈工大等高校在国家卫星导航领域的优势，加大与航天科工集团的合作，推动北斗导航与移动通信、地理信息、卫星遥感、移动互联网等融合发展，支持位置信息服务（LBS）市场拓展，在林区、垦区等重点区域和交通、公安、减灾、电信、能源、金融等重点领域开展示范应用，大力发展地理信息产业，拓宽地理信息服务市场，形成黑龙江省卫星导航产业链。

（2）加快推进文化生产数字化。大力发展数字影视制作，促进动漫游戏、数字教育、数字音乐、网络艺术品等数字文化内容的消费。加强数字文化内容产品和服务开发，建立数字内容生产、转换、加工、投送平台，丰富信息消费内容产品供给。

（3）积极推进新闻媒体素材的信息化，支持各媒体等信息和新闻传播机构利用手机等智能终端，推广并提供媒体信息的信息技术新介质服务。大力扶持企业开展地图、导航、定位等位置服务，融合网络搜索、酒店机票餐馆预订等电子商务活动，提供快捷、高效的生活信息服务，扩大生活性信息消费。

2013年上海市软件和信息技术服务业发展概况

2013年以来，上海市软件和信息技术服务业全行业围绕软件名城建设的总目标，以促进信息消费、自贸区建设为发展契机，积极创新，产业能级迈上新台阶。2013年，上海市软件和信息技术服务业继续保持良好的发展态势，各指标运行稳健。

一、总体情况

2013年，上海市软件和信息技术服务业的软件业务收入达到2539亿元，其中软件产品收入869.34亿元，信息系统集成收入475.76亿元，信息技术咨询服务收入256.5亿元，数据处理和运营收入554.51亿元，嵌入式系统软件收入163.23亿元，IC设计收入219.65亿元。软件出口达到24.66亿美元，比上年同期增长25.6%。从业人员34万。全年新增登记软件产品4453件，其中进口软件产品登记133件。上海市累计认定软件企业2226家，其中2013年新增认定软件企业493家，2013年经营收入超过亿元软件企业306家、经营收入超过10亿元软件企业32家，人员规模超过千人的软件企业41家，累计有248家企业获得计算机信息系统集成资质（其中，一级资质12家，二级资质41家，三级资质105家，四级资质90家）；获得计算机信息系统工程监理资质的企业17家，计算机信息系统集成项目经理2706人（其中，高级项目经理714人）。上海54家企业获得央行颁发的《支付业务许可证》，占全国的1/4以上。

二、重点领域发展情况

（一）高端软件

一是基础软件，形成了较为完善的产业链，拥有一批知名的企业，对200多家市级预算单位开展基础软件宣传与培训，形成良好的市场环境，吸引微软将其云计算总部（OFFICE365、AZURE）落户上海。二是应用软件，在医疗卫生行业应用软件开发方面，形成了以万达信息、金仕达卫宁等上市公司为龙头，岱嘉、复高、龙骑、天健源达等企业为骨干的开发运维力量；在城市交通、轨道交通方面，电科智能、中海科技、宝康、铁通信号、卡斯柯等大型软件企业已发展成为国内领先企业；在先进制造企业方面，鼎捷软件成为最具影响力的ERP企业管理软件与服务供应商之一。三是工业软件，以宝信软件为代表的钢铁领域逐步形成自动化工程总包能力，其智慧应用开发平台实现了海量存储，管理系统再依据数据库的实时迅息，分析、制定出正确决策；在船舶制造领域，东欣软件已成功应用于国内50余家大中型造船企业。

（二）互联网信息服务

一是互联网金融，作为电子商务之后集聚资金流、信息流的最有效手段，互联网金融将会成为金融机构实现创新发展的“蓝海”而引来爆发增长的新兴产业。上海借助国际金融中心和自贸区建设的优势，软件、金融领域的专业人才和复合型人才集聚，获得了诸多互联网金融优势资源，成就了一批面向保险、银行等领域具有国内外竞争力的金融软件产品；培育了专业证券投资咨询、金融工程和财经数据分析、海量财经信息交互等特色金融信息平台，具有发展成为全球金融资讯服务平台的潜力和扎实的产业基础。二是网络游戏，网络游戏企业研发投入加大，产品供给保持增长。例如，巨人除代理国外的魔幻大作《巫师之怒》外，下半年推出了自主研发的年度大作《仙侠世界》；游族网络依靠《大将军》、《大侠传》、《女神联盟》等多款成功产品，进一步提高市场份额。同时，随着智能终端普及率提升和用户使用习惯培育，使得移动游戏的用户规模扩大。例如，游族网络与心动游戏的官网平台，覆盖用户均超过 300 万。三是网络视听。网络视听受众数量快速增长，上海网络视听市场规模和商业模式日渐清晰和成熟，代表性企业集聚。网络视听企业纷纷将业务核心聚焦在打造特色鲜明的内容产品方面。例如，PPS 成立爱频道，成为 UGC（用户生成内容）的重要集聚地；PPTV 着力培育差异化旅游品牌，着力打造成国内旅游原创视频产品的生产地，产业发展呈现内容差异化、布局移动端、关注用户体验和拓展国际市场的新特点。

（三）“四新”领域

世界经济进入深度调整期，迫切要求上海加快转型；全国加快转变经济发展方式的大格局，迫切要求上海率先转型；上海自身发展中面临的诸多困难和问题，只有靠加快转型才能解决。“实现转型发展，唯有深化改革开放。”上海牢牢把握开放的最大优势，坚持市场化取向、坚持以开放促改革、坚持先行先试，围绕产业结构调整的主攻方向，上海软件和信息技术服务业的发展重点是依托“四个中心”和自由贸易试验区建设，坚持依靠新技术、新模式、新业态促进产业能级提升的高端发展，主要在基于产业分工合作的创新性上谋求新模式，引导二三产业融合的新模式上形成新业态，促进技术成果转化的制度性上取得新突破，推动区域产业特色的差异化上探寻共赢点，构建产业组织形态的互利性上倍增贡献度这 5 个方面加强培育突破。推进产业转型升级的重点从培育发展高端新兴产业，转变为培育发展高端产业链环节，继而转变为培育发展产业新形态和新模式。

一是网络信贷，上海市网络信贷处于全国领先水平，率先成立了网络信贷服务业企业联盟，在集聚企业、加强自律、风险防范、宣传推广等方面作用突出，目前共有联盟成员企业 20 家，其中 9 家主要 P2P 平台 2013 年交易额超过 60 亿元。二是车联网，成立上海车联网与车载信息服务产业联盟、技术创新战略联盟和标准创新联盟，制定“车载远程信息服务系统地图应用技术规范”；形成了以安全为特色的通用安吉星（Onstar）汽车通信服务系统，以信息娱乐为特色的上汽荣威 350 全时在线行车系统（InkaNet）、通用雪佛兰“e 路享”和聚焦商用车服务的“行翼通”；在整车前装配套量方面，上海占国内市场规模的 90%，其中上海通用 80 万辆，上海荣威 12 万辆，实现服务收入突破 8 亿元。三是云计算，上海市率先发布实施“云海计划”（2.0），成立有 150 多家企业参加的云海产业联盟，建设云计算创新展示中心，设立云海产业投资基金。上海各类城市基础性数据资源积累完善，发布电子政务、金融、中小企业服务等一批云计算应用示范项目，并在面向交通、医疗、教育等领域得到了规模化应用，如熙康健康云平台、蓝卓微课堂等。微软云计算总部（OFFICE365、AZURE）落户，盛大、银联等 4 个重大云计算项目获得国家 3.2 亿元资金支持，上海市被列入国家云计算创新发展试点城市。四是大数据，上海基础设施和数据资源积累丰富，具备了发展大数据的基础条件。上海市光纤接入使用用户超过 320 万户，上海市家庭宽带普及率超过 60%，成为国内首个下一代广播电视网（NGB）建设示范城市；上海的 WLAN 覆盖场所总量已达 1.8 万处，完成全部450处场所i-Shanghai建设并投入试运行，4G建设完成TD-LTE网络800个宏基站和300个室内覆盖站点建设；已建立3000多万份动态市民健康档案，发放4000万张交通卡，拥有2600万手机用户，覆盖千万级城市的社区管理网格化平台，也是中国电子商务购买力三甲省市，为大数据创新提供了资源优势。五是智能语音交互，小I机器人、讯飞语点已得到越来越多的用户认可，客服机器人已在网上银行、电商平台等领域实现大规模应用。

三、产业运行特点

（一）产业规模逐步扩大，企业实力逐步增强

上海市软件和信息技术服务业规模不断扩大，连续多年保持20%左右的增速。受2012年出台的软件和集成电路企业核心团队专项奖励政策激励，上海市年经营收入超过亿元的软件和信息技术服务企业数量从2011年的225家增加到了2013年的381家，超过10亿元的软件企业数量从2011年的19家增加到了2013年的32家（见表1）。规模以上软件企业户均年经营收入从2011年的1.27亿元增加到了2013年的1.37亿元。

表1　软件和信息技术服务规模企业数

（单位：家）

年度	2008	2009	2010	2011	2012	2013
超过亿元软件和信息技术服务企业	126	158	173	225	326	381
超过亿元软件企业	109	135	150	192	248	306
超过10亿元软件企业	13	13	16	19	24	32
超过千人软件企业	16	16	24	29	35	41

（二）企业兼并重组增加，业务布局调整频现

软件和信息技术服务企业通过并购调整业务布局的案例频现。例如，华东电脑通过增持控股华讯网络，实施集团多元化战略；金仕达卫宁收购宇信网景，拓展卫生医疗领域的市场份额；海隆软件收购“二三四五”，布局互联网信息服务；科大智能收购永乾机电，进军工业机器人。

移动游戏受资本市场追捧，上海的网络游戏市场并购案较为集中。传统企业借助收购，将资本注入新兴的网络游戏产业的案例时有发生。例如，梅花伞公司剥离全部资产及负债，以发行股份方式收购上海游族信息技术有限公司100%的股权，游族信息因此获得38.67亿元的股权作价而成功借壳上市；顺荣股份斥资20亿收购“三七玩”（见表2）。

表2　2013年上海软件和信息服务企业并购简表

序号	企业名称	并购情况
1	上海游族信息技术有限公司	上市公司梅花伞收购游族信息100%的股权
2	上海三七玩网络科技有限公司	上市公司顺荣股份收购三七玩60%的股权
3	上海海隆软件股份有限公司	海隆软件收购国内著名互联网信息服务企业二三四五 100%的股权（包括购买瑞信投资和瑞美信息100%的股权
4	万达信息股份有限公司	万达信息通过股权转让和增资两个阶段对四川浩特通信有限公司进行收购，持有浩特通信51%的股权

续表

序号	企业名称	并购情况
5	上海金仕达卫宁软件股份有限公司	卫宁软件收购宇信网景60%的股权
6	上海宝信软件股份有限公司	宝信软件购买宝钢工程持有的宝悍公司51%的股权
8	上海华东电脑股份有限公司	（1）华东电脑通过收购华东系统45%的股权，持有华东系统100%的股权 （2）华东电脑通过购买、重组，使华讯网络将成为全资子公司
9	上海大智慧股份有限公司	（1）大智慧全资子公司阿斯达克收购解决方案实验室私人有限公司（Solutions Lab Pte Ltd）及其附属公司100%的股权 （2）大智慧收购黄孟杰所持莲月网络（已更名为大彩网络）80%的股权 （3）大智慧全资子公司大智慧信息科技收购民泰贵金属70%的股权 （4）大智慧收购上海龙软公司70%的股权 （5）大智慧收购慧远保银100%的股权 （6）大智慧收购新加坡新思维100%的股权
10	科大智能科技股份有限公司	（1）科大智能收购永乾机电100%的股权，进军工业机器人领域 （2）科大智能增资控股正信电气延伸产业链，持有正信电气51%的股权
11	百视通新媒体股份有限公司	百视通进一步整合旗下互联网视频业务及资源，将东方宽频100%的股权及欢腾宽频100%的股权转让子公司风行在线
12	网宿科技股份有限公司	网宿科技拟协议收购银锐科技100%的股权
13	携程网	（1）携程旅行网战略投资途风旅游 （2）携程网和DCM领投易道用车 （3）携程网再斥资入股一嗨租车，收购其20%的股份

（三）产业基地差异发展，推动产业集群创新

在市级软件园的基础上，2010年起着手推动市级信息服务产业基地认定工作，截至2013年年底，认定市级信息服务产业基地18个。形成了一批以漕河泾开发区、紫竹高新区、浦东软件园、天地软件园等为代表的综合基地和以云计算、数字内容、数据服务、移动互联网等领域为重点的特色基地。上海市软件和信息技术服务业年度经营收入中的63%来自于各信息服务产业基地，软件和信息技术服务企业的70%集聚在各个信息服务产业基地。而且，这种以基地为形式的产业空间聚集形态正以其溢出效应、辐射效应而日渐显示出逐步向区位交通便利、生活环境和基础设施健全的产业链配套方向扩散趋势。

（四）软件出口增速较快，逐步转型迈向高端

近年来，上海市软件产业出口一直处于高速增长状态。2013年上海软件产业出口达到24.66亿美元，比上年同期增长25.6%，增速远高于同期软件产业增速。软件出口国家（地区）呈现多元化趋势，出口排名前五位的国家（地区）依次是美国、日本、中国香港、爱尔兰、新加坡。从增速来看，对爱尔兰出口增速最快，超过100%，而对日出口则下降。除受中日关系影响之外，对日出口过去主要以低端外包服务为主，在房租、人力成本大幅上涨的情况下，上海市外包企业开始逐步转型发展。

（五）基地建设带动产业发展，产业规模进一步集聚

1．按行政区域划分

从规模看，浦东新区、长宁、徐汇、闸北、嘉定和杨浦6个区县软件和信息技术服务业

营业收入超过百亿元，这6个区县的收入占上海市的比重超过80%。从增速看，除个别区县增速出现负增长外，大部分区县软件和信息技术服务业仍保持较高增速，排名前三的区县依次为闸北、嘉定和宝山。

2．按基地分布划分

从目前的23个园区统计汇总数据看，2013年上海市的信息服务产业基地投入使用的建筑面积为725万平方米、园区企业4000多家、从业人员22万人、园区产业规模总额1928亿元；园区企业户均面积1655平方米、人均32平方米、户均从业人员52人、户均营业收入4400万元、人均经营收入85.3万元。总体而言，本市园区、企业规模正逐步扩大。

3．按产业聚集度划分

产业规模大的浦东、徐汇、长宁和增长速度快的闸北、嘉定、宝山等区都格外重视产业基地建设和运营服务主体的公共服务体系完善。其中，浦东新区围绕浦东软件园、陆家嘴软件园打好扩园牌，徐汇区就国企改革、服务转型打好挖潜牌，闸北、嘉定两个区通过资源引入打好过桥牌。

上海市的软件和信息技术服务业发展在历经“十五”、“十一五”期间的“黄金十年”高速发展之后，在“十二五”的前3年依旧保持近20%的增速，主要得益于及时以“改革、创新、转型、提升”为主线，充分发挥市场配置资源的决定性作用，着力消除瓶颈障碍，营造良好市场环境，激发市场主体活力，努力做到聚焦产业结构优化调整，在新技术、新业态、新模式发展上实现产业提升新突破。2014年上海软件和信息技术服务业将以高水平创建“中国软件名城”、扩大信息消费和在自由贸易试验区率先开放“增值电信业务”为契机，坚持“软件产业走高端、信息服务业提能级”发展思路，围绕“名企、名品、名人、名园”的培育和发展，将迈上3000亿元的新台阶。

2013 年江苏省软件和信息技术服务业发展概况

一、基本情况与运行特点

（一）产业规模实现新突破

2013 年，江苏省实现软件业务收入首次突破 5000 亿元，达到 5177 亿元，同比增长 24.2%，与上半年相比增速减缓，但仍保持较高的增长速度；其中云计算产业实现业务收入 830 亿元，同比增长 50.9%。软件业务出口 86.7 亿美元，同比增长 11.7%，增幅比 2012 年提高了 11.3 个百分点。

从软件业务收入六大类型看，软件开发收入实现 1602 亿元，占业务总收入的 30.9%，同比增长 32.5%；以信息系统集成服务、信息技术咨询服务、数据处理和存储服务等为代表的软件服务类收入分别完成 853 亿元、331 亿元和 607 亿元，合计 1791 亿元，占软件业务总收入的 34.6%，同比增长 39.3%，高于江苏省软件产业平均增幅 11.1 个百分点，软件服务化的趋势进一步凸显；嵌入式系统软件实现业务收入 1568 亿元，占业务总收入的 30.3%，同比增长 17.6%；IC 设计实现业务收入 216 亿元，占业务总收入的 4.2%，同比增长 12.1%。

（二）企业向产业前沿集聚更加活跃

2013 年，江苏省一批软件企业不断在云计算、大数据、智慧城市等产业应用领域发力，凸显了产业发展趋势和转型方向。在云计算方面，上半年在镇江召开“江苏省云计算产业发展及应用实践研讨会”，推进江苏省健康云、旅游云、安全云、气象云、教育云等特色云平台建设与发展。文思海辉发展“基于云计算的新一代虚拟数据中心服务平台”，解决云计算中心能耗问题；江苏欧索软件构建统一企业云管理平台，知识云存储服务平台和面向行业的知识服务平台，着力打造教育云第一品牌；如皋高新技术产业开发区与江苏如云信息科技股份有限公司共同搭建“如皋云计算中心”并上线运行江苏省首个“建筑云”，利用信息技术推动江苏省建筑产业可持续发展。在智慧城市方面，联创集团与扬州市共同推进智慧城市一卡通项目在扬州的试点运用；南京三宝科技大力发展现代物流、数字城建、智能交通、智能环保等，为智慧城市建设做基础性应用；德亚智能科技无锡有限公司与无锡市合作，在该市各小区推出全新的社区智慧信息屏。在大数据应用方面，苏宁易购在电子商务活动中运用大数据，推出店面云、金融云、服务云、IT 云、物流云、广告云、运营云和知识云，集结这七大核心云资源，打造全新的开放平台——苏宁云台；无锡的天脉聚源在视频领域发展可视化挖掘运用，在信息云处理技术、全媒体互动交流展示技术等方面、为政府及商业用户提供最先进、高效的服务。

（三）重点软件企业稳步成长

2013 年，江苏省继续抓好软件企业认定和重点企业培育工作。一是全年新认定软件企业 658 家，虽比上年略有下降，但仍然突破了 600 家，开展“双软”认定 13 年来，江苏省累计已认定软件企业4160家，产业队伍进一步扩大。2013年软件企业所得税减免9.7亿元，软件产品增值税退税预计超过30亿元。二是推进联合创新。启动实施“曙光计划410工程”，对江苏省信息技术领域重点关键环节和重点产业链进行梳理，围绕专业方向成立了15个企业联合研发创新中心，鼓励引导产业链上下游企业和高校院所联合创新，在电子文档、医疗电子、船舶电子和汽车电子等应用领域已涌现一批突出企业。2013年6月，李省长为江苏产业技术研究院美国分院揭牌。目前研究院已在纽约、波士顿、圣迭戈建立办事处，集聚美国博士人才655人，通过国际研究院引进到江苏的美国优秀人才12人，达成合作项目8个。引进IBM Open Power8的世界最前沿服务器芯片技术项目落户苏州，12月组建完成基于IBM服务器芯片的专业服务器技术公司，得到国家工业和信息化部的认可与支持。三是骨干企业稳步成长。2013年江苏省有20家企业入围2013—2014年度国家规划布局内重点软件企业和集成电路设计企业，比上届增加8家，镇江市实现零的突破，出现了首个国家级重点软件企业。另外，江苏省有9家企业进入全国软件收入前百名。基于互联网、移动互联网、云计算等领域的骨干企业快速增长，如苏州同程科技网络公司2013年业务收入达到5亿元，比上年增长66%。

（四）重点软件项目扎实推进

2013年江苏各市积极推进软件产业重点项目建设，取得优异成绩。南京市全年在建重点软件项目191个，年度累计完成投资155亿元，其中新开工项目134个，全年累计完成投资132亿元，项目推进正常。软件谷opera手机浏览器项目等43个项目竣工，可形成70亿元软件业务收入。扬州腾讯电商运营中心项目，目前在产业基地二期设计大厦过渡，装修投入已超过5000万元，办公人员规模达到400人；扬州市交行金融数据中心项目已经开工建设。常州市“基于国产云平台的电子文件全程统一管理系统”国家试点项目通过验收，其“国产云计算产业园”正在积极推进。

（五）积极打造园区“升级版”

目前，各地在推动产业升级中，更加注重软件园区的产业聚集效应，积极打造自己的“园区升级版”。中国（南京）软件谷紧紧把握产业发展和技术进步的脉搏，积极筹建南京超级云计算服务中心，在大数据、云计算、移动互联网、电子商务等不断出现的新增长空间前瞻布局。江苏软件园分别与甲骨文公司、中国惠普公司、微软旗下的北京京微软创技术公司、软通动力4家大公司结成战略合作伙伴，将在技术平台、软件技术研发等领域开展深度合作，重点打造南京软件名城的特色南翼。盐城软件园与美国BroadSoft云通信项目签约并集中开业10个软件项目，对于完善产业链条、提升发展层次具有极大的推动作用。扬州“中国声谷”从以呼叫中心和电子商务为主的“2.0版”向以移动互联、数据产业、软件研发为主的“3.0版”升级，目标是到2015年，整个基地将入驻500家企业，集聚10万名高层次人才，形成200亿元的产业规模。

二、面临的问题

江苏软件和信息技术服务业的总量规模已居全国第一位，增长速度逐年回落已是不可避免。现在面临的最主要问题是如何提升产业的质量，包括培育龙头骨干企业，提升自主创新协同创新能力，活跃软件领域资本市场，发展新兴信息服务业等。

三、2014 年趋势与目标

（一）总体环境分析

当前，国家大力鼓励信息消费，深入推进三网融合，各地加快建设智慧城市，促进动两化深度融合，全面建设运营 4G 网络，这些都会带动新一代信息技术和新产品的广泛应用。据 Gartner 预测，移动互联网应用、私有云、混合云、大数据、3D 打印、智能机器、万物互联、软件定义一切等技术与产业领域将会高速发展，从而为软件和信息技术服务业继续保持快速增长奠定良好的基础，带来新的增长空间。

（二）主要目标

2014 年，江苏省软件和信息技术服务业预计将实现软件业务收入 6600 亿元，同比增长 25%左右；其中云计算业务收入达到 1200 亿元，同比增长 44%左右。

（三）突出抓好三个专题

2014 年，江苏省在继续做好产业政策宣贯、运行监测分析、骨干企业培育、人才培养引进、新兴服务业推进、重大应用示范等工作的同时，将着力抓好三项专题工作。

一是推动软件园集聚发展特色产业。进一步发挥信息化引领专项资金的作用，上下联动，引导重点软件园区聚焦特色方向领域，推动实施若干重大项目及示范工程，不断强化特色产业集聚，提升园区品牌知名度。

二是实施云计算和大数据行动计划。力争以省政府文件下发《江苏省云计算和大数据发展行动计划》，加速产业创新、促进信息消费、强化人才支撑、保障信息安全，完善云计算与大数据融合发展的生态环境，在经济、社会与民生领域实施一批应用示范工程，培育一批龙头骨干企业，实现云计算与大数据的快速、健康发展。

三是组织好部省共办的第三届“中国软件杯”大学生软件设计大赛，完善组织评审，引入国外高校参与，扩大江苏产业的影响力，推动更多江苏省内企业参与决赛环节人才的选拔。

2013年浙江省软件和信息技术服务业发展概况

一、基本情况

2013年，随着新一代信息技术的快速发展，以及国家促进信息消费政策的实施，浙江省软件产业在国发〔2011〕4号文等政策的持续推动下，积极围绕浙江省政府发布的《浙江省软件和信息技术服务业“十二五”发展规划》，发展战略性新兴产业、推动经济转型升级、促进两化“融合”和积极培育信息消费等中心工作，在宏观经济形势趋紧的情况下延续前了几年持续增长的态势，继续保持高位增长，软件产业发展势头良好，收入、结构、效益和出口实现协同增长，为提高社会信息化发展水平和促进两化深度融合发挥了积极作用，在浙江省国民经济中的重要性持续提高。

2013年，浙江省实现软件业务收入1899亿元，同比增长40%；实现利税总额707.7亿元，利润总额547.9亿元，分别同比增长39.9%和46.7%；软件出口17亿美元，同比增长12.5%，从业人员达到25万人。特别值得一提的是，浙江省软件行业盈利水平提升明显，2013年浙江省软件产业销售利润率达到28.2%，比全国高出16.2个百分点，销售利润率居全国首位。

2013年，浙江省有10家企业入围全国软件百强，25家企业入围国家规划布局重点软件企业，软件著作权登记数11863件，位列全国第五；软件企业认定数720家，软件产品登记3146件，累计获系统集成资质企业238家，其中一级资质15家、二级资质27家，这些重要指标都位居全国前列。

二、主要特点

2013年浙江省软件产业主要呈现以下特点。

（一）规模增速居全国主要省市首位

2013年，浙江省软件产业发展势头良好，连续8个月超过30%以上并高出全国平均水平，比2012年净增484.2亿元（见图1）。1～12月浙江省软件收入同比增长40%，高出全国10多个百分点，位居全国主要省市首位。其中杭州1～12月实现软件业务收入1612亿元，同比增长33.7%，约占全国软件收入规模（3.1万亿元）的5.3%，增速列全国15个副省级中心城市的第二位。

（二）信息技术服务呈跨越式增长

随着云计算、物联网、移动互联网、大数据等新技术、新业态、新模式迅速兴起，信息服务和应用创新活跃，电子商务增势迅猛，带动软件和信息技术服务跨越发展，规模、增速居行业首位。2013年信息技术服务收入同比增长46.4%，高出全行业增速13.2个百分点；占全部软件收入的比重达到37.8%，比2012年同期提高3.4个百分点，对浙江省软件业务收入的贡献率达到48.1%，拉动全行业增长16个百分点；占全国信息技术服务收入的比重达到8.4%。

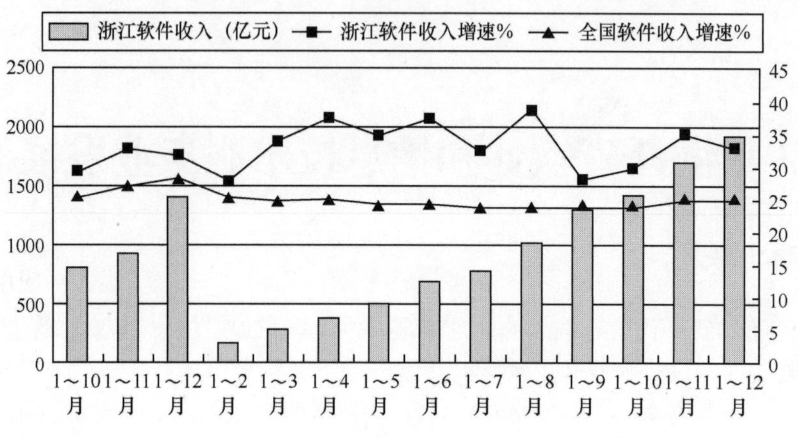

图 1　2012 年四季度—2013 年 1～12 月软件收入增长趋势图

（三）盈利水平居全国领先地位

2013 年，浙江省软件产业整体效益持续增长，提质增效明显，盈利水平领先全国。软件产业利润同比增长 46.7%，利润增速超过全国平均水平 21.1 个百分点。软件产业销售利润率达到 28.2%，比全国高出 16.2 个百分点，销售利润率居全国首位。软件产业人均销售收入居全国第 6 位，但人均利润（16.59 万元）、人均税金（3.79 万元）均居全国第 1 位。人均利润、人均税金分别达到 21.51 万元和 6.28 万元，比 2012 年明显提升。浙江省软件企业数仅占全国的 6.1%，但利润总额却占全国软件行业利润的 12%以上。

（四）软件出口规模不断扩大

2013 年，浙江省完成软件出口 17 亿美元，出口规模接近 100 亿元，三大出口业务呈现不同发展态势，软件产品成为出口的重要引擎。软件外包服务出口 29967 万美元，同比增长 6.1%；而嵌入式系统软件出口 24452 万美元，同比下降 5.2%。软件产品外包、网络与数字增值业务服务外包、电信运营服务外包、金融服务外包均已形成规模化发展并在同行具有比较优势。网新科技、道富信息、恒生、虹软、东忠、灵川、NEC 软件等一批重点软件业出口规模持续扩大。

（五）龙头企业带动作用突出

2013 年，浙江省软件十强企业实现软件业务收入 759.7 亿元，利润总额 389.9 亿元，分别同比增长48.2%和60.8%，其收入和利润分别占浙江省软件行业（2042 家）的 39.1%和 71.2%，十强企业快速发展成为推动行业增长的新引擎。淘宝商城、淘宝软件、海康威视、大华股份、网易网络、恒生电子、中控科技、快威等一批行业龙头企业带动性突出，综合实力明显提升。以电子商务、云计算等信息平台服务为主的阿里巴巴集团公司对行业贡献突出，2013 年阿里巴巴集团公司（4 家）实现软件业务收入 467.4 亿元，同比增长 70.4%，拉动整个行业收入增长 13.2 个百分点，其中淘宝商城和淘宝软件公司分别实现软件业务收入 236.4 亿元和 125.3 亿元；4 家公司实现利润 288.3 亿元，同比增长 86.5%，占全行业利润总额的比重达到 52.6%。2013 年，浙江省软件收入超过亿元的企业达到 136 家，软件收入超过 10 亿元的企业达到 32 家；利润总额超过亿元的企业达到 46 家，超过 10 亿元的企业达到 9 家，龙头企业带动性进一步突出。

（六）金华、嘉兴有望形成新的增长点

经过多年的发展，浙江省软件产业集聚效应显著。杭州、宁波继续引领增长，金华、嘉兴、温州加快形成新增长点。2013 年，杭州软件收入超过 1500 亿元，宁波超过 200 亿元，嘉兴、金华超过 10 亿元。2013 年，杭州加大推动“软件名城”的创建工作，杭州软件在电子商务、金融财税、云计算、工业控制、安防监控、集成电路设计、数字电视、互联网娱乐服务等领域已走在全国前列，形成了以“民营当家、自主产权、内需为主、应用领先”为特征的“杭州软件”品牌，总量规模在全国副省级城市居第 3 位。宁波加大软件产品的市场应用和智慧城市推进工作，2013 年实现软件收入 233.9 亿元，同比增长 31.3%，实现利润总额 16.1 亿元，同比增长 11.2%，分别占浙江省软件收入和利润的 12.1%和 2.94%。嘉兴、金华、温州等地市发挥产业优势，积极推动网络经济发展，进一步带动软件产业快速发展。嘉兴、金华软件收入超过 10 亿元，分别达到 20.4 亿元和 15.6 亿元，呈现良好的发展态势。

总体上看，浙江省软件产业将继续保持稳步增长态势，规模持续扩大，新兴服务领域发展加快，能够完成“十二五”的目标任务。

三、面临问题

综观 2013 年，浙江省软件产业继续保持较快增长态势，规模继续扩大，新兴服务领域发展加快，与此同时，浙江省软件产业发展也面临着业态、需求、技术、创新、人才以及上海自贸区成立后带来的影响等问题和挑战。

（一）业态方面

互联网的普及、移动互联网的深化带来了产业业态和商业模式的变革。

（二）需求方面

经济和社会转型发展带来了市场需求的广度和深度发生重大变化。

（三）规模方面

产业总体规模仍不够强大，与发达省市的差距日益明显。

（四）技术方面

产业核心技术有待突破，浙江省应用软件有较强的比较优势，基础软件、工具软件和平台软件的开发能力尚需加强。

（五）创新方面

从创新、创业到企业的生态产业链还不完善，企业的持续创新能力不足，不能很好地满足国民经济和社会发展的要求。

（六）人才方面

高端软件技术人才缺乏，杭州作为浙江省重要的软件产业基地，软件开发人才成本居高

不下，商务成本增加，留住人才的资源和措施缺乏，相当程度上制约了浙江省软件和信息技术服务业的快速发展。

当前浙江省要积极贯彻落实好《国务院关于印发进一步鼓励软件产业和集成电路产业发展若干政策的通知》(国发〔2011〕4号）和《财政部、税务总局关于软件产品增值税政策的通知》(财税〔2011〕100号）等文件精神，积极推动软件企业退税优惠政策落实工作，营造优良的产业发展环境。同时认真按照张德江副总理在全国工业和信息化工作会议上提出的“我们要下定决心把发展信息技术、信息产业和推进信息化作为一项重要战略，高度重视，加大投入，加快发展”等要求，真抓实干，因势利导，加快浙江省云计算、物联网、移动互联网等新一代信息技术产业的发展步伐，更好地服务于浙江省“两化融合”和“智慧浙江”建设，促进浙江省经济转型升级。全行业的主要任务是加快做大做强企业，提升核心竞争力，满足国民经济和社会转型发展的需求，促进产业、应用和需求形成良性循环。引导广大企业把握产业发展趋势，加大创新投入，加快完善产业链、提升价值链、构建生态链。

四、2014年展望与目标

2014年是实施“十二五”规划的关键之年，浙江省软件和信息技术服务业将坚持“围绕发展需要、突出创新融合、着力提高能力、发挥支撑作用”的工作指导思想，充分发挥其基础性、先导性、战略性产业的作用，为国民经济和社会各行各业提供服务和支撑，积极推动杭州市创建中国软件名城，形成以杭州为中心，宁波为次中心，金华、嘉兴、绍兴、台州、湖州、温州为新兴重点发展区，舟山、衢州、丽水为特色发展区的发展格局，重点抓好云计算、大数据、物联网、移动互联网等新一代信息技术产业，积极培育云计算服务、外包服务、数字内容服务、新型媒体服务等新业务、新业态，加快推动浙江省软件和信息技术服务业的发展。

2014年浙江省软件产业发展预期目标是：软件业务收入超过2300万元，同比增长20%，产业规模继续保持全国前列，占浙江省GDP的比重进一步提高。

五、下一步工作

2014年，浙江省将从以下几个方面继续推动产业快速、健康发展，力争实现软件业务收入超过2300亿元，使产业规模再上新台阶，同时更好地服务于经济转型升级、两化融合、“智慧浙江”建设等中心工作。

（一）进一步落实政策，保障产业良性、快速发展

继续落实好国务院和国家有关部门出台的《国务院关于印发进一步鼓励软件产业和集成电路产业发展若干政策的通知》(国发4号)、《关于软件产品增值税政策的通知》(财税〔2011〕100号)、《关于进一步鼓励软件产业和集成电路产业发展企业所得税政策的通知》(财税〔2012〕27号),《国家规划布局内重点软件企业和集成电路设计企业认定管理试行办法》(发改高技〔2012〕2413号）等政策措施。一是加强与省发改、财政、税务等部门的沟通协调，结合浙江实际，把国家支持软件和信息技术服务业发展的优惠政策落到实处。二是做好“双软”认定工作，发布、实施《“双软”认定实施细则》，完善工作体系，优化业务流程。三是做好宣传、培训和咨询工作，使企业充分了解国家产业政策，真正享受到国家政策优惠。

（二）支持软件关键技术创新，为信息经济发展提供新动力

抓住以“云物移大智”（云计算、物联网、移动互联网、大数据、智慧城市）为代表的产业发展热点，支持软件关键技术开发创新，提高软件产品供给能力，促进信息消费，支撑信息经济发展。积极争取国家“核高基”等重大专项的支持，突破智能终端操作系统、云计算管理平台、CPU-IP 核、大数据处理、自主可控信息安全等关键技术，形成核心知识产权，提升产业发展水平。用好浙江省信息服务业专项资金，重点支持基础与工具软件、工业软件、行业应用软件、网络与信息服务、集成电路设计等领域的技术创新。

（三）做专、做精、做强特色优势领域，助力两化深度融合

立足浙江省软件产业基础和块状经济特点，坚持差异化发展，围绕各行各业的应用需求，专注于做专、做精、做强特色优势领域的应用软件和解决方案，在电子商务、金融、财税、安防监控、医疗卫生、纺织印染、通信、交通等行业应用软件和整体解决方案上巩固和扩大优势，形成一大批全国“单打冠军”，进一步扩大市场占有率和品牌知名度。同时以工业软件开发应用作为促进两化融合的切入点和突破口，把工业控制和生产过程管理软件、面向节能降耗减排的监测控制和管理软件、提升工业产品智能化水平的嵌入式软件以及企业信息化解决方案作为开发应用重点，开展典型工业软件和行业解决方案的创新应用，推动工业软件在骨干企业、重点行业和产业集群中的应用，为改造传统产业和经济转型升级服务。

（四）推动产业向服务化转型，加强信息服务能力建设

抓住软件产业向服务化转型的趋势，引导软件企业从单纯开发产品向开发与服务结合转型，逐步适应软件后台化、服务前台化的产业发展特点，加强软件开发能力、系统集成能力，以及系统保障和服务能力建设，积极参与浙江省“智慧城市”建设试点示范工作，以应用促发展，使软件企业通过承担信息化项目，进一步提高综合能力，积累经验，以更好地支撑信息化建设。

（五）培育发展新业务、新业态，争创产业新优势

根据软件和信息技术服务业发展活跃，不断孕育和产生新技术、新产品、新业务和新业态，以及产业垂直整合和围绕平台竞争的态势，重点培育云计算服务、大数据服务、位置服务、数字内容服务、新型媒体服务等新业务、新业态，争取形成新优势，使浙江省在新兴信息服务领域继续走在全国前列。

（六）上下互动，协同推进产业载体建设

进一步抓好《部省市协同开展中国软件名城创建工作合作备忘录》的落实，继续协同工信部、杭州市共创“软件名城”，通过软件名城的创建，使杭州市成为浙江省软件产业发展的高地，扩大在国内外的影响力，引领和带动浙江省软件产业的发展。同时积极开展牵线搭桥等工作，支持浙江省有条件的地区加强软件和信息技术服务园区建设。

（七）培育发展重点企业，提高企业竞争力

加强优势企业群的培育，积极申报国家规划布局内的重点软件企业，支持重点成长性企

业做大做强，浙江省信息技术服务业专项继续向重点成长性企业倾斜，同时推动软件和信息技术服务业企业与风险投资（VC）、私募基金（PE）及其他社会资本的嫁接，争取更多的软件和信息技术服务业企业在国内外上市，增强企业综合实力，使浙江省软件产业入选全国软件百强、国家规划布局内的重点软件企业及上市企业数都居国内前列。

（八）推进软件和信息技术服务外包，拓展产业发展空间

协调推进在岸、离岸软件和信息技术服务外包，培育外包服务骨干企业，拓展外包服务市场。继续推动金融、电信、电力、卫生、税务等行业的软件和信息技术服务外包工作，做好对接服务工作；推动政府部门通过购买服务的方式将电子政务建设和数据处理工作中的一般性业务发包给专业的软件和信息技术服务企业，以培育软件和信息技术服务市场，同时提高政府服务效率，降低服务成本；引导大型骨干企业将信息技术业务外包给专业性公司，或将其信息技术部门剥离，成立专业的软件和信息技术服务企业，为行业和社会提供服务。

（九）加强产业基础数据收集和统计分析工作

充分发挥浙江省软件行业协会等机构的作用，全面了解和掌握浙江省软件产业发展基础数据，编制年度浙江省软件产业发展报告。同时根据《浙江省人民政府关于进一步加快发展服务业的若干政策意见》（浙政发〔2011〕33 号）的要求，继续加强与浙江省其他部门的协调与合作，坚持每季进行软件和信息技术服务业运行情况分析，并会同浙江省有关部门联合发布《年度浙江省软件和信息技术服务业统计监测报告》。

2013 年安徽省软件和信息技术服务业发展概况

2013 年，安徽省软件和信息技术服务业坚持以企业为中心、以创新为重点，优化发展环境，搭建服务平台，促进语音等特色产业做大做强，推动软件服务能力不断提升。安徽省软件和信息技术服务业保持了良好的发展势头，产业规模持续扩大，经济效益稳步改善。

一、基本情况

2013 年，安徽省规模以上软件企业完成软件业务收入 99.6 亿元，同比增长 32.3%；实现利润总额 21.9 亿元，同比增长 46%；税金总额 6.5 亿元，同比增长 47.7%；实现软件外包服务收入 6.4 亿元，同比增长 8.5%；完成软件业务出口 7396 万美元，同比增长 46.3%。

二、主要特点

（一）产业规模快速增长，企业实力不断增强

2013 年，安徽省软件产业规模首次突破 160 亿元，比“十一五”末扩大将近 1 倍。软件从业人员 3 万余人，其中科大讯飞、四创电子 2 家企业规模已超过千人。年收入超过亿元的软件企业达到 37 家，比 2012 年新增 4 家。安徽省新认定软件企业 114 家，登记软件产品 770 件，累计认定软件企业 527 家，累计登记软件产品 3425 件，新登记软件著作权 2000 余件。安徽省共有 91 家企业获得了计算机信息系统集成资质，其中一、二级企业 14 家，比 2012 年新增 2 家；6 家单位获得了信息系统工程监理资质。安徽省已通过 CMM/CMMI 认证的软件企业近 20 家。科大讯飞、继远软件、科大国创被认定为“2013—2014 年度国家规划布局内重点软件企业”；上市的软件企业有 5 家，其中美亚光电、科大讯飞入围福布斯 2014 中国最具潜力中小企业百强榜单；科大国创智能交通云计算数据中心在第二届智慧城市年会上获“中国智慧城市优秀解决方案奖”。

（二）软件业务稳步增长，结构不断优化

2013 年，安徽省规模以上软件企业实现软件业务收入 99.6 亿元，同比增长 32.3%。其中软件产品收入 50.7 亿元，同比增长 32.7%；信息系统集成服务收入 31.3 亿元，同比增长 12.4%；软件产品和系统集成收入占软件业务收入的比重达到 82.3%。软件产品以应用软件为主，2013 年应用软件实现销售收入 31.1 亿元，占软件产品收入的 61.3%；其次依次为嵌入式应用软件 8.1 亿元，基础软件 6 亿元，支撑软件 5.3 亿元，信息安全软件 1034 万元，软件定制服务 772 万元。应用软件中行业应用软件、管理软件、工业软件占前三位，行业应用软件主要应用领域为通信、交通、金融等。2013 年安徽省信息技术服务与嵌入式系统软件增势突出，安徽省实现信息技术咨询服务收入 5.7 亿元，同比增长 132.9%；数据处理和存储服务收入 5 亿元，同比增长 27%；嵌入式系统软件收入 6.7 亿元，同比增长 153.7%。软件外包服务与软件业务出口同步增长，2013 年安徽省实现软件外包服务收入 6.4 亿元，同比增长 8.5%，联发科技、

完美网络、马鞍山华彤等企业软件外包收入超过亿元。实现软件业务出口 7396 万美元，同比增长 46.3%，其中联发科技、泰禾光电、铜陵百舟、美亚光电、智明星通等企业出口额超过 500 万美元。

（三）产业区域聚集效应突出

安徽省软件产业主要分布在合肥、芜湖、铜陵、马鞍山等市，合肥高新技术开发区凭借政策和区域优势成为软件企业主要聚集地。2013 年，合肥市软件企业完成主营业务收入 138 亿元，同比增长 33.7%，占安徽省软件行业总收入的 86%。铜陵市软件企业完成主营业务收入 5.8 亿元，同比增长 38.1%；芜湖市软件企业完成主营业务收入 4 亿元，同比增长 7%；马鞍山市软件企业完成主营业务收入 3.3 亿元，同比增长 32%。铜陵、芜湖、马鞍山软件产业收入分别占安徽省软件总收入的 3.6%、2.5%和 2.1%。

（四）经济效益明显改善

2013 年，安徽省规模以上软件企业实现利润总额 21.9 亿元，同比增长 46%，平均销售利润率 13.6%，平均软件利润率 22%；税金总额 6.5 亿元，同比增长 47.7%。从业人员薪酬较 2012 年增长 59.8%，年人均报酬 6.7 万元，比 2012 年上涨 1.1 万元，软件人员市场价值进一步体现，同时也反映出软件企业用工成本不断上升。全行业资产总计 249.8 亿元，负债合计 93.6 亿元，资产负债率 37.5%，较 2012 年下降 4.5 个百分点。研发经费投入 22 亿元，同比增长 177.9%，研发投入占行业总收入的比重为 13.7%。

（五）部省合作共同推进安徽语音产业发展

2012 年，工业和信息化部与安徽省人民政府签署了《关于共同推进安徽省语音产业发展合作备忘录》，为安徽省语音产业乃至软件产业的发展提供了难得的机遇，安徽省提出了打造语音“百亿企业，千亿产业”的发展目标，先后制定了《安徽省语音产业发展规划（2013—2015）》、部省院市四方合作推进语音产业发展协议等，组建了推进安徽省语音产业工作领导小组，定期召开部省联席会议。启动了中国（合肥）国际智能语音产业园组建和招商项目入园签约议式，成立了安徽语音产业投资控股公司，目前已有 30 多个项目达成入园意向。争取到工业和信息化部发展基金 5000 万元的支持，同时安徽省经信委、发改委、科技厅共同支持省级配套资金 5000 万元，并带动合肥市政府配套资金 1.5 亿元，落实了语音产业园近期规划用地 1 平方公里，远期规划 3～5 平方公里的土地指标。举办了安徽省家电领域、教育领域语音技术推广应用会，启动了中国智能语音技术应用开发大赛。

（六）加强软件项目建设和调度管理

一是积极争取国家电子信息发展基金、核高基等专项资金支持，促进安徽省重点软件项目建设。落实部省共同推进安徽语音产业发展合作协议，协调落实国家电子发展基金项目对安徽语音产业发展的支持。二是充分发挥财政资金的导向作用，编制完成 2013 年软件项目投资导向计划，重点软件项目共计 77 项，项目总投资 7.7 亿元。其中续建项目 41 项，项目总投资 4 亿元；新开工项目 36 项，项目总投资 3.7 亿元。协调落实 2013 年度安徽省信息产业发展专项资金项目 47 项，安徽省财政专项资金 700 万元，引导企业和社会投资 4.4 亿元。三是加强项目调度，加强项目诚信建设。逐步建立和完善企业信用档案，依托已经建成的《安徽省经信委项目信息公开和信用信息共享专栏》建立各软件信息和信息技术服务企业信用档案，实行守信激励和失信惩戒制度。

（七）研究制订政策措施，创造良好发展环境

一是出台《安徽省软件企业认定管理办法实施细则》，已在安徽省实施。积极贯彻落实《财政部、国家税务总局关于进一步鼓励软件产业和集成电路产业发展企业所得税政策的通知》（财税〔2012〕27 号）的有关规定，协调落实软件企业和产品的减免税政策，2013 年软件企业享受优惠政策已退税 1.9 亿元。二是贯彻落实《国务院关于促进信息消费扩大内需的若干意见》，起草了《安徽省人民政府关于促进信息消费扩大内需的实施意见》（送审稿），实施意见结合安徽省实际进一步明确责任、落实任务，抓好重点，抓好示范，细化政策措施，主要内容包括明确总体目标、推进 8 项示范工程建设、促进 10 大重点信息产品消费、落实 81 项重点任务，同时提出了组建领导小组、设立省级引导资金、加强督查考核三项具体措施。三是积极开展云计算产业课题研究，制定了《安徽云计算产业发展行动计划》（简称“皖云计划”），提出了安徽省云计算产业发展目标、思路、发展重点和政策措施。

（八）搭建服务平台，组建产业联盟

一是建设进安徽省地产品促销信息对接服务平台。组建的安徽省名优特产品网上促销平台已正式上线，首期确定了合肥等八个市为试点单位试运行；二是积极做好安徽省智能语音技术及产品在电信、广电、家电、汽车电子等领域的广泛运用，2013 年以来以科大讯飞为龙头的技术及产品完成了国内三大运营商的战略布局，与国内六大电视厂商及歌华有线开展合作，在教育、汽车等领域全面推广其产品。三是引导组建软件和信息技术服务产业联盟。制定了《安徽省软件和信息技术服务产业联盟发展管理办法》，结合安徽省经济社会发展的实际情况，通过主动设计、企业推荐等多种方式探索建立政产学研用协同发展机制。目前安徽省智能电网产业联盟已正式组建运行。

三、存在的问题

（一）软件产业规模小

安徽省软件业务收入占全国软件业务收入的比重不足 1%，与发达省份有较大的差距，软件企业以中小规模居多，带动力强的骨干龙头企业不多，产业规模没有形成较大的突破。

（二）产业结构有待优化

软件产品和系统集成是安徽省软件产业的支柱，收入占主营业务收入的 80%以上，信息技术服务、嵌入式软件近几年有了较大发展，但在产业结构中比重仍较低。软件产品结构以应用软件为主，基础软件、系统软件、工具软件和平台软件占比较低，产品结构多处于产业链低端，产业化能力不够，需进一步优化。

（三）核心技术创新能力不足

软件企业整体研发水平不够强，云计算、物联网、大数据、新一代移动通信等新领域的软件研发和投入尚显薄弱。基础共性软件、平台软件开发和建设能力不足，缺乏具有一定影

响力的行业共性软件、公共服务平台、基于大数据的云服务平台等关键技术和服务。

四、2014 年展望与目标

2014 年是全面深化改革的开局之年，我国经济仍将处于结构调整期，经济下行的压力依然存在，但随着新一届政府简政放权、深化改革的政策措施逐步释放，将进一步激发经济发展活力，经济增长的内生动力将进一步增强，经济发展的总体趋势是稳中向好。同时，信息化投资加速、信息消费需求强劲增长、互联网应用迅猛发展、工业和信息化深度融合等有利因素，也将为软件和信息技术服务业拓展新的更大的发展空间。

2014 年预期发展目标：安徽省软件和信息技术服务业主营业务收入达到 190 亿元，同比增长 20%。

五、下一步工作

（一）积极贯彻落实国家促进信息消费政策

按照国务院印发的《关于促进信息消费扩大内需的若干意见》（国发〔2013〕32 号）要求，推进信息消费产品创新，发挥示范作用，着力推进 8 项示范工程建设，促进 10 大重点信息产品消费，推进信息消费试点示范市建设。帮助企业享受国家“双软”认定企业所得税、增值税优惠政策。

（二）大力推进智能语音产业发展

瞄准“千亿语音产业”目标，研究制定部省合作共同推进安徽语音产业发展 2014 年度重点工作计划，重点推进语音技术创新及产业化，推进智能语音产业园建设，推进语音技术在教育、汽车电子、互联网、广电等行业的应用，加强招商引资工作，发挥好语音产品在信息消费中的示范消费。借力国务院促进信息消费政策，争取工信部会同发改委、科技部制定出台促进语音产业发展方面的有关政策。

（三）重点抓好软件产业园建设

遵循软件产业聚集发展规律，依托合肥高新区重点建设合肥软件园，推进芜湖、马鞍山软件园建设前期工作，加强委、区、运营商合作，共同推进安徽 4G 应用软件园建设。发挥黄山、池州、巢湖等地生态环境生产力优势，构建企业软件创意总部经济基地。

（四）发挥龙头企业带动作用

支持 20 家重点软件企业发展，发挥科大讯飞、四创电子、继远软件、皖通科技、美亚光电、华恒电子等龙头企业的带动作用，推进语音技术产业、雷达技术民用、智能电网、智能交通、智能穿戴等产业发展，完善产业配套，创新政产学研用一体化发展新机制。

（五）推进重点信息产品示范消费

根据市场潜力较大，消费适应面广，产业牵动性强，技术比较优势突出的标准，推荐智能语音电视、汽车语音导航、移动互联网语音应用、教育语音产品、智能语音呼叫、智能机器人（语音翻译机、智能手表等智能终端）、工业软件、惠民信息集成软件、WiFi 广告宣传软件、移动支付等信息产品为“安徽省 10 大信息消费示范产品”，重点支持开发创新，重点组织宣传推广，形成技术开发、消费模式、商业模式、服务模式等创新示范，引领消费新潮流，促进消费新升级。

（六）大力培育发展大数据、云计算等信息服务新业态

落实工信部总体部署，在汽车、煤炭、有色、家电、高端装备等重点行业的龙头企业建设大数据平台，开展数据挖掘分析和智能决策，优化资源配置和业务流程，形成典型实践经验；积极推进食品、药品等行业建设第三方大数据平台，实现产品和市场的长期动态跟踪、预测与监督，提高宏观调控和市场管理水平。积极推进云计算在部门和企业的广泛应用，大力支持第三方云计算服务公司发展，重点建好安徽名优特产品促销云服务平台。

2013年福建省软件和信息技术服务业发展概况

2013年，福建省软件和信息技术服务业积极把握移动互联网、物联网、云计算、大数据等新一代信息技术发展热点，在两化深度融合、扩大信息消费、维护信息安全、服务民生、提升社会管理能力等经济社会各领域、各环节的渗透、支撑作用日益显著，软件产业继续保持高速发展，成为经济增长的助推器和发展新产业的孵化器。

一、基本情况

（一）产业规模及构成

2013年实现业务收入1014亿元，同比增长25.3%，居全国第9位。其中，软件产品收入330亿元，占软件业务收入的32.5%，同比增长26.3%；信息系统集成服务收入290亿元，占软件业务收入的28.6%，同比增长25.9%；信息技术咨询服务收入130亿元，占软件业务收入的12.8%，同比增长25.3%；数据处理和运营服务收入89亿元，占软件收入的8.8%，同比增长25.7%；嵌入式系统软件收入130亿元，占软件业务收入的12.8%，同比增长21.2%；IC设计收入46亿元，占软件业务收入的4.5%，同比增长22.2%。

（二）企业认定情况

2013年福建省新增通过认定的软件企业142家，累计认定软件企业1186家。其中，福州487家，占比为41.1%；厦门625家，占比为52.7%；泉州52家，占比为4.4%；漳州12家，占比为1.0%；龙岩7家，占比为0.6%；南平2家，占比为0.2%；三明1家，占比为0.1%。得益于福州、厦门软件园的聚集效应，福建省软件企业仍主要集中在福州、厦门两地。近年来，随着泉州市、漳州市经济发展的带动，经认定的软件企业也出现了快速增长的趋势。

（三）产品登记情况

2013年，福建省新增登记软件产品1242件，累计登记软件产品7894件。2013年新登记的软件产品主要分布在行业管理、信息管理、嵌入式、网络游戏、网络应用、安全保密等领域，涉及的行业日渐广泛，尤其以电力、医疗、证券、物流等行业的应用较为突出，在全国市场占有率上具有一定优势。随着物联网的兴起，带动了嵌入式软件产品的发展，近年来，福建省网络游戏软件呈现较快的增长态势，受智能手机、iPad等移动终端，特别是基于苹果IOS及安卓系统的软件市场兴起的带动，企业在移动互联网应用软件的研发、在手机游戏及手机应用软件开发方面，呈现了快速发展、不断创新的发展态势。

（四）技术开发情况

通过对2013年新认定软件企业的分析，福建省软件企业在软件开发工具上正逐渐改进，如开发移动互联应用软件工具Xcode及Eclipse等软件应用增多，软件工具正版的使用率逐渐提高，先进的开发工具使用范围进一步推广，研发能力得到进一步增强。随着企业对数据处理能力的要求日益提高，在数据库软件使用上进一步完善。开源技术的应用继续快速增长，核心技术的掌握能力得到提高，软件企业的自主研发能力进一步加强。

二、主要特点

（一）安全可靠工业控制系统产业获部省重视推动

2月27日，中央网络安全和信息化领导小组成立，习近平亲任组长，彰显中央对信息安全的重视。2013年8月，福建省省委书记尤权、省长苏树林、常务副省长张志南赴工信部协调相关事宜，部专题会议纪要明确要“支持福建省工业控制软件产业发展”。工信部领导多次表示支持部省市共同推动福建工业控制系统产业发展。目前，《福建省安全可靠工业控制系统产业发展专项规划》和《工业和信息化部福建省人民政府关于推进福建省安全可靠工业控制系统产业发展合作协议》已经起草完成，并经省政府办公厅征求相关单位意见。工信部和福建省印发的“两化深度融合专项行动计划”均将发展安全可靠工业控制系统产业作为重点工作加以推进。2013年9月，中海创IAP系统中标神华集团福建鸿山热电厂百万机组主控仿真系统与辅控项目，取得新突破。

（二）软件名城和园区基地集聚效应明显

工信部、福建省政府、厦门市政府于2013年11月底在厦门签署合作备忘录，共同推进厦门创建“中国软件名城”工作。工信部还明确支持福州市创建“中国软件名城”。目前，福州、厦门两市的软件业务收入占福建省的83%，并集中在福州软件园和厦门软件园。福州软件园已建成四期工程，入驻企业436家，其中产值超过亿元的企业26家。福州软件园海峡软件新城将于2014年投入使用。台湾新竹经贸科技产业大楼也落户福州软件园。厦门通过创建中国软件名城取得显著成效，示范带动作用和影响力快速提升。厦门软件园三期已于12月底开园，166家企业通过入园审核，首批入驻48家企业。中国移动手机动漫基地、中国电信海西通信枢纽中心、中国数码港海西运营中心、国家北斗产业化应用示范基地、中国统计信息云平台暨大数据研究服务基地等重量级央企或项目均落户厦门软件园。工信部还支持在厦门软件园建设“闽台云计算产业示范区”，并将政务、交通、医疗和教育四个云计算项目纳入全国试点。在信息安全、工业控制、手机新媒体动漫和网页游戏等领域，福建成为全国的聚集地和先导区。

（三）骨干企业市场价值和竞争力显著提升

福大自动化、星网锐捷、新大陆、国脉、福富5家企业入选第十一届中国软件业务收入前百家企业。福富、邮科、联迪、三元达、三五互联等19家企业被认定为2013—2014年度国家规划布局内重点软件企业和集成电路设计企业，比上一批次增加9家，取得历史性突破。福建省有34家软件企业的39项软件产品技术在相关细分领域位居全国第一乃至全球领先水平，如福昕阅读器软件直接和间接用户近10亿，包括谷歌、苹果、亚马逊等世界500强企业；瑞芯的数字移动多媒体高端芯片市场占有率全球第二；网龙的91手机助手是国内移动互联网领域首个用户数过亿的第三方通用平台，累计下载量已突破100亿次，2013年以19亿美金的价格转让给百度，成为中国互联网史上最大的并购案；联迪商用占有国内POS产品43%的市场份额，是唯一全线入围五大行及银联招标的厂商；星网锐捷宽带接入产品及固网支付产品市场占有率全国第一。

（四）动漫游戏跨越发展，品牌培育卓有成效

福建省动漫游戏产业发展良好，骨干动漫游戏企业保持了快速增长态势。中国移动手机动漫基地、中国电信动漫运营中心、四三九九、网龙、吉比特同比增长均达到50%以上。时代华奥的“海峡文化创意产业基地”入选国家文化产业示范基地，并推广了全球首部茶文化原创动画片《乌龙小子》。泉州功夫动漫公司制作推出的《卡西龙之寻龙记》与《小玩皮》登陆暑假全国四大卫视黄金档，创福建动漫行业先河。第六届厦门国际动漫节共达成签约及合作意向金额 11.6 亿元，吸引观众数达 10 万人次，影响力和知名度进一步扩大。福州动漫游戏展吸引观众 5 万人次。在第九届中国国际动漫节期间福建省企业共获得十余项荣誉，这也是福建企业收获最多的一年。通过举办动漫产业对接会、动漫游戏产业政策宣讲会、闽港品牌授权提升营商效益对接会、南南动漫产业合作研讨会等活动，有效促进了动漫业界的交流与合作。

（五）深化闽台产业合作，助力企业拓展市场

一是闽台两地联合成立闽台信息服务业产学研合作委员会，建立闽台新产品体验中心，共同举办智慧城市展、闽台智慧生活产学研专题对接会、闽台信息企业交流对接会、闽台企业家沙龙等活动，促成两岸软件企业在信息、交通、教育、医疗、云计算等领域达成多个项目合作意向。二是联合台北电脑商业同业公会和省直相关部门共同举办第三届海峡两岸信息服务创新大赛暨福建省第七届计算机软件设计大赛和福建省 2014 年 IT 行业毕业生专场招聘会，采用“展评聘”相结合的创新模式，促进两岸人才交流。本届大赛总报名人数超过 5000 人，组队 912 支，其中台湾赛区报名超过千人，组队超过百支，福建赛区所有 IT 相关院系全部参与，报名数量、入围作品数量以及参赛院系创历届最多。决赛环节有 215 支队伍参赛，71 名两岸 IT 专家、企业家担任评审，200 家 IT 企业现场招聘，提供就业岗位超过 5000 个，现场举办闽台 IT 人才职业辅导，推动闽台人才交流。三是组织软件企业以“海西软件”整体形象参加软博会和大连软交会。工信部副部长杨学山亲临“海西软件”展区，对福建省软件企业发展情况表示关心和支持，并对福建省软件产业发展给予高度评价。

三、面临的问题

（一）创新能力有待加强

IT 行业的竞争归根结底在于创意和创新的竞争。许多重大领域信息技术的运用，福建省内企业基本上还没有能力提供服务，无法满足各类需求。随着经济和社会发展越来越依赖软件和信息系统，对软件的支撑服务要求也越来越高，提升福建省软件企业的创新驱动、可持续发展能力迫在眉睫。

（二）人才问题仍较突出

一是人才结构不够合理，尤其是高层次的专业技术人才、领军人物、行业带头人比较缺乏，高素质的技能型人才严重不足；二是高校人才培养的质量与企业实际需求存在较大差距，

应届生缺乏有效的实践锻炼，学历教育的知识技能滞后于快速发展的产业应用技术，跨学科的复合型人才少；三是区域间、企业间人才竞争激烈，人员流动性大，流向珠三角、长三角区域的优秀人才增多。

（三）市场培育尚待加强

对于自主创新的软件产品，各级政府所提供可调控的“先行先试”市场条件还不理想，在包括能源、金融等在内的重大信息系统招标项目评估的过程中，福建省软件尽管从性能、质量、稳定性等方面已经可以满足用户要求，但因为用户信心问题，最终没能得到采用，这极大影响了产业的健康发展。

（四）融资信贷渠道缺乏

中小软件企业普遍反映由于产业的特殊性，无法提供相应的固定资产进行抵押，在融资信贷实际操作过程中仍存在很大困难。

四、2014 年展望与目标

展望 2014 年，福建省软件产业既面临着全球经济弱势复苏、市场需求萎缩的挑战，又面临着信息消费需求强劲增长、信息化投资加速、新兴领域加速发展等良好机遇，给产业发展带来了重要影响。

总体上看，2014 年福建省软件产业发展形势的基本判断如下：一是促进信息消费政策和创新驱动战略将加速落地实施、“4 号文”配套政策和实施细则的落实将优化产业发展的政策环境；二是市场规模在各种有利政策因素推动下呈现较好的增长态势，医疗、金融、电信等领域应用深入拓展；三是网络化、平台化、融合化等重要技术趋势深入发展，加速推进技术创新和产品创新；四是软件产业运行将在 2013 年高位增长、稳中有降的基础上延续缓中趋稳态势。

需要注意四个问题：一是软件出口低迷态势短期内难以逆转，二是软件企业面临着较大转型压力，三是产业链整合能力有待进一步加强，四是企业对软件人才的争夺日益激烈。

同时，有三个方面的热点值得关注：一是信息消费政策推动软件、内容、服务一体化发展，二是开源软件快速发展为软件产业创新发展提供弯道超车机会，三是新技术、新模式推动平台软件快速发展。

2014 年，福建省软件和信息技术服务业要围绕促进两化深度融合、扩大信息消费、提升信息安全防范能力等主题，突破关键领域，培育龙头企业，深化闽台对接，全年力争实现销售收入 1575 亿元，同比增长 25%。

五、下一步工作

（一）推进福建省安全可靠工业控制系统产业发展

争取部省支持，尽快印发《福建省安全可靠工业控制系统产业发展专项规划》，签订《工业和信息化部福建省人民政府关于推进福建省安全可靠工业控制系统产业发展合作协议》，落实好产业布局、体系构建、示范工程、重大专项、市场开拓、政府采购等工作，促进中海创、上润、伊时代等工控相关企业进一步整合资源，形成能够承担国民经济重大系统建设的能力和队伍；推动实现 IAP 工业自动化通用平台技术在电力、石化、地铁等重点领域的首台套应用突破，在试点示范基础上不断总结经验，逐步推广。

（二）扶持企业创新项目，培育信息消费需求

继续实施软件产业重大专项、优秀骨干人才承担的产业化项目和小微软件企业创业创新项目，实现对软件骨干企业、上规模企业和小微企业创新扶持的全覆盖，尤其在工业控制、信息安全、动漫创意、移动互联等新兴领域实施战略布局和有效引导，培育 30 家有核心竞争力的优势企业。支持网龙公司与台湾鸿海集团合作，推进“学生电子书包”等项目建设，争取在 3～5 年内打造全国最大的电子教育平台，推进“海西动漫创意谷”和“青年创业孵化园”等项目建设，帮助福建 IT 青年创业成功。

（三）加大产业园区和软件名城的建设力度

协调推进厦门市“中国软件名城”建设，支持福州市申报“中国软件名城”。加速福州海峡软件新城、厦门软件园三期、厦门海西微电子产业园和泉州软件园的建设进程，积极培育福州高新区海西园和龙岩、漳州等软件园区。继续组织软件企业以“海西软件”统一形象参加软博会、软交会、杭州动漫节、厦门文博会等大型展会，推介福建优势特色软件产品。办好第四届海峡两岸信息服务创新大赛暨福建省第八届计算机软件设计大赛；推进两岸软件和信息技术服务业的交流合作。

（四）推动动漫游戏产业跨越式发展

推进完善一批动漫产业园区（基地）建设，包括福州软件园国家影视动漫产业实验园，厦门软件园国家影视动画产业基地，海峡文化创意产业基地，海西（长乐）动漫创意之都，中国移动、电信、联通手机动漫基地等；壮大一批动漫骨干企业，包括中移动手机动漫基地、中电信动漫运营中心、中娱文化、游家、网龙、天盟数码、神画时代、吉比特、趣游等；扶持一批重点动漫平台，包括厦门国际动漫节、全国动漫春节晚会、福州动漫体验馆，以及中国移动、中国电信、中国联通三大动漫运营中心等；培育一批知名品牌，包括美图秀秀、囧囧、土豆侠、手机小子、星星狐、绿豆蛙、酷巴熊、毛毛王等。

2013年江西省软件和信息技术服务业发展概况

一、基本情况

（一）总体概况

2013年，江西省软件产业总体保持平稳较快发展，企业数量稳步增加，产业规模继续壮大，共实现软件业务收入65亿元，产业发展迈上新的台阶。随着云计算、物联网、移动互联网等新兴业态的兴起和商业模式的创新，江西省软件产业也加快向网络化、服务化、融合化方向发展，不仅与其他产业的关联性、互动性显著增强，同时还更加深入地融入社会生活的方方面面，有力地促进了信息消费。

（二）主要优势

1. 产业发展加速集聚

南昌高新区发挥国家服务外包示范区品牌优势，软件产业发展步伐进一步加快，集聚了江西省80%以上的软件企业，建成了国家级金庐软件园，形成了以软件研发服务为主的南大科技园，以信息服务为主的中兴产业园，以电子商务服务为主的浙大科技园，以呼叫中心服务为主的昌大瑞丰产业园，园区建设占用资源少、产业集中度高，楼宇经济特色鲜明。

2. 细分领域优势彰显

在智慧航道、电力调度、电力预算、电子签章、地理信息、第三方支付、游戏动漫等细分市场，形成了思创数码、泰豪软件、博微软件、金格科技、华宇软件、新和技术、腾王科技等一批特色突出并占据一定市场优势的企业，进一步丰富和支撑了江西省以应用软件、服务外包、高端嵌入、系统集成、游戏动漫等为重点的软件产业发展体系。

3. 人才培养扎实推进

基本形成了以南昌大学等高等院校信息工程学院、软件学院及软件职业技术学院为主，民办培训机构和社会团体、企业认证培训等为辅的软件人才培养体系。以IBM－先锋服务外包人才基地和江西微软技术中心为代表的人才培养和实训基地每年培训的软件技术人才数量超过1万人次。

4. 骨干企业不断涌现

许多国内外知名企业聚集南昌，先后引入了微软、日立、甲骨文、戴尔等世界500强以及贝塔斯曼、欧唯特、英华达、ACT等境外知名软件和信息技术服务企业。中兴、浪潮、用友、东软、浙大网新等国内知名软件企业和浙江大华、华平信息等上市公司先后落户江西。先锋软件主营业务收入率先突破10亿元，继续入选全国软件百家企业；思创数码、贝谷科技、泰豪软件、博微软件被列入2013—2014年度国家规划布局内重点软件企业。

（三）主要差距

1．产业整体综合实力不强

企业做大做强是产业发展的关键。江西省软件龙头企业少，引进的国内外知名软件企业以办事处或分公司居多，缺少规模大、带动力强的软件企业作为产业发展的龙头。

2．软件产品大多处于价值链低端

江西省经过认定的软件产品大多数都是较为低端的应用软件，产品附加值不高，软件开发工程化程度较低，市场竞争力不强。

3．资金投入严重不足

江西省软件企业绝大部分以中小型企业为主，企业轻资产现象较多，受规模和经营能力的影响，银行贷款难度大，风险资金引入难。此外，江西省战略性新兴产业发展引导资金要求企业项目投资在1亿元以上，软件企业项目投资一般难以达到要求，产业发展扶持资金严重不足。

4．软件高端人才缺乏

尽管人才培训具有一定特色和比较优势，但与高速发展的软件产业对人才的巨大需求相比，江西省软件人才仍显缺乏，特别是软件领军人才、实用型人才匮乏。与沿海发达地区人才政策相比，江西省吸引软件人才的政策力度更显不足。

二、2013年发展情况

（一）收入和效益同步增长

2013年，江西省软件产业实现软件业务收入65亿元，同比增长18.3%；实现利润11亿元，同比增长31.3%。

（二）信息技术服务收入增势突出

2013年，信息系统集成服务、信息技术咨询服务以及数据处理和存储服务实现收入42亿元，同比增长19.1%，三项合计占江西省软件业务收入的64.6%，表明江西省软件产业网络化、服务化、智能化发展趋势进一步明显。

（三）重点企业发挥支撑作用

2013年，重点调度的年主营业务收入达到亿元以上的20家企业实现主营业务收入75亿元，占江西省的73.5%。先锋软件为江西省首家突破10亿元大关的软件企业。先锋软件、捷德信息、汇天科技、时励数码、航天信息等企业业务收入增长超过30%。

（四）技术创新成显明效

2013年，江西省新增软件产品登记149件，累计登记987件；新增贝谷科技、博微软件、中投科信3家省级企业技术中心；思创数码承担的“核高基”项目“江西省电子政务综合应用平台与集成环境”顺利通过国家验收。

三、2014 年发展形势

（一）有利因素

1. 政策环境不断优化

各级政府、职能部门都重视软件产业的发展。随着国发〔2011〕4 号文件和国家促进信息消费扩大内需文件的出台，江西省也制定了相关的实施意见，明确了政策措施。江西省软件产业发展的重心南昌市制定了软件产业发展三年行动计划，南昌高新区也制定了一系列优惠政策，逐步形成了有利于软件产业发展的政策体系。

2. 市场需求促进发展

国家大力推进国民经济和社会信息化，随着云计算、物联网、移动互联网等新型业态兴起，以及“三网融合”、“智慧城市”等信息化重大工程的实施，对软件产业形成了巨大的市场需求。江西省软件以应用型为主，在管理软件、控制软件等方面具有比较好的发展基础。

3. 载体建设不断推进

目前，南昌高新区在进一步提升现有软件园区建设水平的基础上，已在艾溪湖周边规划建设了 500 亩国际软件产业园，按照规划一流、管理一流、服务一流、建设一流的标准，打造园林式软件产业园，园区总建筑面积达到 60 万平方米，将有效地促进人才、资金、技术、企业的优化组合，产生较强的集聚效应和示范效应。

（二）不利因素

当前，产业发展面临着外部竞争和自我提升的双重压力。全球竞争日益加剧，跨国企业凭借技术、产品、市场的优势，占据产业高端；国内经济增速降低，产业扩张及产业“西进”态势趋缓，承接产业转移难度加大，产业结构同质化竞争也日趋激烈；江西省软件企业规模不大，创新能力不强，获得政府资金、政策、人才等方面的扶持力度有限。此外，江西省产业发展优惠政策和软环境比较优势不及沿海发达地区和周边省市，竞争挤压强度增大，产业发展面临更大挑战。

（三）发展趋势

近年来，全球软件产业正加快向网络化、服务化、融合化方向发展。新技术、新业态、新模式不断兴起，商业模式、服务模式不断创新，信息技术服务门类不断增多，信息技术服务业增势迅猛。同时，软件技术加速向传统产业领域渗透，软件与硬件和服务日益深度融合，软件产业各种业态之间、软件与信息技术其他产业门类之间的边界日益交叉，软件产业已从传统的单一产品竞争发展到基于体系架构的产业链竞争，以软件为核心，终端、服务和内容的垂直整合不断深化。服务化、融合化发展趋势以及行业应用模式创新给行业管理带来重大挑战，江西省必须适应变革，加强行业管理和统计分析，密切跟踪产业发展动态，及时发现企业面临的困难和问题，提出预警和对策措施。

四、2014 年产业发展重点

（一）发展目标

2014 年，江西省软件产业主营业务收入将突破 120 亿元，培育年主营业务收入超过 10 亿元的大型软件企业 2～3 家，年主营业务收入超过亿元企业达到 25 家。

（二）发展重点

1. 行业应用软件

利用江西省行业应用软件较好的发展基础，围绕信息化建设，加强电子政务、电子商务、行业应用、物联网等领域软件研发，重点推进软件技术在交通、电力、电信、金融、教育、医疗等行业的深度应用。

2. 嵌入式软件

以联创通信、百特生物科技、日月明公司等企业为依托，重点开发应用于交通装备、通信设备、医疗设备、智能家电等领域的嵌入式软件，推进嵌入式系统的软件技术研发，促进重点领域嵌入式产品自主化及产业化。

3. 工业软件

围绕工业产业发展升级需求，结合“智慧城市”建设和“两化”深度融合，重点推进计算机辅助设计、辅助制造、生产过程智能化管理系统等软件的应用和研发，为建设数字化、智能化的工业体系提供有力支撑。

4. 新一代应用软件

依托先锋软件、思创数码等骨干企业，发展在云服务、物联网、三网融合和互联网增值服务等领域的软件研发与应用，进一步推动提升江西省在新一代应用软件领域的竞争能力。

5. 信息技术服务

大力发展基于网络的信息服务，培育基于云计算、物联网等环境下的新兴服务业态，积极发展电子商务服务，鼓励企业发展信息系统全业务流程服务，积极开拓运维市场，提高运维实施能力。

6. 软件服务外包

发挥南昌市国家级服务外包示范城市的产业聚集优势，重点承接国内外软件研发、呼叫中心、数据中心、人力资源服务以及金融、保险、通信等领域的外包业务。

（三）发展举措

1. 壮大龙头企业

集中政策、资金、资质和项目等资源，扶持重点骨干企业发展，着力培育壮大一批带动力强的龙头企业，鼓励扶持一批成长性高的中小企业做大做强。发挥先锋、思创等大型软件企业有自主知识产权、有稳定人才队伍、有核心竞争力的优势，带动软件产业发展，提升产业发展层次，提高产业发展质量。

2．打牢产业基础

积极贯彻落实江西省政府关于进一步鼓励软件产业和集成电路产业发展的实施意见，按照“一产一策”的要求，加快认定一批符合条件的软件企业和资质企业，鼓励企业实行专业化分工，拉长产业链条，抢占细分市场，实现集聚发展。

3．强化项目带动

加强对思创数码、泰豪软件、腾王科技等企业承担的国家核高基专项、电子发展基金专项、江西省战略性新兴产业项目的验收、实施和跟踪落实工作，促进项目尽早达效。做好项目储备工作，积极推荐汇天科技“基于北斗的智慧公安”、新和技术“公共智能语音缴费平台”、金格科技“可信应用电子签章”等一批优质项目申报国家电子发展基金、江西省战略性新兴产业重大项目。

4．推进载体建设

利用南昌市——中国服务外包示范城和南昌高新区——中国服务外包示范区的优势，不断巩固提升南昌高新区金庐软件园、南大科技园、浙大科技园等软件园区的建设和服务水平，加快推进南昌高新区国际软件园、南昌慧谷创意产业园、慧谷-用友产业园等一批软件园区建设，进一步拓展产业发展的物理空间，着力打造一批资源占用少、企业产出高的特色楼宇，充分满足软件产业快速发展的需求。

2013年山东省软件和信息技术服务业发展概况

一、基本情况

目前，山东省软件产业“名城、名园、名企、名品”协同发展的良好态势已经形成，济南成为国内第2家中国软件名城，国家超算中心、云计算中心等重大项目顺利落地；拥有14家软件产业园区，齐鲁软件园规模实力位列11个国家级软件产业基地前列；拥有22家上市企业，76家软件工程技术中心，6家企业入围全国软件收入百强企业，6家企业入围国家规划布局内重点软件企业，4家软件公司通过CMMI（软件能力成熟度）5级评估，259家企业获得计算机信息系统集成资质，浪潮齐鲁软件公司获得计算机信息系统集成特一级资质（全国4家）。累计认定软件企业1534家，登记软件产品7865件，自主知识产权产品和技术涵盖基础软件、通用软件、应用软件和行业综合解决方案等多个环节，初步形成了大中小企业协同发展、技术自主可控的产业体系。

二、主要运行特点

（一）产业规模持续扩大、效益向好

2013年，山东省软件业统计范围内企业共2172家，比2012年增加299家，是2009年的4倍；累计完成软件收入2264亿元，同比增长30.2%，是2009年的4.7倍。自2009年以来，平均增速超过30%，平均高于全国5个百分点。完成利润总额368亿元，同比增长15%。

（二）信息技术服务收入比重过半，网络化和融合化发展加速

近几年，山东省软件产业结构由传统软件开发模式走向软件和信息技术服务业全面、综合发展的格局。软件业服务化趋势持续发展，促使信息技术服务类收入不断提高。从分领域看，实现信息技术服务类收入1003亿元，同比增长31.1%，占比为44%。其中，集成电路设计实现收入26亿元，同比增长38.9%，增速比2012年同期提高21.4个百分点，超过全行业8.7个百分点，成为山东省软件业中增长最快的领域；数据处理咨询服务和信息系统集成服务分别实现收入203亿元和440亿元，同比分别增长38.2%和增长34.7%，实现软件开发收入793亿元，同比增长33.8%，超过全行业3.6个百分点。

（三）软件业务出口持续低迷

近年来，欧债危机持续蔓延，导致全球经济复苏放缓，外需持续疲软与波动，且受人民币汇率波动和人力成本上升等因素影响，山东省软件出口持续低迷，月度波动反复特征明显，已持续两年处于回落态势，2013年山东省软件出口增速分别低于2011年和2012年13个和35个百分点，下行压力较大。

（四）重点市地延续带头领先优势，多市地加快发展

经过多年的发展，山东省软件业聚集效应明显，产业布局日益优化。济南“中国软件名城”效应凸显，济南创新谷建设顺利启动，总面积 45 万平方米的孵化器建设已开土动工；青岛大力实施“东园西谷北城”软件产业发展战略，加快推进“千万平方米”软件产业园区建设，初步形成区域统筹、集群发展的软件产业空间布局。2013 年，济南、青岛分别完成软件业务收入 1337 亿元和 702 亿元，同比分别增长 28.6%和 32%，其中青岛同比增幅高于山东省 1.8 个百分点，拉动山东省软件业增长 9.8 个百分点，两市合计占山东省软件业 88.4%的比重，对其他市地的引领带动作用日益明显。超过亿元的市地中，增幅高于山东省平均增速的分别是临沂、莱芜、潍坊、烟台、东营、青岛和济宁，分别同比增长 55.6%、43.7%、38.4%、37%、34%、32%、和 30.3%。

（五）骨干企业、园区规模日益扩大，进一步提升自主创新能力

2013 年，山东省入围的 6 家软件百强和 7 家规划布局内企业共完成软件业务收入 680 亿元，共占全行业的 30%，研发投入增长 40%。其中，浪潮、中创自 2009 年以来已连续 4 年入围全国自主品牌软件十强。齐鲁软件园、青岛软件园企业超过 1000 家，软件收入占山东省比重超过 40%。骨干企业和园区在生产经营、科技创新、国际合作、节能减排等多方面起着重要的引领作用。

三、产业发展中存在的主要问题

（一）重视程度不够

软件作为最先进生产力的战略地位和重要作用还没有被充分认识和广泛接受，无视知识产权、忽视软件价值和“重硬轻软”的认识误区还在社会上普遍存在，重视研发而忽视推广应用。在经费投入上，重视研发产品的投入，而对于好产品（指各级政府支持项目，包括国家“核高基”项目）的推广应用力度和投入均不足。

（二）产业拓展急需新的载体空间

以高新区齐鲁软件园为核心的东部产业聚集区，载体空间已趋饱和；西部创新谷载体政策尚不明晰，配套建设有待加快，产业发展空间已成为吸引大项目落地和优势企业扩张的制约因素。

（三）中小微软件企业融资难、融资贵

软件企业绝大多数都是中小微企业，普遍存在规模小、缺乏抵押物、信用相对不如大企业等融资特点，在市场不景气的大形势下，对小微企业而言融资更加困难，无法获得合适的融资途径。

（四）人才培养存在瓶颈

软件产业最重要的生产要素是人才，软件技术发展很快，直接导致了大学课程与企业实际需求出现脱节的问题，这也是“一边是大学生就业难，一边是企业喊着缺人才”的原因之

一。从调研了解的情况来看，软件企业招收毕业生后仍需要投入大量的时间、金钱和人力进行再培训，毕业生才能上岗承担开发任务，因此部分企业“不缺订单，缺人才”的现象依然存在。同时，引得来、留得住的人才环境还有待进一步优化。

（五）经营成本加大，企业利润空间缩小

受经济下行压力加大和物价上涨等因素影响，企业业务收入增速变缓，人力成本和融资成本不断加大，企业利润空间逐步缩小。行业大客户门槛不断提高，中小微型企业难以承接大型基础设施投资的信息化项目，生存空间逐渐变小。

四、2014年发展思路、目标及主要工作

2014年预计完成软件业务收入超过2700亿元，提前一年完成“十二五”规划目标。

（一）继续做好名城推进和载体建设工作

加快建设济南中国软件名城，保障济南创新谷建设顺利开展，指导青岛、烟台等市加快发展。培育一批辐射面积大、聚集效益好的示范园区，在产业规划、平台建设、支撑体系等方面加强支持。

（二）培育骨干龙头企业

加强软件工程技术中心建设，形成品牌和规模优势。帮助企业用好若干政策，在移动互联网、云计算、物联网、工业控制等领域培育更多的技术服务类骨干企业。

（三）引进和培养高素质人才

依托IT桥梁工程师交流示范基地等载体，面向下一代通信网络、物联网、云计算等开展海内外高层次团队引进；建立信息技术服务领域中高层人才和适用人才培育机制，支持开展培训、实训和继续教育，实现实训平台和培训资源的共享和规模化。

（四）提升技术服务创新能力

积极推荐山东省内企事业单位申报国家各类专项。结合经济和信息安全需求以及山东省实际，做好专项的组织实施工作，适时发布需重点突破和掌握的关键软件技术以及面向工业领域和信息消费领域通用软件技术指导目录，引导企业在高端软件领域加快研发创新，加快安全可信关键应用系统集成创新和推广，构建自主可控的软件体系。

（1）加强对山东省及重点骨干软件企业的动态监测，做好软件和信息技术服务业运行分析系统直报工作，为保障山东省软件产业健康、快速发展提供决策依据。

（2）认真开展“双软”认定管理及备案工作。继续做好《关于印发进一步鼓励软件产业和集成电路产业发展若干政策的通知》（国发〔2011〕4号）等相关配套文件的宣贯落实工作，帮助企业享受有关所得税、增值税优惠政策。

（3）定期组织召开2014年度山东省信息技术产业经济运行工作会。

（4）继续协助山东省经信委跟踪分析和反映山东省软件和信息技术服务业在税改实施过程中遇到的新情况、新问题，为山东省“营改增”试点顺利过渡提供服务。

（5）大力促进信息消费，积极探索建设山东省软件和信息技术服务交易所（中心），进一步聚集信息和各类资源，提供软件和信息技术服务交易和服务的公共平台。

（6）加强政策引导，积极推进惠普国际软件人才及产业基地（济宁）建设。

（7）进一步完善济南市小微软件企业互助合作基金联保体运作模式并扩大试点范围，进一步完善济南中国软件名城综合服务平台功能。抓好济南市创新谷、青岛市千万平方米软件园等载体建设，积极吸引国际知名大企业、大项目落户。推动济南市建设更高水平中国软件名城；协调争取工信部软件服务业司对青岛软件产业发展的指导与扶持，并形成长效机制。

（8）积极培育壮大软件产业园区和软件工程技术中心，提升产业发展承载力与竞争力。

2013年湖北省软件和信息技术服务业发展概况

2013年是湖北省软件和信息技术服务业发展具有里程碑意义的一年。在湖北省委、省政府的高度重视和工信部的大力支持下，湖北省软件和信息技术服务业发展形势发生了深刻变化。2013年5月，武汉中国软件名城创建工作全面启动，8月，湖北省政府专门召开了湖北省推进软件和信息技术服务业发展工作座谈会，指出要进一步优化环境，汇聚资源，形成了部省市协同，各部门联动，合力促进湖北软件产业发展的态势。同时，湖北省软件业顺应服务化、网络化、融合化发展趋势，新兴业态不断涌现，规模不断壮大，发展进入快车道，迎来了一个高速增长期。

一、基本情况

2013年，湖北省软件业务收入709亿元，同比增长92.7%，占湖北省电子信息产业规模的23.27%。规模居全国第11位，比2012年前进2位，保持中部地区第1位。

软件业务收入在1000万元以上的企业857家，比2012年增加371家，其中5000万元以上的企业225家，比2012年增加69家；1亿元以上的企业119家，比2012年增加46家；5亿元以上的企业14家，比2012年增加9家；10亿元以上的企业8家，比2012年增加6家。

2013年新认定软件企业73家，注销59家，累计有效认定软件企业824家；新登计软件产品1012件，注销102件，累计有效登计软件产品3809件。湖北省获得计算机信息系统集成资质单位153家，其中一级4家，二级26家，三级106家，四级17家。全行业从业人员超过22万人。

二、主要特点

（一）省市区联动，软件名城创建工作稳步推进

2013年5月，湖北省启动了部省市共同创建武汉中国软件名城工作，这是新形势下进一步推动湖北省软件产业跨越式发展的重要的标志性事件。

目前，武汉市围绕中国软件名城创建工作，建立了工作领导小组和相应工作机制，出台了《武汉市人民政府关于创建中国软件名城的政策意见》，加大了财政资金对软件产业的扶持力度，用于扶持软件产业发展的财政资金额度已从每年1亿元增加到2亿元。武汉东湖新技术开发区也相应出台了《武汉东湖新技术开发区管委会关于进一步加快软件和信息技术服务业发展的若干政策》，促进武汉软件新城建设，进一步推进武汉创建中国软件名城，加快湖北省软件和信息技术服务业发展。

结合部省市协同创建武汉中国软件名城的工作要求，湖北省颁布实施了《湖北省人民政府办公厅关于进一步推进软件和信息技术服务业发展的意见》，从投融资服务、人力资源、政策环境等各方面，提出支持湖北省软件和信息技术服务业发展的指导意见，保持促进软件产业发展各项政策措施的延续性，为湖北省软件产业发展营造了良好的氛围和环境。

（二）企业实力不断增强，发展整体速度趋快

武汉邮电科学研究院以 44 亿元规模入选 2013 年（第十二届）中国软件业务收入前百家企业，列第 18 位，排名比 2012 年前进一位。武汉天喻信息产业股份有限公司、武汉达梦数据库有限公司、武汉中地数码科技有限公司、武大吉奥信息技术有限公司 4 家企业被认定为“2013—2014 年度国家规划布局内重点软件企业”，新增企业比 2012 年度增加 2 家。

湖北省多数软件企业增长速度加快，1046 家企业软件业务收入在原有基础上“存量”增长 114.8 亿元，平均增幅为 45.99%。新纳入统计的 1089 家“增量”企业，软件业务收入 280.5 亿元。湖北省软件业务收入从 2012 年的 368 亿元，增加到 2013 年的 709 亿元，2013 年比 2012 年净增加 341 亿元。规模领先的主要软件企业如烽火通信、天喻信息、百捷、高德红外等，软件业务收入保持了较稳定增长；也出现了一些发展形势较好、收入成倍增长的软件企业，如软通动力、中建智能、楚天广播信息网络、武汉雅图等。收入出现负增长的企业，多数原有规模较小。

从 2013 年每月的软件月报来看，湖北省软件业务收入增长平稳（见图 1）。

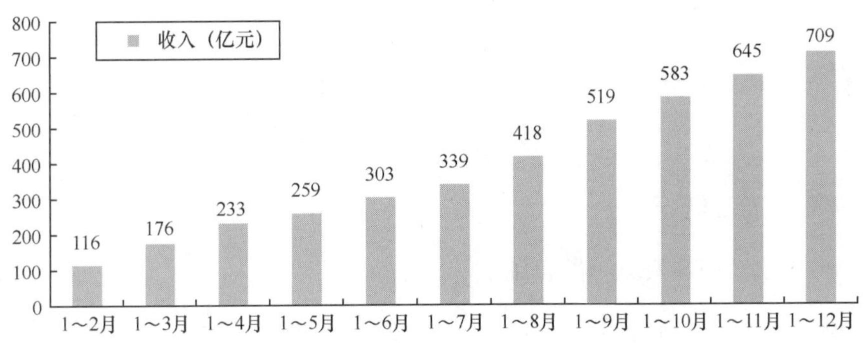

图 1　湖北省 2013 年 1～12 月软件业务收入逐月增长情况

（三）软件产品和系统集成仍是湖北软件业务收入主流

湖北省 2013 年软件产品收入 306.91 亿元，信息系统集成服务收入 141.23 亿元，两项合计占软件业务总收入的 63.17%，这两项业务收入依然是湖北省软件业务收入的主要构成部分（见图 2）。数据处理和存储服务收入连续 3 年呈现较快增长，目前已达到 135.22 亿元，近 3 年来其在软件业务收入中所占比重依次为 8.59%、14.26%、19.06%。

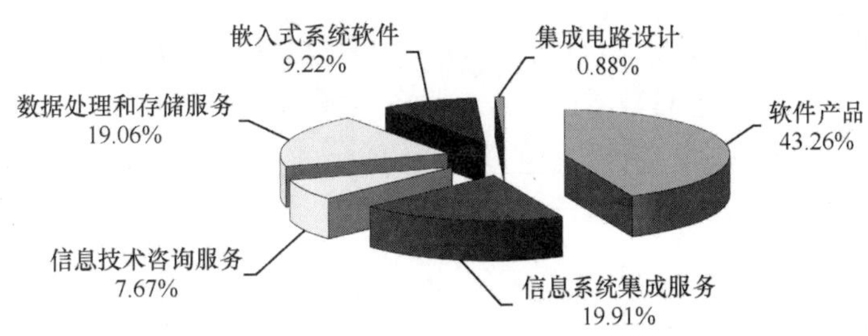

图 2　湖北省 2013 年软件业务收入构成情况

（四）统计范围进一步扩充

为推进武汉市中国软件名城创建工作，湖北省经信委、武汉市信息产业办继续对武汉市

软件和信息技术服务业进行摸底和调查，在湖北省软件和信息技术服务业年报统计中，将一部分电子商务、动漫创意以及基于互联网的研发设计外包等类别的企业，按照报表制度补充纳入软件和信息技术服务业统计范围，统计的企业数量从 2012 年的 1303 家，增加到 2013 年的 2368 家。统计范围扩充后，软件业务收入增长较快的重点领域为：数据处理和存储服务收入从 52 亿元增加到 135 亿元，增长 1.6 倍；嵌入式系统软件收入从 18.5 亿元增加到 65 亿元，增长 2.5 倍。

三、面临的问题

（一）产业发展不充分，整体规模偏小

湖北省软件产业虽然已形成了良好基础和条件并且发展较快，但与国内其他先进省份相比，总体实力相对偏弱，2013 年软件业务收入仅占全国的 2.32%，仅为排名第一的江苏的 13.7%。湖北省全国软件百强企业仅有 1 家，国家规划布局内重点软件企业有 4 家，行业领军企业、品牌企业、上市企业少，缺乏带动产业链发展的大型龙头企业。

武汉市 2013 年软件业务收入 703 亿元，在湖北省软件业务收入中所占比重为 99.02%，较 2012 年提高 0.67 个百分点。湖北省内其他市州的软件和信息技术服务业发展相对缓慢，襄阳、荆州、黄石、宜昌等 11 市州软件业务收入之和仅 6 亿元，竞争力较弱。

在全国 15 个中心城市中，软件业务收入武汉排名第 9 位，与软件产业发展先进城市相比仍有较大差距，发展仍不充分。

（二）产业创新能力需要进一步加强

以企业为主体的技术创新体系、科技成果转化机制、成果产业化促进机制以及公共技术服务平台建设需进一步加强与完善。企业创新成果转化及产业化率相对较低，部分技术创新优势未转化成市场优势。缺乏在互联网、移动互联网、物联网等环境下卓有成效的业务创新和模式创新，软件网络化服务、网络增值服务等新兴软件服务业态亟待推广。企业高层次领军人才和技术带头人才较为短缺，人才结构性矛盾突出，培养、引进和使用人才的内外部环境和激励机制尚不完善。

四、2014 年展望与目标

2014 年，湖北省将重点围绕武汉中国软件名城创建工作，贯彻落实《湖北省人民政府办公厅关于进一步推进软件和信息技术服务业发展的意见》，优化政策环境，推进产业园区和公共平台建设，推进优势特色产业发展，培育壮大市场主体，进一步推动湖北省软件和信息技术服务业又好又快发展，力争湖北省实现软件业务收入 1000 亿元，同比增长 35%。

五、下一步工作

（一）加快园区建设，引导产业集聚发展

一是以武汉中国软件名城创建工作为抓手，加快推进资源要素集聚和整合。与武汉市共同推广“工业软件应用促进计划”，鼓励软件企业从销售软件产品向提供软件服务转型，重点

选择 2～3 家软件企业进行推广应用。二是制订湖北省推进软件和信息服务业跨越式发展行动方案，细化落实加快软件和信息技术服务业发展的目标任务、行动纲领和工作举措。三是围绕重点园区，不断完善公共服务体系，创新服务运营模式，提高服务质量。

（二）突出产业优势，形成特色产业集群

一是推进软件优势领域发展。继续对湖北省地球空间信息、工业软件、嵌入式软件、服务外包等优势领域的企业和项目进行重点引导和扶持，培育龙头企业和新增长点，壮大产业规模。二是推动软件技术、产品和服务的一体化协同发展，延伸优势领域的产业链，以产业链优势提升竞争力。三是着力培育品牌，把技术优势、质量优势、行业优势聚合成为品牌优势，靠品牌带动产业发展壮大。组织优势领域软件企业参加国内外著名软件类展会，积极推介湖北省优秀软件产品，对参展费用给予补助。

（三）加大引导扶持，积极培育市场主体

一是主动参与承接产业转移，抓住机遇，加大力度引进 IT 领域知名企业落户湖北。二是引导和鼓励大中型企业分离生产性服务业，特别是软件和信息技术服务业，用好软件企业优惠政策，加快壮大软件和信息技术服务业市场主体规模。三是加强软件产业统计报表制度宣贯、人员培训等工作，提高统计人员专业能力和数据上报质量，将软件产业发展中不断涌现的新业态企业按要求纳入统计范围，实行大行业管理。

（四）加强协调服务，营造良好发展环境

一是加强政策引导，营造软件和信息技术服务业发展的浓厚氛围。建立与软件园区、企业的交流沟通机制，跟进服务，组织三次以上软件业政策宣贯和软件企业认定工作培训，加大工作协调，落实好国家和湖北省已经出台的软件产业有关鼓励政策。

二是抓好软件企业高管人员培训。会同武汉市有关部门举办软件企业高管培训班，聘请业内知名企业家、专家，提升软件企业市场理念、市场开拓精神和企业家精神。2014 年拟培训企业高管人员 40 人次。

三是继续推广信息技术服务标准（ITSS），推进软件产业服务化进程。加强 ITSS 应用的宣贯培训，鼓励企业参加标准符合性评估，研究对通过 ITSS 符合性评估的企业进行补贴。

四是全面落实政府机关使用本地正版软件的政策措施。为贯彻落实 2013 年 8 月召开的湖北省推进软件和信息技术服务业发展工作座谈会精神，湖北省经信委已会同湖北省政府采购中心成立联合工作专班，多次调研，下一步争取尽快出台政府采购支持湖北省软件和信息技术服务业发展的具体措施。

2013年湖南省软件和信息技术服务业发展概况

一、基本情况

2013年，湖南省软件和信息技术服务业实现软件业务收入255.65亿元，同比增长10.7%。其中，软件产品收入111.52亿元，系统集成和支持服务收入69.99亿元，信息技术咨询和管理服务收入2.63亿元，数据处理和存储服务收入6.08亿元，嵌入式系统软件收入65.34亿元。

截至2013年年底，湖南省已累计认定软件企业482家。这些企业中共有8家上市企业，收入上亿元的企业36家，其中10亿元以上企业4家。有24家企业通过CMM/CMMI3级以上认证；134家企业获得工业和信息化部计算机信息系统资质；2家软件企业入围2013年中国软件业务收入百强。

（一）产业规模平稳增长

湖南省软件和信息技术服务业从2001年到2011年一直保持年均25%的增长速度，居中部地区第一位。从2012年开始，湖南省软件和信息技术服务业进入平缓增长期和发展转型期，大量做纯软件开发的企业向服务化转型，软件产品的收入增长势头趋缓，服务收入的比重逐步提高，新业态处于培育发展期。

（二）移动电子商务快速发展

依托国家移动电子商务示范区建设，形成了中移电子商务等行业领军企业，移动电子商务快速增长，成为湖南省电子商务的支柱。2013年，中移电子商务公司月均交易额超过了100亿元，相当于2011年全年的交易额，全年累计交易额超过1200亿元，同比增长162%。快乐购等电子商务企业业务逐步向移动互联网迁移，比重约为30%。

（三）工业控制软件促进湖南省优势产业转型升级

工业控制软件作为“两化融合”的重要切入点，成为湖南省软件产业的优势领域，对工业的渗透由外围转向核心，推动了湖南省优势制造业核心竞争力的提升。在轨道交通领域，南车时代电气通过传统电气技术与信息技术对接融合，形成了七大核心技术，打造了我国高铁的“中国脑”、“中国芯”，居全国软件百强企业第17位。在机械装备领域，湖南省工程机械核心企业中联和三一立足于信息技术与机电技术的融合，分别组建了中联重科智能和三一智能，成为湖南省软件行业的骨干企业，通过自主研发的远程监控系统，可对遍布全球的机械设备实施卫星定位、远程监测、数据采集分析、故障诊断和技术支持，实现了由“生产型制造”向“服务型制造”的转变。智能控制软件的发展促进了湖南省智能机器人和3D打印的发展。

（四）园区服务能力不断提升

长沙软件园和长沙信息产业园整合后，服务能力进一步提升，目前聚集了长沙市90%的软件企业进入基地发展，出台了促进软件、电子商务及服务外包产业发展的政策，并将移动互联网产业作为新时期的发展重点，正在制定规划和政策。长沙中电软件园建设推进顺利，一期后续工程项目全部封顶，目前入驻园区总部大楼的企业有52家，引进企业250多家。株洲市正在规划建设信息产业基地，加大软件和信息技术服务业的招商引资力度。岳阳市获批国家北斗导航应用示范城市，岳阳市政府将加大对相关产业的支持。衡阳中兴网信基地建设接近尾声，为衡阳市信息服务产业园建设奠定了基础。

（五）科教人才优势进一步凸显

湖南省在软件和信息技术领域，在全国具有比较优势的主要是计算技术和机电一体化技术。在计算技术领域，湖南省新增1名院士，已达到3名，分别为国防科大校长杨学军、中南大学校长张尧学、国防科大软件所宋君强。在机电一体化领域，湖南省新增1名院士，达到2名，分别为南车时代电气的丁荣军、中南大学的桂卫华。

二、面临的问题与挑战

目前，湖南省软件和信息技术服务业还存在一些不足，制约发展的因素和问题较为突出，面临新的挑战，主要表现在以下几个方面。

（1）产业生态体系缺失，严重影响到湖南省软件和信息技术服务业的持续发展。一是缺乏大型骨干龙头企业，二是产业基地（园区）建设速度和发展水平与沿海地区相比差距越来越大，三是“数字湖南”建设中应用与产业的发展往往脱节。

（2）人才吸引力不够，结构性矛盾突出。湖南省在软件和信息技术人才教育上在全国有比较优势，但缺乏人才政策和大型企业，不仅难以引进人才，而且也难以留住人才，高层次、复合型、领军型人才依然缺乏，人才培养模式与企业市场实际需求之间还存在偏差。

（3）区域竞争加剧，湖南省面临东南西北夹击。从东面看，上海市自由贸易区将成为我国现代服务业的极地，对湖南省新兴的信息技术服务业产生了很强的极地效应。从南面看，广东省的信息服务业名列全国第一，强力挤占湖南省信息服务市场，挤压湖南省信息技术服务业的发展空间。从西面和北面看，四川省和重庆市正在规划建设电子商务强省，湖北省政府提出将武汉建设成“软件名城”，三地政府打造现代信息服务业的政策洼地，对湖南省信息技术服务业招商引资形成了巨大的挑战。

三、下一步工作思路

当前湖南省正面临软件和信息技术服务业的转型期和新的机遇期，下一步要抢抓新的机遇，加快行业发展。

（1）抢抓移动互联网的新机遇，打造移动互联网产业高地。尽快出台省政府鼓励移动互联网产业发展的意见和若干政策，深化国家移动电子商务示范省试点，做大做强移动电子商务服务；促进移动互联网产业和北斗导航产业、地理信息产业的融合，培育壮大车联网、远程测试诊断、安防等移动物联网服务；促进移动互联网技术与湖南省文化创意产业充分融合，大力发展移动教育、手机游戏、手机视频、手机阅读等移动内容产业；加快突破移动互联网应用服务的关键共性技术，加快推进移动互联网与云计算、大数据的结合；推动移动互联技术在工农业、社会管理、民生等领域的广泛应用；加快长沙市移动互联网产业集聚区建设。

（2）抢抓两化深度融合的机遇，大力发展工业软件。随着信息化与工业化的深度融合，软件和信息技术服务对工业的渗透逐渐从外围走向核心，要求不断拓展培育“两化”融合催生的新的产业形态。面向两化深度融合的需求，大力发展数字化、智能化、网络化的工业软件、应用软件和行业解决方案，引导工业企业和软件企业联合开展工业软件应用示范，鼓励电信运营商、信息技术服务商、互联网企业之间加强合作，突出从产业链的角度支持上下游企业、软件企业和应用、产学研用形成联盟，强化工业软件产业链对传统产业改造升级的渗透能力和支撑保障能力。

（3）抢抓智慧城市的机遇，大力发展系统集成服务业。智慧城市在实现传统产业升级改造，形成精确、敏捷、高效、全方位、全时段覆盖的城市管理新格局的同时，还对信息技术领域提出了导向性需求，为软件信息等相关产业快速发展提供了重大机遇。立足于智慧城市建设，加强产业链的垂直整合，发展完善从咨询规划、解决方案、系统集成到运维服务的信息技术服务业产业链。充分发挥通信运营商的龙头作用，扶持中兴网信等企业，建设专业信息服务运营平台，形成以平台型企业为龙头的新型信息服务业产业链。大力推广“开发一个应用，引进一个团队，培育一个产业”的建设运营模式，形成产业支撑应用、应用带动产业的发展格局。

（4）抢抓文化大繁荣大发展的机遇，加快发展数字内容产业链。依托新媒体的信息内容产业是文化产业的重要增长点，将凭借文化产业大发展的东风进入快速发展阶段。抢抓文化大繁荣大发展的机遇，推进信息技术与湖湘文化的融合发展，大力发展数字出版、互联网视/音频服务、移动多媒体广播服务、多屏互动电视服务、直播卫星广播电视服务等创新型信息内容服务业务，促进数字内容与新型终端及互联网服务相结合。

（5）着力优化产业生态，增强持续协调发展能力。引进和培育重点企业，积极培育孵化一批创新创业企业。引进相关培训机构，促进校企合作，建立产业人才招培供给服务体系，为产业发展提供人力资源保障。构建产业孵化、金融服务、技术支撑和信息交流等平台体系，积极引导风险投资介入软件和信息技术服务业，强化产业金融在产业培育中的作用。

2013 年广东省软件和信息技术服务业发展概况

2013 年，广东省软件和信息技术服务业呈现稳定增长态势，软件业务收入增速下降，软件出口保持增长，利润总额持续提升，税金总额保持平稳增长。珠三角地区软件业务收入增速稳定，粤北发展趋势持续向好。

一、基本情况

（一）软件产业规模持续稳定增长

2013 年，广东省软件业累计完成业务收入 4906 亿元，同比增长 20.0%。实现利润总额 841 亿元，同比增长 15.9%。实现企业税收 364 亿元，同比增长 18.2%。全年软件和信息技术服务业呈现稳中有降态势，自 8 月以来累计同比增速均低于 2012 年同期。

（二）产品类收入是支撑产业增长的重要力量

软件开发增速加快，完成业务收入 1346 亿元，累计同比增长 26.6%。嵌入式软件实现业务收入 1362 亿元，同比增长 14.5%。集成电路设计增速回落，累计完成收入 100.7 亿元，同比增长 24.9%。信息系统集成服务增长稳定，信息技术咨询服务行业及数据处理和存储服务收入增速下降，三项服务类行业业务收入占全行业的比重为 43.3%。其中，信息系统集成服务完成业务收入 813 亿元，同比增长 21.3%；信息技术咨询服务行业及数据处理和存储服务分别完成业务收入 415 亿元、869 亿元，同比分别增长 17.6%和 17.4%。

（三）珠三角地区软件服务业高度集聚

2013 年，珠三角地区软件业务收入占广东省的 99.9%，比 2012 年增长 20.1%。软件业务出口 182.4 亿美元，同比增长 13.4%；实现利润 687.2 亿元，同比增长 15.6%。其中，深圳实现收入 2973 亿元，占广东省的 60.6%，同比增长 20.6%。广州、珠海收入增速分别为 20.6%和 12.5%，分别实现收入 1594 亿元和 181 亿元。深圳、广州、珠海收入占广东省的 94.8%以上。

2013 年，认定软件企业 4317 家；新登记软件产品 6459 件，累计登记软件产品 37489 件。广东省获计算机信息系统集成企业资质的企业 806 家，其中一级 38 家，二级 90 家，三级 448 家，四级 230 家，分别占全国的 15.6%、16.5%、16.6%和 18.3%。软件业从业人员 76 万人，同比增长 3.6%；从业人员工资总额为 724 亿元，同比增长 5.5%。

二、主要特点

（一）软件名城带动产业集聚突出

经过多年的发展，广东省已经形成了以珠三角地区为主体，广州、深圳为中心辐射区，国家级和省级软件和信息技术服务业园区为载体的布局。2013 年，珠三角地区软件业务收入占广东省的 99.9%，同比增长 20.1%，产业集聚效应凸显。其中，以广、深软件名城为核心对广东省软件和信息技术服务业的带动作用更加明显，广州市实现软件业务收入 1594 亿元，同比增长 20.4%；深圳市实现软件业务收入 2973 亿元，同比增长 20.6%；两市产业规模占广东省的 99%。

（二）骨干企业规模持续壮大

广东省软件业务收入超过亿元的企业 501 家，全行业在境内外上市的企业累计超过了 110 家，其中 6 家企业（蓝盾股份、远光软件、和佳股份、任子行、中海达）入选福布斯 2012 中国最具潜力 100 家上市公司。16 家企业入选 2013 年（第十二届）中国软件业务收入前百家企业，软件业务总收入占全国前百家的 32.6%，居全国第一位，华为再次蝉联前百家之冠。75 家企业入选 2012—2013 年度国家规划布局内重点软件企业。获计算机信息系统集成企业资质的企业 806 家，居全国前列，其中一级 38 家，二级 90 家，三级 448 家，四级 230 家，分别占全国的 15.6%、16.5%、16.6%和 18.3%。

（三）技术创新能力明显提升

据国家版权中心统计，2013 年广东省软件著作权登记数量 26545 件，同比增长 19.9%，占全国登记总量的 16.1%，登记数量居全国第二位。世界知识产权组织（WIPO）公布的 2013 年全球专利申请情况，中兴通讯和华为分别以 2309 件和 2049 件专利数排名第二位和第三位。2013 亚太信息通信科技大奖赛，广州广电运通金融电子股份有限公司“Video banking solution”项目和广州华多网络科技有限公司“YY”项目分别获得金融行业应用项目金奖和新媒体与娱乐技术项目优异奖。广东省 4 件产品荣获中国软件行业协会 2013 年度推广优秀软件产品。在第十七届中国国际软件博览会上，广东省 23 件产品荣获金奖，20 件产品荣获创新奖。

（四）产业新兴领域不断拓展

当前，云计算、物联网、移动互联网等新一代信息技术已经渗透到经济和社会生活各个领域，形成了众多新的产业增长点。广东省软件企业积极把握产业发展趋势，拓展新的服务模式和领域。例如，品高软件在成立初期是以大型应用软件为核心，提供产品、解决方案和系统规划部署服务的专业公司，2008 年后着力发展云计算，研发出国内第一套商用基础云架构产品 BingoCloud 并迅速进入市场，目前公司已经成功转型成为以云计算技术为核心的软件产品及服务公司，更被两大国际云计算组织吸收成为成员单位。广东电信规划设计院通过切入 IT 咨询、管理咨询、海外业务、集客业务、社会信息化等领域，已从传统的通信设计企业向具有国际竞争力的软件和信息咨询服务企业发展。联想中望是一家以电信行业为主要服务对象的 IT 服务企业，在保持原有电信运营商核心支撑系统的传统优势的前提下，不断投入研发新产品，物联网运营管理平台、游戏运营平台、应用移动化中间件三个方向的创新研发已经成为公司新的利润增长点，并且每年都保持大幅度的增长。

（五）产业链带动效应明显

目前全球的软件业发展正呈现出软硬件垂直整合的趋势，在广东省，通过软硬件产业的互相带动，以及应用软件与基础软件的互相借力，龙头骨干企业对产业链形成和生态系统建设的带动作用日益显著。例如，海格通信在北斗导航领域连续多年持续投入，积累了大量的自主核心技术，通过兼并购等方式，目前已经形成“芯片→模块→天线→整机→系统”的全产业链布局的发展模式。珠海炬力在多媒体产品领域数十年的耕耘，已与下游20余家分销商、40余家系统方案开发商，近百家整机厂商形成紧密的产业链互动联合，通过炬力的产值成长，带动下游移动系统软件开发商、电视整机厂商、电子元器件商、模具厂商、液晶显示屏厂商等成百上千个产业链内的合作伙伴，在珠三角地区创造了年产值几十亿元的巨大效益。京华信息与中科龙芯、曙光集团等多家企业和高校共同发起了全国范围的“国产安全可控基础软硬件产业联盟”，旨在打造国内首个国产基础软、硬件平台及解决方案，促进全国产化产业链的形成。

（六）有力支撑产业转型升级

通过产业自身发展以及对传统产业的应用渗透，广东省软件服务能力不断提升，行业应用解决方案已基本能支撑电子政务、电子商务、金融服务、通信服务等领域的应用软件发展需求，软件产品和信息技术服务在企业管理、教育医疗、社会保障、城市交通、市政服务等领域得到广泛应用。例如，远光软件为电力行业提供企业管理软件及服务，在电力行业企业管理软件领域占有80%以上的市场份额。海格通信是我国军队通信信息化建设最大的整机设备供应商之一。广电运通是国内最大的金融自助服务系统提供商，其软件及解决方案已经广泛应用于“农、中、建、交、邮储”等中国各大主流金融机构。广州从兴电子业务涵盖通信、电力、交通、政府、远程教育、智能家居等多个领域。亿迅科技具有自有知识产权的“亿迅网络视频监控平台”广泛应用于“平安城市”安防视频监控、银行联网监控、电信机房无忧、数字校园等应用领域。

三、面临的问题

2013年，广东省软件和信息技术服务业发展虽然取得了一定进展，但仍面临着一些新问题。

（一）软件骨干企业实力仍需进一步提升

近年来，通过专项的扶持和百强企业培育计划的实施，广东省以广州、深圳为中心的骨干软件企业群体不断发展壮大，但普遍企业规模不大，与北京、江苏等省市比较仍有差距。即便是以华为、中兴等为代表的收入超过百亿元的软件企业，在规模、核心技术的掌握、产业链的控制等方面，与IBM、微软、甲骨文等世界级软件企业相比，差距依然十分巨大。

（二）在互联网化的大环境下，广东省信息技术服务业发展亟须转型

当前，全国软件产业服务化和网络化发展加速，在互联网冲击之下，软件企业的商业模式和服务模式逐步“云”化。2012年，全国信息技术服务类收入不断提高，在软件和信息技术服业中的占比和贡献率已经过半，成为支撑产业增长的重要力量。而广东省软件技术服务类收入占比只有四成左右，三项服务类行业业务收入增速均低于全国水平，显示广东省信息技术服务业发展仍有很大的进步空间，亟须转型升级。

（三）广东省产业政策有待完善和加强

近几年来，不仅北京、江苏、上海等发达地区出台强有力的政策推动产业集聚，集中资

源扶持大企业、新型企业和快速成长的企业，四川、重庆等地区也纷纷制定相应的鼓励政策，吸引各地软件和信息技术服务业龙头企业总部进驻或分公司落户当地。相对而言，广东省政策环境仍有改善空间，需进一步加强引导，以吸引国际、国内更多优秀企业向广州、深圳两市集聚，从而提升软件名城的核心竞争力。

四、2014 年展望与目标

展望 2014 年，尽管全球宏观经济前景仍然不容乐观、国际市场需求不振，加之原材料及人力成本不断上升，软件和信息技术服务业面临一定下行压力。我国软件产业在内外需市场开拓方面可能出现困难，产业发展走势存在走弱的风险。但与此同时，随着国发 4 号文件细则进一步落实、国家支持软件和信息技术服务业发展的力度进一步加大，软件产业发展面临着信息化投资加速、信息消费需求旺盛、软件服务化转型加快等重要发展机遇，而物联网、云计算、移动互联网等战略性新兴产业的逐步落地将有力带动数据处理、平台运营、存储服务等业务快速增长，产业有望实现逆势增长。2011—2012 年为我国“十二五”规划实施前期阶段，到 2014 年相关政策带动效应会逐步显现，产业结构更为均衡、合理，财政资金投入及税收方面具备有利条件，新兴应用需求将提供广阔的市场空间。广东省发展战略性新兴产业的专项资金管理、技术攻关、政银企合作、创业投资引导、创业风险投资等系列政策的出台和实施，将继续带动和支撑产业发展。广州深圳中国软件名城的创建以及国家软件和信息技术服务业基地的建设，将进一步增强广东省高端产业的集聚和发展。

预计 2014 年广东省软件和信息技术服务业将保持平稳快速增长，广东省力争 2014 年软件产业增长速度达到 22%，比 2013 年提升两个百分点，总产值突破 6000 亿元，促进软件信息服务消费。

五、下一步工作

下一阶段，广东省将积极贯彻落实党的十八大和十八届三中全会精神，围绕高水平的发展目标，营造全国领先的政策环境，推动产业创新和高端新兴产业发展，并将着力推动以下几项工作。

（一）培育软件骨干企业

实施软件百强企业培育计划，制定培育方案，实施“一企一策”。制定重点软件扶持目录，建设一批软件应用重点公共服务平台。支持企业申报国家“核高基”重大专项，为企业提供资金配套。实施软件和现代信息技术服务业专项，推动软件关键技术核心产品取得突破，带动全行业发展。

（二）着力推动工业核心软件发展

重点突破工业控制芯片、数控设备、国产操作系统等关键技术，推进核心软件技术研发和应用，改善生产工艺，提升生产效率。联合产业链企业制定工业软件相关技术标准。发布优秀工业核心软件目录。推进一批行业信息系统集成及示范应用。发挥龙头骨干企业引领作用，建设公共服务平台，构建产业生态系统。

（三）加强集成电路设计产业发展

进一步落实《进一步鼓励软件产业和集成电路产业发展若干政策》（国发〔2011〕4 号）、海关总署公告 2011 年第 30 号、《退还集成电路企业采购设备增值税期末留抵税额的通知》、《财政部 国家税务总局关于进一步鼓励软件产业和集成电路产业发展企业所得税政策的通知》（财税〔2012〕27 号）、《关于印发国家规划布局内重点软件企业和集成电路设计企业认定管理试行办法的通知》（发改高技〔2012〕2413 号）等文件细则。未来针对集成电路制造企业出台相关优惠细则，进一步优化产业发展环境，减轻企业负担。

（四）推动云计算产业和应用发展

制定出台《广东省云计算发展规划（2014—2020 年）》。重点在工业和政务领域建设 4 个公共服务平台，在民生服务领域建设 8 个应用项目，扶持 10 家龙头企业在云计算关键技术和核心产品方面取得突破。实施“粤港信息科技青年创业计划”，鼓励粤港青年开发云计算等信息技术应用商业计划，推广云计算技术应用。发挥粤港云计算服务和标准专家委员会作用，发布云计算安全保障标准，制定中小企业云服务采购指南，引导云计算产业发展。

（五）提升软件名城和产业园区建设水平

出台广州、深圳“中国软件名城”扶持政策，鼓励珠海积极创建广东省第三个中国软件名城。加快珠海、汕头、南海等软件产业园建设，加强财政专项资金投入力度，在人才、土地、融资、住房、高新技术等相关政策措施方面给予倾斜，推动软件产业集聚发展。

2013年四川省软件和信息技术服务业发展概况

一、基本情况

（一）产业规模稳步扩大，业务收入突破1600亿元

2013年，四川省软件与信息技术服务业继续保持平稳快速增长，增速比上年略有回落。全年完成软件业务收入1600亿元，同比增长22.1%，增加值744.6亿元，同比增长20.4%。

截至2013年年底，四川省累计认证软件企业1298家，软件产品登记5837件；现共有系统集成资质企业233家（一级7家，二级25家，三级130家，四级71家），计算机信息系统集成项目经理1646人，高级项目经理593人，监理工程师118人。从业人数突破20万人。

（二）基础设施建设加快，产业承载能力增强

截至2013年年底，四川省长途光缆线路长度54524公里，本地网光缆线路长度1017407公里，本地固定电话用户1314万户，移动电话用户6283万户，固定电话普及率16.3%，移动电话普及率78.1%。互联网宽带用户835万户，移动互联网用户6283万户。中国电信云计算基地、中国移动（四川成都）数据中心基地、中国联通IDC（成都）基地三大数据中心的建设，IBM西南云计算中心项目的实施等为产业发展与转型提供了更大的承载能力。

（三）以“中国软件名城”建设为抓手，产业集中度提高

坚持以“中国软件名城”建设为产业发展抓手，规划先行，创新为本，加快园区与公共服务体系建设，提升产业发展的支持能力，为云计算、大数据、移动互联网、物联网、数字内容及娱乐等新业态发展提供良好的发展环境。形成了以国家软件产业基地（成都）、国家集成电路设计成都产业化基地、国家信息安全成果产业化基地（四川）、国家数字娱乐产业示范基地和武侯科技工业园、青城山软件产业基地、双流物联网产业园为主要载体的软件产业发展聚集区，同时辐射周边，绵阳软件和信息技术服务业正蓄势待发，雅安、攀枝花等地利用智慧城市建设等契机，逐步做强做大软件和信息技术服务业。

（四）产业结构发生变化，产业结构调整转型明显

随着下一代互联网、移动互联、物联网、云计算、大数据等技术发展与应用的兴起，四川省软件和信息技术服务业产业结构进一步得到调整，信息服务类比重逐渐增大，2013年，信息系统集成服务、信息技术咨询服务、数据处理和运营服务等信息技术服务收入占四川省软件业务收入的60%以上。传统IT制造企业与基础运营商转型明显加快；基于云计算、移动互联的服务内容与模式不断丰富；数字内容产业快速发展，动漫游戏做大做强；信息安全产品发展势头旺盛；自主可控的产品门类覆盖逐步扩大。

（五）创新能力不断增强，产业可持续发展能力提高

创新能力是软件和信息技术服务业发展的关键，近年来，四川省着力引导企业提升产业创新能力。一是引导促进开发新的软件，提升软件产品登记数量，并加强知识产权保护，推进软件正版化。二是提升骨干企业的创新能力和承担重大信息化项目的能力。2013 年，企业研发投入占主营业务收入的 6.5%。四川通服、九洲集团、国腾集团、东汽自控等企业进入中国软件百强企业行列；九洲电器集团等 10 家企业列入国家规划布局内重点软件企业；银海、勤智数码、创意等企业进行了 ITSS 标准符合性评估。86 家企业的 456 件产品列入本地名优产品，四川省工业资金支持软件和信息技术服务业创新项目超过 2 亿元。

在各级政府的支持与参与下，四川省先后建立了国家软件基地（成都）公共技术支撑平台、移动互联网公共服务平台、公共服务信息系统、软件测试中心、信息安全测评中心、软件外包平台、数字娱乐软件开发平台、软件人才培训联盟公共服务平台、软件投融资平台等公共平台，为企业尤其是中小企业提升创新能力提供助力。

（六）优化产业发展环境，促进产业发展

2013 年，四川省积极落实国务院《进一步鼓励软件产业和集成电路产业发展若干政策的通知》（国发〔2011〕4 号），做好软件企业重新认证和软件产品登记等工作，重新认定软件企业 516 家，当年登记软件产品 1006 件，保证增值税、所得税等财税政策得以落实。

四川省在 2012 年开展省级机关及市州政府正版化的基础上，2013 年又进行县级软件正版化督导抽查，为软件产业发展创造良好环境。同时，配合四川省政府软件正版化工作办公室着手落实软件正版化软件资产管理工作。

认真做好行业运行统计监测工作，客观、及时地反映行业运行态势；发现异常，及时应对；为决策提供依据。

二、2014 年工作重点

（一）工作思路

深入学习贯彻十八大精神，坚持走中国特色新型工业化、信息化、城镇化、农业现代化道路，瞄准软件和信息技术服务业技术更新快、产品附加值高、应用领域广、渗透能力强、资源能耗低、人力资源利用充分等突出特点，抓住国家大力发展信息消费，智慧城市建设等契机，以“中国软件名城”建设为抓手，尽快做大做强软件和信息技术服务业，为推动信息化和工业化深度融合，加快经济方式转变和产业结构调整，提高国家信息安全保障能力和国际综合竞争力提供有力支撑。

（二）行业运行目标

预计 2014 年完成主营业务收入 2585 亿元，同比增长 20%；完成软件业务收入 1920 亿元，同比增长 20%；完成增加值 895 亿元，同比增长 20%。

（三）发展方向

（1）大力发展基于云计算的基础软件、平台软件与应用软件，积极探索服务模式。

（2）大力发展基于 3G、4G、下一代互联网、三网融合等嵌入式通信与网络软件，为信息基础设施建设提供支撑。

（3）加强智能终端、智能语音、信息安全等关键软件的开发应用，加快安全可信关键应用系统推广。

（4）面向企业信息化需求，突破核心业务信息系统、大型应用系统等的关键技术，开发基于开放标准的嵌入式软件和应用软件，加快产品生命周期管理（PLM）、制造执行管理系统（MES）等工业软件产业化。加强工业控制系统软件开发和安全应用。

（5）支持基于物联网应用、北斗导航应用等服务企业的发展，支持位置信息服务（LBS）市场拓展，大力发展地理信息产业，拓宽地理信息服务市场。

（6）加快教育、医疗、社保等民生领域软件开发与服务创新。

（7）结合“智慧城市”建设，发展智能电网、智能交通、智能水务、智慧国土、智慧物流等行业软件与服务。

（8）大力支持软件应用商店、软件即服务（SaaS）等服务模式创新，推进网络信息技术与服务模式融合创新，积极推动云计算服务商业化运营。

（9）丰富信息消费内容产品供给，鼓励动漫游戏、数字音乐、网络艺术品发展，加快数字内容生产、转换、加工、投送平台建设。

（10）大力发展支撑移动支付、互联网支付系统的软件与服务。

2013年贵州省软件和信息技术服务业发展概况

一、基本情况

2013年，贵州省软件和信息技术服务业实现软件业务收入70.7亿元，同比增长16.27%，比2012年增加9.9亿元，其中软件开发收28.67亿元，系统集成服务收入38.07亿元，信息技术咨询服务2.07亿元。

贵州省软件和信息技术服务企业300余家。截至2013年贵州省累计获得系统集成资质企业31家，其中，二级资质2家，三级资质23家，四级资质6家；信息系统工程监理资质企业6家；通过软件企业认定和年审企业73家；国家规划布局内重点软件企业1家；上市公司1家，另有5家企业正在开展筹备上市工作，东方世纪已通过全国中小企业股份转让系统公司审核，2014年1月24日在新三版挂牌上市。

2013年贵州省登记软件产品130件，累计登记软件产品592件，初步形成了以嵌入式系统、行业应用软件开发、系统集成、互联网和电信增值服务、智能电网、节能系统、数字安防、数字内容及多媒体等为主的多个业务领域，产品涵盖电子政务、食品医药、公共卫生、装备制造等行业。另外，朗玛公司申请移动通信转售业务试点，已与电信签订合作协议，正报工信部批准。

二、发展特点

（一）产业结构仍不均衡

2013年，贵州省软件产品收入28.7亿元，信息系统集成服务收入38亿元，软件产品和系统集成收入占总收入量的94%以上；信息技术咨询服务、嵌入式软件和IC设计等业务收入合计约4亿元，占总收入量的6%，在全国排名最后，比全国低41个百分点；收入结构的不均衡性仍很明显。

（二）产业聚集态势增强

2013年以来，贵州省软件和信息技术服务业聚集发展态势明显，聚集效益开始显现。以贵安新区电子信息产业园为代表的产业园区快速发展，基础设施建设逐步完善，吸引大量优秀企业和人才入驻。贵安电子信息产业园成功引进中国电信南方数据中心、富士康绿色隧道数据中心等大型信息产业项目；贵阳市引进北大方正科技园和京东电子商务产业园项目；遵义市引进“阿里巴巴·遵义产业带”电子商务项目，双方共同建设“阿里巴巴·遵义产业带”电子商务平台，目前已入驻企业211家。产业园区基础建设的推进和大型企业的引进与培养将有力推进贵州省软件和信息技术服务业的发展。

（三）品牌效应逐渐显现

截至 2013 年，贵州省逐步形成一批具有自主知识产权、在部分领域取得国内领先水平的本土化企业。例如，振兴铝镁公司铝镁嵌入式系统和控制软件、朗玛公司互联网和电信增值服务软件、万华公司数字化安防综合管理系统、大唐高鸿公司互联网信息服务和移动增值业务、黔驰电力公司智能电网管理软件、华城公司中央空调节能系统、精英公司公共卫生血液安全综合管理平台、亿易通食品安全电子监管执法解决方案、江南航天信息、卓讯公司装备制造业企业过程控制软件和管理软件等产品，在国内都有一定的知名度。

（四）项目支持力度有待加强

2013 年贵州省经信委支持软件和信息技术服务业项目 12 项，其中软件项目 11 项，动漫项目 1 项。12 个项目合计总投资 12474 万元，其中自有资金 9868 万元，资助金额 500 万元，资助比例仅为 4.0%，资助比例低且资助范围小。项目建成达产后可形成新增销售收入 32628 万元，实现新增利润 14492 万元，新增税收 2982 万元。同时按照以奖代补方式对 43 家软件企业 142 个补助项进行补助，补助金额 300 万元。软件企业产品开发和推广的周期较长，前期投入资金较大，并且贵州省的软件企业普遍规模小，盈利能力差，迫切需要加大支持力度。

三、2014 年发展形势分析

（一）存在机遇

1. 产业政策环境较好

2013 年 8 月国务院发布《国务院关于加快促进信息消费扩大内需的若干意见》（国发〔2013〕32 号），提出提升软件业支撑服务水平，加快软件相关领域的创新和发展。工信部发布《信息化和工业化深度融合专项行动计划（2013—2018 年）》，提出全面深化信息技术在工业企业和行业管理领域的应用，促进工业发展质量和行业管理水平的双重提升；加快电子商务、工业云、大数据等新技术、新应用驱动的新型生产性服务业蓬勃发展。2014 年，贵州省将继续贯彻落实这两个文件的相关要求，产业发展的政策环境较好。

2. 信息消费拉动软件业务需求

信息消费需求成为软件产业的新驱动力，随着宽带互联网的普及以及智能手机、平板电脑等智能终端的快速发展，面向通信、网络等方面的消费需求呈现迅猛增长的态势，推动移动支付、移动电子商务、位置服务等个人信息消费需求不断释放。此外，中国经济转型调整的加速以及工业化和信息化深度融合进程的加快，也将释放出巨大的需求，拓宽软件产业的发展空间。2013 年，贵州省积极申报信息消费和电子商务试点示范城市，试点城市如果申报成功将为软件产业发展带来机遇。

3. 两化深度融合带来发展机遇

在两化深度融合和工业强省战略的双驱动下，信息技术在工业领域的应用将得到进一步加强，提升工业生产效率和工业转型升级的工业控制软件、行业应用软件和企业管理软件将得到有力支撑和快速发展。

4．三网融合和第四代移动通信技术驱动产业发展

随着贵州省三网融合试点应用的逐步推进，三网融合的技术和应用逐步成熟，2014 年将迎来基于三网的视频点播、IPTV 等增值业务快速发展的阶段；2013 年 12 月，工信部正式向三大运营商发放 LTE 牌照，作为 4G 业务发展的元年，2014 年将迎来大流量移动增值业务爆发式增长的状况。

5．智慧城市建设带来新的机遇

2014 年，智慧城市建设进入实质推进阶段，直接拉动全国近 2000 亿元的 IT 投资，为政务、交通、医疗、教育、城管等领域的信息技术服务企业带来大额政府订单，使信息技术服务业务仍将保持快速增长。目前贵州省的贵阳、遵义、六盘水、铜仁等地都已成功申报国家智慧城市试点城市，随着智慧城市建设的推进，贵州省信息化需求也将进一步提升，有利于创造软件和信息技术服务业良好的需求环境。

6．电子商务发展迎来新的机遇

大型电子商务项目的落地实施，将奠定电子商务产业发展的基础，推动电子商务产业发展大跨越。过去两年，贵州省落地建设的京东电子商务产业园、阿里巴巴•遵义产业带和淘宝•特色铜仁馆等项目在 2014 年将初步形成生产力，带动电子商务产业在贵州的大发展。

（二）面临问题

1．产业规模依然偏小

从贵州省产业发展情况来看，贵州省软件和信息技术服务业仍存在产业规模小，贡献低，与周边省份差距拉大的特点。2013 年，贵州省软件和信息技术服务业实现主营业务收入 70.73 亿元，1～11 月为 67.8 亿元，同期重庆、四川收入规模分别为 683 亿元和 1386 亿元，分别是贵州省的 10 倍和 20 倍，而在 2002 年这一倍数关系仅为 2 倍和 5 倍，11 年时间贵州省与周边省份的差距越拉越大。贵州省软件和信息技术服务业收入占信息产业收入的比重为 10.6%，低于全国 20.4%（为 2012 年值）的占比，软件产业对信息产业的贡献不足。

2．企业竞争力弱

贵州省软件龙头企业数量少，企业规模小，平均资质水平低，CMM/CMMI 四级以上认证和系统集成一级资质仍是空白，贵州省软件企业企均收入 3368 万元，仅为重庆和四川的 25%（2013 年 11 月数据），企业竞争力弱，市场拓展困难。

3．扶持资金的捉襟见肘制约产业发展

随着大型项目的落地实施和新技术的快速成熟，产业发展将进入新一轮快速成长阶段，省市之间的竞争也将进一步加剧，而贵州省有限的扶持资金将成为项目引进和产业的掣肘。

四、2014 年目标及工作措施

2014 年，贵州省软件和信息技术服务业力争实现稳中有增，软件业务收入增长 20%以上，园区基础设施建设进一步完善，承载能力增强。为推动产业跨越发展，贵州省将从以下方面采取措施。

（一）营造良好的产业发展氛围，助推产业发展

一是抓好项目扶持工作，对各地区软件和信息技术服务企业拟建、在建和已建成的重点项目进行跟踪服务，切实做到提高总量、保障质量；二是做好企业帮扶和上规模辅导工作，力争打造一批本土的知名品牌；三是做好双软认定工作，与税务局进行对接，落实好国发〔2011〕4 号文相关税收优惠政策，营造良好的产业发展环境；四是充分利用软件公共服务平台开展行业技术交流、咨询服务、供需对接活动，推动信息化与工业化深度融合；五是继续支持开展专业人才培训，为软件和信息技术服务业跨越发展提供基础型人才，鼓励和帮助企业引进行业领军人才和创新团队。

（二）抓好贵州省软件和信息技术服务业发展规划实施

贵州省软件和信息技术服务业发展规划已编制完成，2014 年将用规划指导贵州省软件和信息技术服务产业发展，促进产业跨越发展。一是围绕“引进来和本地企业培育相结合”推动产业发展。继续培育龙头企业，通过人才、项目、政策等扶持手段促进本地企业发展壮大，同时加大招商引资力度，着力于引进国内外知名软件和信息技术服务企业及优质项目；二是培育软件市场，通过对 3～5 家重点企业进行应用试点，加大对企业管理、行业应用等软件产品的推广扶持，扩大软件市场规模，提高软件产品销量，提升产业总量；三是加快软件服务外包产业发展，如在服务外包产业发展方面，整合贵州省现有服务外包存量资源（如世纪恒通、山子科技等现有呼叫外包企业），引进知名服务外包企业，做大贵州省服务外包产业。关注华唐在贵州与贵州电子工业学校合作成立的呼叫外包运营公司发展，跟踪呼叫外包业务引进情况，在做好协调服务的同时，提高软件企业的竞争力，提升产业总量；四是全力支持做好电子商务招商工作，重点关注贵阳、遵义和铜仁电子商务招商情况，做好推动阿里巴巴、京东商城等电子商务集团落地项目的服务工作；五是推进贵州省云计算产业发展，在详细规划通过评审并正式发布后，制定产业发展推进阶段和具体项目的实施方案，重点推进政务云、贵安云、工业云、食品云、环保云等项目建设，明确各项目的开展时间、建设内容、建设投资、建设方案、建设周期、建设方式、建设责任单位，进行项目分解落实。

（三）推动大数据产业发展相关工作

2014 年 3 月 1 日，贵州省在北京成功举办贵州 • 北京大数据产业发展推介会，会后对签约项目跟踪落实和责任分解，并制定了 2014 年贵州省大数据产业发展相关工作计划。

1．建立工作机制

按照省政府第 25 次常务会议决定，“由王江平副省长牵头负责贵州省大数据产业发展的推进和协调工作、省经济和信息化委牵头做好贵州省大数据产业发展规划和相关政策制定实施工作”，在贵州省经济和信息化委员会设立大数据产业办公室，负责工作的具体协调推进。

建立高层次专家咨询委员会，为大数据产业发展提供高质量的决策参考和高水平的智力支持。由贵州省经济和信息化委员会尽快提出方案，报省政府。贵阳市政府、贵安新区管委会共同负责，牵头成立大数据产业联盟。

2．抓好项目落实

省直有关部门配合贵阳市政府、贵安新区管委会抓好项目落地工作，对已签约项目建立

工作进展公示制度，注重合同履约率、资金到位率、项目开工率、投产达产率，实行“一月一上报，一季一通报，半年一考核”；抓紧将意向性协议类项目转为合同项目；建立大数据产业动态项目储备库，借助专业招商，“筛选储备一批，跟踪落实一批”，引进更多优质企业和项目落户贵州。

3．启动“7+*N*”云工程建设

（1）加快信息基础设施工程建设。由贵安新区管委会牵头，三大运营商配合，尽快落实三大数据中心建设进度、责任人，强化共建共享机制。“7 朵云”工程建设主要依托贵安新区三大运营商数据中心，由贵州省通信管理局及贵州省经济和信息化委员会协调三大运营商整合各自优势，平等协商，统一向市场提供质优价廉的服务方案，提出云服务标准；贵阳市、贵安新区是大数据产业的主战场，贵州省内其他地方原则上不再新建数据中心；有效利用 700Mbps 频谱资源，在县城以下加快 4G 建设，用 2 年时间完成“小康讯”任务，贵安新区可先行先试。做好即将颁布的《贵州省信息基础设施条例》的宣传贯彻工作。

（2）年内全面启动“7+*N*”云工程。7 朵云的主体单位已经明确，分别由省政府办公厅、省发改委、省经信委、省交通厅、省商务厅、省旅游局、省食药局承担。要求各“云长”单位在 3 月 20 日前提交工作计划。抓紧编制大数据产业发展规划及 7 朵云的分行业规划，通过编制规划，充分认识大数据的商业价值、管理价值和产业价值，发现、激活其他云，挖掘新的云工程。

4．设立云上贵州・大数据贵州国际峰会

以峰会的方式探讨国内外大数据产业发展趋势，交流产业发展经验，搭建专业性招商引资平台，助推贵州省大数据产业发展。由贵州省经济和信息化委员会牵头制定工作方案，拟于 7 月与生态文明贵阳国际论坛同期举行。继续强化舆论效应。利用各种媒体、特别是权威主流媒体持续对大数据产业发展的宣传“保温增暖”，形成公众和业界“言大数据必谈贵州”的良好态势，吸引更多投资者和专业人才入黔发展。

2013年云南省软件和信息技术服务业发展概况

2013年，云南省软件和信息技术服务业积极应对经济下行压力，稳增长、促发展，保持和巩固了稳中有升的发展势头。

一、基本情况

2013年，云南省软件和信息技术服务企业131家，完成软件业务收入55.3亿元，同比增长3.2%；实现利润3.4亿元，同比增长30.3%；税金1.45亿元，同比增长1.7%；从业人员11575人，同比增长11.4%；从业人员工资总额10.3亿元，同比增长7.7%；完成固定资产投资17504万元，同比增长13.6%。

二、主要特点

（一）信息技术咨询服务和嵌入式系统软件收入高速增长

全年信息技术咨询服务收入1.65亿元，同比增长56.7%；嵌入式系统软件收入0.26亿元，同比增长45.8%。

（二）数据处理和存储服务收入平稳增长

全年数据处理和存储服务收入4.2亿元，同比增长10.9%。

（三）信息系统集成服务收入低速增长

全年信息系统集成服务收入41亿元，同比增长1.4%。

（四）软件开发收入小幅下降

全年软件开发收入8亿元，同比下降1.8%。

三、存在的问题

（一）市场需求减少，行业发展较慢

2013年，云南省工业面临产能过剩与市场需求不足碰头、价格下跌与成本上升挤压等复杂形势，工业经济下行压力凸显，工业企业生产经营较为困难，效益下降，在工业软件升级与采购等信息技术方面的费用支出大幅减少。

（二）产业规模小，龙头企业少

产业整体规模还不大，对云南省经济、社会发展的贡献还很小。同时，具有一定规模和

影响的企业不多，特别是具有带动作用的龙头企业和骨干企业较少，小型软件企业占绝大多数，规模化生产和市场竞争优势还未形成。

（三）产业链不完善，竞争力不强

产品品种多而分散、产品批量生产和经营的能力差，缺乏市场竞争力。社会信息资源开发利用不充分，信息技术应用领域不够深和广，信息服务市场亟待开拓。软件和信息增值业务仍处于起步阶段，社会公共服务网络和服务业务范围相对狭窄，服务能力弱，服务质量有待提高。

（四）高端人才匮乏，自主创新能力弱

吸引人才、培养使用技术骨干的机制和环境还不能适应产业快速发展的需要，人才培育与市场需求脱节，企业员工培训制度尚未健全；过于偏重人才总量，忽视人才质量，人才结构失衡，高端国际化软件经营人才、高级产品设计专家等高端人才匮乏，自主创新力量相对薄弱，从业人员整体素质和技术与管理水平有待进一步提高。

（五）自主创新能力弱，处于产业低端

核心专利数量少，缺乏自主知识产权的核心产品。企业研发投入整体水平偏低，技术创新与产业化结合不足，多处于产业链和价值链低端。在云计算、大数据、移动互联网、物联网等新兴领域的关键技术薄弱，与国内外差距较大。

四、2014 年展望与目标

2014 年，随着全面改革的不断深化、信息消费战略和创新驱动发展战略的不断推进实施，信息消费需求将不断释放，这将推动软件业加快发展；应用软件、信息技术服务、云计算和物联网等新兴领域的加速发展，经济转型调整的加速以及两化深度融合进程的加快，也将释放出巨大的需求，拓宽软件产业的发展空间。面对这些有利因素，预计云南省 2014 年软件和信息技术服务业主营业务收入将增长 15%。

五、2014 年工作重点

（一）加快推进产业基地化

坚持特色发展、错位发展，加紧规划建设软件和信息技术服务产业专业园区。省级及以上园区积极发展软件“园中园”或公共服务平台。

（二）积极推动产业规模化

以发展“智能电网”、“智慧交通”等为契机，围绕关键、重点环节，着力发展相关联配套的软件和系统集成服务。

（三）抓好重点项目建设

促进云南省能投集团与浪潮集团合作项目、国家北斗卫星导航应用项目等一批项目落地。推动政府部门互联网统一安全接入试点工程，加快推进云南省电子政府灾备体系、云南省政务服务信息化平台建设步伐。

（四）大力培育互联网产业

重点打造玉溪高新区、昆明经开区、呈贡信息产业园三大互联网产业基地，围绕信息网站、社区信息服务、电商等领域引进一批互联网知名企业入园发展。大力开展招商引资工作，积极争取国际、国内信息服务业、软件企业入滇、入园投资发展。

（五）务实推进与微软合作项目

抓好“小语种”软件研发及产业化项目、小语种软件技术研发基地、软件测评中心、微软 IT 学院合作项目、“云+端”实验室等项目落地工作。

（六）加强行业运行监测分析

完善统计制度，加强统计业务培训；做好对宏观环境变化、政策实施成效、行业发展动态的跟踪和分析，做好对形势的研判和预警。加强对营改增政策实收税负水平的监测分析研究，及时提出对策措施和建议。

2013年青海省软件和信息技术服务业发展概况

软件和信息技术服务业（以下简称“软件服务业”）是国民经济和社会发展的基础性、先导性、战略性和支柱性产业，对经济社会发展具有重要的支撑和引领作用。加快发展软件服务业，对于推动青海省信息化和工业化深度融合，推进工业经济转型升级和提质增效，促进信息消费成为新的经济增长点，具有十分重要的意义。

一、基本情况

（一）产业情况

青海省软件服务业因受各种客观因素制约起步较晚，青海省累计通过认定的“双软”企业3家，系统集成资质企业23家（国家三级资质企业1家，国家四级资质企业5家，省级资质企业17家），信息系统工程监理资质企业3家（国家丙级资质企业1家，省级资质企业2家）。业务范围涵盖应用软件开发和维护、信息系统集成、信息技术咨询、数据处理和存储服务、嵌入式软件、互联网和电信增值服务、数字安防、数字内容及多媒体等多个领域。

（二）产品研发情况

2013年，青海省重点支持了第三方管理平台、物联网管理、少数民族语言应用等软件产品的研发，主要产品有：青海赢合电子科技有限公司承担的“铝业质量管理数据监测平台”项目；青海国翔科技发展有限公司承担的“青海绿色农畜产品电子商务交易与供应链管理第三方平台”项目；西宁市公共交通有限责任公司承担的“高原中心城市公交物联网智能交通”项目；青海化青生物科技开发有限公司承担的“青藏高原清真食品物联网追溯系统平台”项目；青海海南州藏文信息技术研究中心承担的“藏文信息化平台”项目；青海洛藏数码科技有限公司承担的“青海藏汉英图文信息点读系统”项目等。

（三）软件业务收入

2013年，青海省软件服务业实现软件业务收入8952.18万元，包括软件产品收入674万元，信息系统集成服务收入5133.82万元，信息技术咨询服务收入735.71万元，数据处理和存储服务收入991.15万元，嵌入式系统软件收入1417.50万元。

（四）存在的困难和问题

1．产业规模较小，从业资质较低

86%以上的企业为小微企业，尚无一家能够引领产业发展的龙头骨干企业。企业主要集中在青海省经济发展较好的地区，但分布分散，缺少统一的产业集中区，无论从企业数量还是企业规模，都难以形成一定的产业规模。大部分省内企业不具备相关软件服务业从业资质，已有的资质企业资质级别低，企业普遍缺乏打造品牌和知识产权保护意识，市场竞争力不足。

2．融资困难制约产业发展

企业资金实力有限，有好项目需要贷款时，由于没有固定资产等做抵押，贷款困难。另外，行业竞争日趋激烈，有些企业回款难度大，进一步加剧了资金紧张程度，导致企业研发投入持续减少，无法实现重要技术的创新和高端产品的研发，阻碍了青海省软件服务业的快速发展。

3．人才缺乏成为制约产业发展的关键因素

软件服务业的行业特点决定了需要多层次、实用性、高水平的信息化人才和软件人才资源。由于青海省经济发展落后、就业环境欠佳等客观原因，无法吸引高端软件服务业人才来青海发展，青海省内企业只能采取短期聘请、委托等临时方式开展业务，难以形成长期的人才资源和业务水平积累。另外，青海省高等院校相关专业毕业学生较少，大学生经过两三年的工作学习，掌握一定技术后就会跳槽到发达地区就业，且人才回流不足，使企业引进人才难度加大，企业发展缺乏后劲。

4．信息化项目招标对资质要求过高

青海省信息化建设市场对本地软件服务业企业的技术水平了解较少，造成招标中对企业资质等级设置过高的前置性条件，人为限定招标的资质等级。加之青海省企业从业资质较低，使得省内许多大型信息化项目与本地信息技术企业无缘，造成市场竞争不公、地方税收流失等问题。

二、2014 年展望和工作重点

（一）工作展望

2014 年是青海省软件服务业发展的关键之年，按照青海省委、省政府的有关指示要求，青海省将本着“以招商引资为牵引、以企业发展为根本、以项目落地为核心”的原则，结合“建设宽带青海促进信息消费”、两化深度融合等专项行动，发挥信息产业发展专项资金“四两拨千斤”的推动作用，着重发展以下几种软件产品的研发及服务的应用。

1．工业软件

重点支持计算机辅助设计（CAD）、计算机辅助制造（CAM）、制造执行系统（MES）、过程控制系统（PCS）、产品生命周期管理（PLM）、产品质量检测追溯、企业经营管理、绿色制造等青海省工业企业转型升级和提质增效亟需的工业软件研发、二次开发和应用实施项目。

2．嵌入式软件

重点支持青海省工业企业生产装备改造升级所需控制类嵌入式软件和面向通信网络、医疗电子、交通运输、环保监测、消费电子等重点领域所需嵌入式软件研发项目。

3．少数民族语言软件

面向丝绸之路经济带沿线地区和国家，重点支持基于少数民族语言的输入法、即时翻译、商务协同等应用软件研发项目。

4．数字内容加工处理

重点支持基于青海省历史、地理、民族、宗教等特色文化资源的动漫、游戏、数字出版、

空间地理信息等数字内容加工处理技术开发和产业化项目。

5．信息技术服务

重点支持软件和信息技术服务企业面向青海省工业企业提供软件开发、软件测试、运行维护、设备租赁托管、知识产权保护等信息技术外包服务。支持信息系统集成企业开展信息系统设计、集成实施、系统运维等信息系统集成服务。支持信息技术服务企业开展业务咨询、信息化规划、信息管理、信息系统工程监理、测试评估、信息技术培训等信息技术咨询服务。支持信息技术服务企业开展在线支付、电子认证、位置服务、社交网络服务、移动互联网、物联网、云计算、云存储等基于网络的信息服务。支持软件和信息技术服务企业开发电子认证公共服务平台等信息安全支撑工具，开展工业等重要信息系统安全评测、风险评估、安全防护、冗灾备份、数据恢复等信息安全服务。

（二）重点工作

1．开展招商引资工作，扩大产业发展规模

2014 年，青海省将重点建设海东工业园区信息产业园，明确了 30 亿元招商引资、100 家软件企业入驻园区的目标任务，这是青海省历史上最大规模的信息产业发展计划。

2．制定支持信息产业发展的优惠政策

参考、借鉴省内外有关行政审批、建设（使用）用地、财税支持、投融资、人才引进、相关配套等方面的具体措施和做法，制定青海省促进信息消费支持信息产业发展的优惠措施，大力推动青海省软件服务业等产业快速发展。

3．成立信息产业协会，理顺产业推进机制

筹备成立信息产业协会，充分发挥行业协会的桥梁纽带作用，依靠市场手段促进产业发展。行业主管部门指导、支持协会开展工作，协会牵头在制定行业自律规范、职称培训、对外宣传等方面发挥主导作用，逐步形成产业推进的合力。

4．全面落实有关税收、融资等优惠政策

协调有关部门，全面贯彻落实各项软件和集成电路企业税收减免优惠政策；依托“千家中小微企业培育工程”开展软件服务业企业融资需求对接工作，切实解决企业发展的关键问题。

5．成立软件服务业培训基地，完善继续再教育培训

依托青海大学计算机学院、青海建筑职业技术学院信息系（由原青海邮电学院和青海建筑职业技术学院合并后设立）等教学机构，开设软件服务业继续再教育培训课程，以满足企业员工回笼充电、提升学历、职称评定等需求。

6．加强企业“双软”认证工作

加大有关政策宣传力度，引导企业增强从业资质意识、品牌意识和知识产权保护意识，支持、服务企业进行“双软”申请和认证工作。

2013年宁夏回族自治区软件和信息技术服务业发展概况

一、基本情况

（一）软件产业经济指标

2013年，宁夏回族自治区软件产业完成软件业务收入79315.2万元，同比增长23.5%，实现平稳快速发展。其中，软件开发收入33392.7万元，同比增长47.4%，占软件业务收入的42.1%；信息系统集成服务收入32781.0万元，同比增长4.8%；信息技术咨询服务收入4097.5万元，同比增长45.7%；数据处理和存储服务收入3016.8万元，同比增长14.1%；嵌入式系统软件收入6027.08万元，同比增长24.2%。

（二）企业数量迅速扩大

截至2013年12月，宁夏回族自治区经认定的软件和信息技术服务企业122家；经认定的软件企业115家，相比2010年的34家增长了208%；经认证的计算机信息系统集成企业19家，其中12家同时具有软件企业资质；通过CMMI国际认证的企业5家；通过ISO2000质量系统认证的企业28家；软件业务收入超过3000万元的有6家；超过1000万元的有20家；所有认定的软件和信息技术服务企业均是本地成长起来的企业。

（三）产业集聚效益明显

截至2013年12月，银川市的软件业务收入占宁夏回族自治区的96%，已经形成软件和技术服务区域性中心。银川IBI育成中心容纳了宁夏回族自治区66%的软件企业，从2013年7月正式运行以来，逐步打造具有软件技术、软件人才、科技金融、商贸服务等支持功能的高水准综合服务平台，已经成为宁夏回族自治区科技创新的高地和人才聚集的洼地，是宁夏回族自治区科技企业创新管理的示范点，在全国具有一定的影响力。建设二期已经启动，承载能力和服务水平将进一步提高。银川科技园也在加紧建设，将是宁夏回族自治区软件产业的又一重要平台。

（四）全国影响力逐步扩大

2013年6月，在十一届中国（大连）国际软件和信息服务交易会上，宁夏回族自治区共获得8项大奖，其中宁夏回族自治区经信委获得“优秀组织奖”，宁夏软件园获得“最佳服务园区”奖，宁夏先锋软件有限公司、银川育星达科技有限公司和银川中小在线资信服务有限公司分别获得“最具潜力奖”，宁夏英特斯派电子商务有限公司获得“最具竞争力产品奖”，宁夏计算机软件与技术服务有限公司和西部安全认证中心有限责任公司分别获得“最佳解决方案奖”。

（五）软件企业创新能力不断提高

截至 2013 年 12 月，宁夏回族自治区累计登记软件产品 528 件，仅 2013 年宁夏回族自治区共登记产品 105 件，居西北 5 省第 3 位。产品主要基于物联网、云计算、SaaS、嵌入式、互联网、Android 等技术；主要涉及两化融合、能源产业管理、羊绒产业管理、社会医疗保险管理、民政救助管理、中阿电子商务、教育信息管理、设施农业管理、食品安全追溯、廉政风险防范管理等领域，基本能满足宁夏回族自治区各行业的信息化需求。

（六）各行业应用特色显明

宁夏希望信息产业有限公司开发的煤炭行业 ERP 已经在宁东、石嘴山、乌海、靖边等地使用。银川方达电子系统工程有限公司和宁夏计算机软件和技术服务有限公司开发的医疗、社保系统占居宁夏回族自治区绝大多数市场。宁夏亚视电子科技有限公司的教育信息化系统已打入甘肃、青海、内蒙等地市场。宁夏电通集团的物联网技术已经走在全国前列并引入北斗技术。宁夏网虫信息技术有限公司互联网内容服务西部领先。宁夏新科动漫有限公司的动漫影像作品已得到广泛认可。还有很多软件企业在各自行业信息化中继续坚持培养自己的特色。

（七）企业生存能力显著提高

截至 2013 年 12 月，宁夏回族自治区认定的软件企业中暂时没有注销营业执照的现象，都能正常经营和开发软件，其中很多是 10 人以下或收入 50 万元的微型软件企业。能正常经营主要是因为大多数软件企业开始行业渗入，不仅销售产品，还提供软件定制开发、网络运行维护、系统集成服务、信息技术咨询服务、数据内容服务等，主动扩大服务范围，绑定服务单位，实现稳定收入，保障了企业的生存。许多微型软件企业积累了一定的开发经验，掌握了特定领域的开发技术，为大中型软件企业提高外包服务，互相依存。还有一些软件企业是由专业人员创建，对从事软件行业的信心比较坚定。

（八）存在的问题

1．软件产业人才不足

软件产业是智力集中型产业，主要依靠智力开发。通过对宁夏回族自治区主要软件企业的调查，保守估计宁夏回族自治区软件人才缺口超过 2000 人，缺口比例超过 65%，中高级人才的缺口比例更大。主要原因是区内高校每年信息技术相关专业毕业生不足 500 人，软件技术相关专业不足 200 人，而且很大一部分被国有金融、能源、资源、通信企业抢走或外流到发达地区；区外高校毕业生和研发人员因为待遇、平台等原因不愿来宁发展。

2．企业的综合竞争力不足

宁夏回族自治区软件企业因为缺乏软件产业的核心技术、现代管理经验、推广销售能力，在全国综合竞争力不高。例如，掌握操作系统、中间件、数据挖掘、云计算、大数据、集成电路设计等高端软件技术的企业少；具备完善项目管理规范、人力开发机制、金融操作机构的企业少；具备较强营销推广队伍和能力的企业更少。

3．企业互补能力不足

从整体情况看，宁夏回族自治区软件企业虽然各有特点，占据不同服务行业，但交互性不强，互补性弱，横向合作不够，缺乏技术和业务交流。联合设计、开发、竞标的经验不足，很难与区外具有高资质的企业抗衡，例如交通、电力、能源、金融等领域的大项目基本被区外企业所垄断。

4．公共服务能力不足

宁夏回族自治区软件产业发展还在初级阶段，还没吸引到各级领导的关注，得到的公共服务资源还不足，例如产业发展政策未能继续优化和提升，产业专项扶持资金规模较小，技术支撑公共服务平台、人才建设服务平台、社会融资服务平台、认证管理服务平台还未建设和完善。

二、2014 年工作重点

（一）建设宁夏工业大数据综合管理与应用平台

依托大数据、云计算、物联网等新一代信息技术，建设涵盖宁夏回族自治区工业企业、园区、县、市工信系统到自治区各工业经济相关部门五级服务、四级建设的互联互通的开放平台，形成一个多元采集、集中存储、管理规范、应用全面、可视化展示的宁夏回族自治区经济和信息化数据库系统，提高工业管理部门对区域经济发展的研判和服务水平，辅助领导准确决策。同时开展以工业大数据应用为主导的信息服务模式的探索和应用，通过该平台为企业和社会提供工业相关的数据服务。

（二）加大物联网应用推广力度，推动两化融合

在政府监管领域推广应用物联网技术，特别是工业运行和能耗监测方面，推广应用物联网技术采集监测企业信息，选择企业启动试点工作。联合其他政府主管部门在安全、环保、物流等领域，大力推广应用物联网技术；在企业生产和社会管理中推广应用物联网技术，拓展物联网应用领域，助推传统产业改造升级；鼓励和支持物联网产品生产和研发工作，加大招商引资力度，逐步做大产业规模。

（三）推进软件服务业全面支撑工业转型升级

积极部署软件服务业企业为工业转型升级做好技术支撑，深入研究工业软件体系建设的方向，明确推进任务；加强软件及信息系统集成企业与工业企业的需求对接，了解行业特点，有针对性地进行产品研发，构建宁夏回族自治区两化融合软件体系；与行业协会密切协作，向宁夏回族自治区各行业工业企业积极推介成熟的工业软件产品。

（四）加大扶持中小微企业，优化环境吸引区外企业

依托银川 iBi 育成中心，协助招商引资，帮扶小微企业和创业初期的企业发展。积极推动宁夏网虫股份有限公司等企业新三版上市、拓宽资金募集渠道。科学发挥自治区软件产业发展专项资金的撬动作用，积极申请国家扶持资金。同时依托宁夏内陆开放型经济试验区大平台，借助银川综合保税区建设和西部云基地建设的机遇，提升各项服务，吸引有势力的软件企业入驻宁夏，开拓阿拉伯和中亚市场。

相信在工信部各级领导的大力支持下，宁夏回族自治区软件产业将保持快速发展，必将成为宁夏回族自治区经济增长的“倍增器”、结构调整的“助推器”、发展方式的“转换器”。

2013年大连市软件和信息技术服务业发展概况

2013年，在国内外经济形势持续严峻，产业结构调整加速，产业升级日趋迫切的大背景下，大连市软件和信息技术服务业以“高端引领、创新驱动、深化融合、加速转型”为方针，紧紧围绕自主创新、建设产业集群、培育大企业、创建产业联盟、创建软件名城、人才培养和引进、完善公共技术服务平台等方面开展工作。全年产业仍然保持了平稳快速的增长态势。

一、基本情况

针对日元汇率持续下跌、欧债危机、投资需求拉动减弱、宏观政策调整等不确定因素影响，大连市软件和信息技术服务业继续坚决贯彻执行《大连市软件产业统计工作制度》，进一步扩大行业统计规模，在市、区、企业三级统计制度的基础上顺利完成了行业发展“五项工程”的目标。2013年，全年实现软件业务收入1350亿元，比上年增长31%，实现出口43亿美元，比上年增长22%；从业人员21.6万人，企业1896家，其中外资企业接近500家，60余家世界著名跨国公司在大连市设立了全资研发中心和信息技术服务中心；百人以上规模的企业394家，千人以上规模的企业28家。从业务结构上看，国内市场占81%，出口占19%，随着上报统计数据的企业不断增加，行业数据继续呈增长势头。

（一）销售收入构成与分析

2013年度，全年软件业务收入1350亿元，其中软件产品收入515亿元，占总销售收入的38%，系统集成服务收入173亿元，占总销售收入的12.8%，信息技术咨询服务收入274亿元，占总销售收入的20.4%，数据处理和运营服务收入257亿元，占总销售收入的19%，嵌入式系统软件收入127亿元，占总销售收入的9.5%，集成电路设计收入4亿元，占总销售收入的0.3%。在六种业务类型中，信息技术咨询服务、数据处理服务收入和集成电路设计收入占比情况与2012年相比基本保持一致。随着两化融合的逐步深入，大量含有嵌入式软件开发业务的制造企业被纳入到统计企业范畴，2013年嵌入式软件收入占总收入比例增加3.5个百分点，软件开发收入占比略有下降。

（二）软件出口构成与分析

软件业务受国际形势影响增长放缓的影响，出口销售收入43亿美元，同比增长22%，与2012年相比增幅下降7.6个百分点。其中软件服务外包出口29.7亿美元，占总量的69%，嵌入式系统出口2.3亿美元，占总量的5.3%，软件出口11亿美元，占总量的25.7%，嵌入式系统软件出口同比上升1个百分点，这与嵌入式系统软件收入增幅上升有关。在出口收入中，对日出口依然是主体，占总量的60%，因为日元汇率的持续下降，软件服务外包出口同比下降15个百分点，欧美外包收入比例与去年相比有所增加，占总量的12.3%，其他地区出口占27.7%。

（三）企业构成与分析

通过调整统计工作方法，大连市从事软件和信息技术服务业相关的企业有 2000 余家，纳入统计范畴的企业 1897 家，与 2012 年同期相比，增长达 28.6%。纳入统计范畴的企业中，外资企业 500 余家，60 余家世界著名跨国公司在大连市设立了研发中心、呼叫中心和技术服务中心。百人以上规模的企业 394 家，千人以上规模的企业 28 家。这说明大连市企业数量和规模都有新的突破。

（四）人力资源构成与分析

从人员规模来看，截至 2013 年年底，大连市从事软件和信息技术服务业的从业人员 21.6 万余人，同比增加 34%。其中软件开发人员 11 万人，占总人数的 50%，比 2012 年略有下降；管理人员 2.3 万人，占总人数的 10.6%。从人员的学历结构看，研究生以上学历的人数增加，占人员总数的 11.4%，比 2012 年上升了 1.4 个百分点；本科生占 75%，其他为大中专以下人员。这说明大连市对人才的需求量仍然较大，特别是高端人才。

二、面临的问题

（一）软件技术创新能力整体水平偏低，企业参与内需市场的竞争有待提高

大连市一部分企业的软件技术创新能力较强，但是没有形成普遍性，行业应用软件、高端软件、高端技术咨询等业务有待提高。面对国内庞大市场，应鼓励软件企业参与传统行业领域的技术升级改造和信息化建设。对重点领域、成熟创新模式等给予资金引导，形成与传统行业交流合作的氛围。

（二）软件龙头企业的规模偏小，牵引和带动产业发展的作用有待加强

大连市龙头软件企业较少，除华信、东软等个别企业外，企业普遍处于中小水平。一些企业虽然有一定规模，但是本地影响力、区域知名度还是不够高。通过实施“企业创新中心（技术联盟）扶持计划”和“创新成长计划”，形成一批具有国际影响力的大型企业、一批具有创新力和竞争力的中小企业和一批软件产品与技术服务品牌，以点带面牵引和带动产业发展。

（三）软件业新技术新业态不断涌现，产业发展的新增长点有待跟紧

最近几年，物联网、云计算、工业设计等新型业态在高新区发展起来。虽然发展迅速，但是企业规模大小不一，企业水平各不相同。应抓住产业发展初期的规划设计，在布局、政策、环境等方面促进新兴业态发展，培育成整个行业的新增长点。

（四）软件业发展环境优势递减，产业发展后劲有待补足

原有的软件产业政策在新形势下已不适应大连市软件产业的发展。政策的优越性、差异性和前瞻性严重滞后于其他软件产业发达城市。当前，要系统地研究制定推动软件产业发展的新政策，在保持增长、调整结构、产业创新等方面发挥积极作用。

三、2014 年工作思路

（一）积极做好全年软件业经济运行的监控工作

针对企业和产业运行现状，特别是汇率现状，有针对性做了应对工作。对产业集群、软件外包、重大项目、重点企业发展情况要持续跟踪，掌握第一手材料。特别是要做好“一企一策”工作的落实，真正做到急企业所急，为企业解决实际困难。

（二）积极做好招商引资与安商扩业工作

吸引更多企业到大连市投资，这是增加产业发展增量的关键。因此，建议加大招商引资宣传力度。在欧美市场，利用入驻的国际知名企业的渠道，或者在国际开展宣讲会等时机，广泛宣传大连市发展软件业的基础和条件，提高大连市在欧美的知名度，吹响向欧美软件外包市场进军的号角。在日本方面，建议企业在做好老客户的基础上，采取进攻战术，积极出动，发展新的客户，把客户放在日本二线城市和中等规模的公司，大力发展终端客户。同时，建议由行业协会出面，组织团队赴日招商，进一步提升大连市软件业在日本的知名度，扩大日本市场的比例。对已入住的跨国公司及大企业，特别是 IBM、花旗、简伯特等业务发展好的企业，要加大走访沟通与服务，积极解决其困难，吸引他们将更多业务转移到大连市开展，巩固和扩大业已奠定的外包基础和优势。在国内一线城市软件外包向二三城市转移之际，有针对性地做好招商引资工作。建议调整产业发展方式，引导本地中型软件外包企业作为结算中心，将低端业务向省内三线城市转移，降低企业运营成本。针对人才现状，建议重新组织全国高校巡回招聘活动，吸引更多人才到大连市工作，同时，宣传大连市发展软件业的信心和决心。

（三）以促进两化深度融合为重点，大力发展工业软件

工业软件是大连市工业转型升级、实现由制造到创造的桥梁，尤其是高端工业软件，将起到越来越重要的作用。因此，要以金州新区工业软件集群为主，大力发展工业嵌入软件。在装备制造、石油化工、钢铁冶炼、能源电力、船舶交通、海洋工程、电子信息等行业，大力开展虚拟设计、智能制造、数字控制、模拟仿真、检测监控等工业软件技术攻关，研发具有行业特色和市场竞争力的工业软件，实现装备制造业高端绿色智能化。在装备制造管理方面，重点研发面向大中小型的企业资源管理（ERP）、客户关系管理（CRM）、供应链管理（SCM）、制造执行系统（MES）、综合信息管理系统（IDMS）等软件，提高工业企业信息化水平。在高端嵌入式软件方面，鼓励研发面向船舶汽车、数控机床、风力发电、制冷设备、仪器仪表、医疗设备、电子信息产品等领域的嵌入式软件，提高整机设备的发展水平，支持基于软件技术的工业产品升级，提高第二产业的信息化水平。在工业转型升级方面，重点加强在网络通信、消费电子、金融、交通、医疗、工业装备、能源、物流、安防等领域的嵌入式软件产品开发，支持电子产品制造业的升级，进而推动工业软件应用与云计算、物联网、移动互联网发展相结合，拓展工业软件应用的广度与深度，促进“两化”深度融合。

（四）以发展高端服务外包为重点，努力营造新的品牌

巩固发挥业务流程外包承接优势，瞄准国内外市场，大力发展面向政府、金融、通信、

医疗、制造、商业、物流等行业领域的供应链管理、人力资源管理、企业财务、呼叫中心等业务流程外包。提升业务流程外包发展层级，大力发展高附加值的知识流程外包。积极开拓知识产权研究、金融证券研究、商业研究、市场研究、数据分析、数据管理、采购投标分析、销售流程外包、法律流程外包、工程及设计服务、动画模拟化服务、人力资源研究以及决策支持系统等高端业务流程外包服务。有效汇聚行业资源，提高行业整合度，扩大服务外包企业规模，不断提升企业业务承接实力和服务质量，树立统一的大连市业务流程服务外包品牌，把大连市打造成为国际软件和服务外包承接转移中心和国内外包承接中心，重新塑造全球软件和信息服务外包新领军城市的形象。

（五）以发展云计算大数据等业务为重点，大力拓展新型业务形态

建设“云计算中心”，重点突破虚拟化、海量分布式存储、海量数据管理、并行编程、云计算安全等关键技术，加强云计算软件研发。创新云计算服务模式，在工业制造、航运、物流、金融、医疗、教育等重点领域提供高水平的基础设施即服务（IaaS）、平台即服务（PaaS）、软件即服务（SaaS）等云计算服务。努力突破数据管理与挖掘、协同控制等核心技术，大力发展 RFID 中间件软件、传感器嵌入式软件、终端智能控制系统和基于物联网的信息技术服务，结合智能感知、普适计算、移动通信等技术，在交通物流、工业控制、精准农业、智能楼宇、商业流通、公共事业、数字家庭等领域加快物联网应用推广进程。加大物联网技术在环境监测、治安防控等城市管理领域的应用力度，提高政府对自然灾害和突发性事件的预防预警和处置能力。

（六）全面推进大连市创建中国软件名城工作

积极与相关部门协调，出台支持产业发展的相关政策，按照软件名城创建指标有针对性地做好相关工作，争取在 2013 年内创建完毕，并被授牌。

（七）全面推进公共技术平台建设

支持软件企业依托工业骨干企业的牵动示范作用，建立专业性强的服务平台，形成产业链上下游企业、制造业与生产型服务企业间的信息共享和业务协作，形成专业化的信息服务平台，带动本地相同行业中小企业的信息技术应用，进而拉动软件企业的研发与服务。提升现有公共服务平台服务水平，加快平台资源整合，支持云计算服务平台、电子商务平台的建设，更好地发挥平台对产业发展的支撑作用和对公共基础设施的服务功能。

2013年厦门市软件和信息技术服务业发展概况

2013年，厦门市软件和信息服务业实现业务收入达602.7亿元，比增30.65%。“中国软件名城”创建取得实质性进展，软件和信息服务业发展规模和质量进一步提升。

一、发展特点

（一）软件和信息服务业平稳较快增长，行业运行质量不断提高

1．产业规模不断扩大，园区产业集聚效应进一步增强

2013年，厦门市软件和信息服务业呈现较快增长态势，厦门市软件和信息服务业实现业务收入602.7亿元，同比增长30.65%。其中，系统集成和支持服务收入138.16亿元，同比增长49.2%；数据处理和运营服务收入67.5亿，同比增长25.80%；嵌入式系统软件收入120.8亿元，同比增长58.18%；IC设计开发收入21.3亿元，同比增长24.78%。

软件园二期继续保持较快增长，规模以上入驻企业568家，全年实现收入318.12亿元，同比增长20.6%，占厦门市软件和信息服务业比重的53.76%。实现国地税总收入9.7亿元。产业聚集效应不断提高，从2007年开园至今，产值规模增长了10倍。

2．“中国软件名城”创建工作取得实质性进展

2013年11月28日，工信部、福建省政府和厦门市政府签署了《部省市协同开展中国软件名城创建工作合作备忘录》。厦门市成为全国第10个中国软件名城创建试点城市。这标志着厦门市软件和信息服务业在国家软件产业区域布局中占据了重要位置。目前，已编制完成《厦门市中国软件名城创建试点工作方案》及相关配套文件，起草完成与创建中国软件名城相适应的软件产业扶持政策，为集聚市、区和各部门资源，加快厦门市软件和信息服务业跨越式发展提供了保障。

3．手机动漫基地运营良好，动漫游戏产业发展态势良好

2013年动漫游戏产业实现业务收入超过50亿元。中国移动手机动漫基地实现收入10.1亿元，同比增长3倍多；中国电信动漫运营中心实现收入超过1.5亿元，同比增长2倍多。厦门市游戏龙头企业继续保持良好发展态势，其中4399销售收入超过14亿元，新泰阳超过3亿元，吉比特超过2.75亿元。2013年新增认定的“厦门动漫企业”31家，厦门市累计认定数超百家。新增认定“国家动漫企业”4家，累计达到17家。厦门市已经成为国内以动漫游戏为主的数字内容产业发展先导区和重要集聚地。

4．企业自主创新能力不断增强，发展环境进一步完善

2013年，新增认定软件企业86家，同比增长17.8%，累计认定数达625家；新增登记软件产品584件，累计登记数3872件。新增国家布局内重点软件企业和集成电路设计企业4家，累计达到9家，占福建省的50%。元顺微电子、芯阳科技、优迅高速3家企业被认定为“福建省集成电路设计研发中心”。厦门市销售收入过亿元的企业达64家。

5. 产业促进体系不断完善，支撑服务能力不断提高

一是加强政策落实和服务工作。2013 年，共争取到省级软件和信息产业发展资金 1999.22 万元，同比增长 68%，受惠软件企业 61 家。2013 年下达市级软件产业专项资约 2000 万元，受惠企业达 74 家。

二是加强人才工作，实施“海纳百川”人才战略。出台了《厦门市软件与信息服务业人才计划实施细则》，启动人才项目申报工作。加大人才培训和人才实训基地建设，共安排人才项目资金 1447.52 万元。引进高层次软件人才 8 人，培训各类软件专业人员 2000 余人。

三是加强公共服务平台建设。协调推动厦门理工学院成立厦门市软件评测中心，为厦门市软件产品和信息化项目提供评测服务。加强行业协会和产业联盟建设。推动成立厦门市动漫游戏行业协会、中国新媒体动漫联盟。

（二）优化产业服务环境，协调推进省市重点项目建设

1. 加强招商工作力度，软件园三期建设提速

一是软件园三期招商效果明显。通过组织承办工信部“2013 软件和信息技术服务业骨干企业工作座谈会”、第六届厦门国际动漫节，走访境内外行业机构、商会及国内软件百强企业，加大招商力度。截至 2013 年年底，核准入园企业累计 243 家，核准面积 195.6 万平方米，核准购房面积 44.7 万平方米；17 家企业购地自建，核准面积 150.9 万平方米，其中雅马哈、吉比特等完成工程设计，预计 2014 年年初开始施工。

二是中国统计信息云平台暨大数据研究服务基地签约落户厦门市。该平台作为中国统计信息中心在全国唯一授权的数据服务窗口，成为福建省首个基于大数据开发应用的全国性云计算平台，面向全国提供数据服务，具有广阔的产业发展空间。

三是国家北斗产业化应用示范基地落户厦门软件园三期，提升了厦门市北斗产业的影响力，带动厦门北斗卫星导航产业的跨越发展，同时加快北斗骨干企业、核心机构聚集厦门，促进厦门市北斗产业形成规模。

四是促成中海创厦门研发中心，电科软信大数据工程技术研究中心及数据服务公司、中国交通信息中心区域总部，厦门大学-科大讯飞闽南语语音及语言联合实验室等多个软件信息服务业重点项目签约，落户厦门市。

2. 推进省市重点建设项目

协调推动软件园三期、中国移动动漫基地、中国电信海峡通信枢纽中心、中国数码港等 5 个重点项目建设，年度完成投资 20.78 亿元。2013 年年底，软件园三期正式开园，起步区 30 万平方米研发楼已交付给 48 家企业使用。通过协调组织，软件园三期公交、工商、税务、餐饮等服务项目逐步到位，园区配套设施不断完善。中国移动手机动漫基地 4、5 号楼封顶；中国电信海峡通信枢纽中心 3 栋通信机房已完成桩基施工。

3. 帮扶企业服务水平不断提升，园区管理功能进一步优化

1）开展政策宣传、加强企业帮扶工作

一是组织项目资金申报、税收等政策宣讲，举办投融资对接会、股份转让系统培训，帮助企业拓展融资渠道；二是举办人才培养、大学生就业和软件企业人才招聘对接会；三是组织企业、联盟参加台交会、北京软博会、高交会等推介活动，帮助企业拓展市场；四是开展

网上统计直报、举办园区企业管理沙龙、志愿者服务，支持服务外包联盟、物联网联盟开展企业服务活动，促进业界交流合作。

2）进一步提升园区管理水平

一是通过改装软件园二期公寓楼，为小微软件企业入住腾出空间；二是疏导优化园区交通，解决上下班高峰时段交通拥堵问题；三是组织企业消防演练，建立安全生产责任制，启动园区安保监控系统改造，保障园区安全生产。

2013 年，工信部正式授牌厦门软件园为第四批“国家新型工业化产业示范基地（软件和信息服务）”，国家新闻出版广电总局授予厦门市软件园“海峡国家数字出版产业基地（厦门园区）”称号。此外，厦门软件园还荣获“2012—2013 年度中国软件和信息技术服务业骨干软件园区优秀园区”、“2013 中国软件和信息技术服务业最具品牌影响力的产业园区”等多项荣誉。

（三）成功举办第六届厦门国际动漫节

一是规模不断扩大，国内外影响力进一步提升。“金海豚”动画作品大赛共收到来自 38 个国家和地区的 2876 部作品。展会规模超过历届，共设置展位 445 个，展会场地面积达 1.6 万平方米，参观人数超过 10 万人次。参展商层次大幅提升，境内外团队达 123 个，其中来自欧洲、新加坡、日本、中国香港、中国台湾等国家和地区的 30 家企业组团前来参展。

二是以动漫节促交流合作，首次尝试市场化运作取得成功。动漫节期间，中国移动手机动漫基地、中国电信动漫运营中心、厦门市信息集团等单位分别与国内数十家动漫游企业签署了合作协议，达成签约及合作意向金额 11.6 亿元。

（四）对台交流合作不断深化

一是成功举办第二届海峡两岸移动信息化大赛。大赛共征集到来自海峡两岸近 200 个优秀移动信息化应用项目，并评出“年度最佳智慧民生信息化应用优胜奖”等 19 个优秀移动信息化应用项目。海峡两岸移动信息化大赛已经成为大陆和台湾地区在信息化交流方面的一个重要平台。

二是成功承办两岸信息服务产业合作及交流会议。会议由厦门市政府和福建省信息化局、台湾中华资讯软体协会、台湾财团法人资讯工业策进会共同主办，工信部软件服务业司支持。来自海峡两岸软件和信息服务业的专家和企业代表 200 多人参会。与会的 30 来家台湾企业、60 多家大陆企业通过产业对接会进行了深入的交流与对接，取得了良好的效果。

三是组织举办第九届海峡两岸信息化论坛。来自海峡两岸 300 位代表参加了论坛，就“智慧城市和数字家庭建设”建设思路等开展交流，促进了两岸智慧城市建设经验和数字家庭信息技术的交流与合作。

二、面临问题

（1）对软件和信息服务业的扶持力度需要进一步加强，产业规模和影响力有待提升。

（2）软件园二期空间受限，入驻企业和人员增多，管理服务压力加大；软件园三期等重点工程建设进度需要加快，招商力度还需加强。

三、2014 年展望与目标

2014 年，厦门市信息化局将全力推进“中国软件名城”创建工作，加快软件和信息服务业发展，争取保持 28%左右的增长速度，实现全年销售收入超过 750 亿元的目标。

四、下一步工作

（一）全力创建“中国软件名城”

一是建立部省市协同工作机制。围绕软件名城创建要求，积极争取工信部和福建省软件产业主管部门的支持，利用部省市工作会商制度，务实推进创建工作。

二是建立软件名城创建工作机制。推动成立“厦门市创建中国软件名城工作领导小组”，完善领导小组工作制度。抓好软件名城创建实施方案的制定与落实工作，抓好任务分解与督促落实。

三是集聚行业龙头骨干企业、产业联盟、中介组织、高等院校和科研院所等各方力量，调动各方积极性，营造创建氛围，着力培育一批名企、名人、名品和名园，壮大产业规模，提升产业质量。

（二）营造良好的软件和信息服务业发展环境

一是加强政策落实工作。落实国家、省、市软件产业扶持政策，争取国家、省产业扶持资金项目。修订出台厦门市进一步加快软件和信息服务业发展的政策措施，加大政策扶持力度。

二是推动各区、火炬高新区管委会根据本区发展实际，出台和完善相应的政策措施，加大对软件产业的扶持力度。

三是推动完善软件产业投融资平台。拓宽软件产业投融资渠道，探索建立多渠道、多体制、多样化的软件产业投资基金。积极争取商业银行、担保公司加大对中小型软件企业的支持。

四是落实《厦门市软件与信息服务业人才计划暂行办法》，大力引进和培育各层次软件人才，加大专业培训机构的发展。

（三）加快软件园区建设，促进产业聚集发展

一是提升软件园二期管理服务，加快软件园三期开发建设，进一步完善园区配套设施。支持软件园创建“智慧园区”示范园区，提高园区管理和服务的智能化水平；提升软件园三期综合配套和服务能力，促进起步区企业入驻，并尽快形成产业规模。

二是加强产业招商引资工作，调动市区两级招商力量，努力创新招商工作机制，加强招商队伍建设，拓宽招商渠道，吸引更多企业入驻。

三是帮助和推动软件评测中心加快建设并尽快提供优质服务，筹划建设软件产业孵化器等公共服务平台，构筑较为完善的产业公共服务体系。

四是探索推动各区建立各具特色的软件和信息服务业基地，构筑“一园多区”协同发展的产业布局。

（四）扶持培育龙头企业，促进产业做大做强

一是重点支持一批发展前景好、竞争能力强的软件企业，大力培育全国软件百强、国家规划布局内重点软件企业和集成电路设计企业、省软件骨干企业。

二是跟踪推动中国移动手机动漫基地、中国电信海峡通信枢纽中心、中国数码港等一批影响力大、带动性强的省、市重点项目建设，促其早投产尽快上规模。

三是大力支持中国移动手机动漫基地、中国电信动漫运营中心、4399 等新媒体平台发展，带动厦门市动漫游戏产业聚集发展。

四是加强世界软件 500 强、全国软件百强、国家规划布局内重点软件企业和集成电路设计企业、大型互联网公司以及台湾 IC 设计与制造、终端产品研发、数字内容等龙头企业的招商工作，吸引其区域总部、研发中心、技术支持中心来厦门市落户。

五是支持骨干企业加强技术创新，参与标准制定，提升软件品质和企业品牌形象。

（五）着力培育新的增长点，推进产业转型升级

一是加强云计算、物联网、移动互联网、数字内容、大数据、北斗卫星导航应用等新兴领域的战略布局和有效引导，培育一批有核心竞争力的优势企业。

二是利用“台交会”、“98”投洽会、第七届国际动漫节、海峡两岸移动信息化应用大赛等平台，加强与台湾的产业对接。

三是通过创建国家信息消费示范城市、国家数字家庭应用示范产业基地、下一代互联网示范城市等，推广新技术应用，推动传统产业转型升级，拉动信息消费，培育本地企业，实现厦门市信息化建设与软件产业发展的良性互动。

2013年青岛市软件和信息技术服务业发展概况

2013年，青岛市认真贯彻落实国家有关发展软件产业的政策措施，在工信部的指导和支持下，突出软件园区建设、骨干企业培育、新产品研发、产业应用对接和人才培训等重点工作，加强投入力度，加快工作推进，推动了青岛市软件产业的快速发展。

一、基本情况

（一）产业规模不断扩大

2013年，青岛市累计完成软件业务收入702.1亿元，同比增长32.4%。嵌入式系统软件依然是青岛市软件产业的主力，嵌入式系统软件业务收入269亿元，同比增长23.7%，占整个软件业务收入的38%。

（二）软件产业载体建设进展顺利

青岛市坚持“东园、西谷、北城”区域统筹发展软件产业的总体格局，不断加强园区载体建设，加快推进千万平方米软件产业园区建设。2013年新施工面积181.5万平方米，新竣工面积82.8万平方米，新入驻企业近70家，香港招商局蓝湾网谷、清华启迪科技园、航天科工集团产业园、中国联通云计算中心等一批大项目相继落户。

（三）软件企业特色较为突出

青岛市骨干软件企业对产业发展的带动作用明显，海尔、海信分别以378.5亿元和55.38亿元分列2013年中国软件百强企业第二和第十一名。东软载波、海信网络科技两家企业连续三届被认定为国家规划布局内重点软件企业。

（四）招商引资收到成效

积极推进定向招商工作，对现有项目做好跟踪服务，对增量项目做好对接跟踪。动态调度园区建设情况，现场解决企业困难。借展招商，积极服务，参与引进了IBM软件技术创新中心项目，浪潮集团、神州数码与青岛市政府签订了合作框架协议。

二、主要特点

（一）产业增长保持高速，总量规模持续扩张

近年来，青岛软件业务收入持续保持高速增长，从2009年的110亿元，快速增长到2013年的702.1亿元，并保持了良好的增长。

（二）骨干企业迅速成长，带动能力显著增强

着力扶持10家领军软件企业和30家高成长软件企业做大做强，培育骨干龙头企业，增强产业拉动能力。2013年，青岛市共有中国软件百强企业2家，国家规划布局内重点软件企业3家，具有系统集成资质的企业53家，累计认定的软件企业488家。

（三）技术创新步伐加快，产品应用得到加强

青岛市软件产业研发投入比重不断加大，2013年，青岛市新登记软件产品286件，累计登记的软件产品达到1809件。积极组织软件企业参加北京国际软件博览会，召开软件企业与工业企业供需对接会，加快软件产品和服务的产业化应用和市场化推广。软控股份的橡胶轮胎生产管控一体化系统软件、海信网络科技的智能交通系统等产品、东软载波、鼎信通讯、乾程电子和集成电子的电力载波系统及相关产品、以太科技的网络安全产品软件、太阳软件的农村信息化软件等均在国内市场占据了显著的份额。

近年来，青岛市多家软件企业主导或参与了多项国家或行业相关技术标准的制定工作。海信网络科技近几年就主持了9项智能交通领域国家标准的制定（其中3项是现行标准），参与了5项行业标准的制定；软控股份主持或参与制定的国标和行标有11项；青岛高校信息和以太科技等企业也参与了国标和行标的制定工作。

（四）培训体系日益完善，人才聚集步伐加快

目前，青岛市的专科、本科和研究生等在校生规模不断扩大，引进建立了摩托罗拉IT学院、微软IT学院、1.5学历软件人才实训基地、IBM外包实训基地、青岛软件园人力资源有限公司、青岛NIIT国际软件工程师基地、青岛翰子昂软件培训学校和北大青鸟青岛中新培训中新等一大批培训机构。

三、面临问题

（一）产业和企业总体规模依然偏小，产业国际影响力和品牌知名度有待进一步提高

青岛市软件产业和企业的总体规模较小，除海尔、海信等几家大型软件企业外，其余企业还缺乏国内外影响力，难以对产业发展形成支撑，没有形成相互促进的软件产业群体，影响了软件产业的规模扩张。

（二）人才结构性矛盾仍然突出，高层次的技术人才、复合型人才缺乏

高等院校和软件学院相对较少，高级软件人才和复合型人才缺乏，制约了软件企业研发能力的提升和规模扩大。与其他省市相比，青岛市的优惠政策力度不足，未形成吸引高层次人才的良性机制，影响了企业核心竞争力的提升。

（三）核心技术的缺乏导致软件企业的核心竞争力不高

软件企业的自主创新及品牌意识不强，缺乏核心技术支持和产品技术发展的长远规划，软件的商品化、产业化程度较低，难以形成产业特色。

四、2014 年展望与目标

（一）软件产业规模进一步扩大

青岛市软件业务收入保持较快增长态势，培育一批新增软件企业，推动企业科技创新，增加企业软件产品数量，进一步扩大软件产业规模，软件和信息技术服务业业务收入力争达到 900 亿元左右。

（二）软件产业载体建设进一步扩充

深入实施“东园、西谷、北城”战略，进一步加强产业载体建设，优化产业发展环境，加大面向软件和信息技术产业的定向招商力度，积极培育和提升存量企业，引进和扶持增量项目，努力形成良好的软件产业生态体系。

（三）软件产业发展环境进一步优化

围绕落实青岛市委关于软件产业的文件精神，进一步完善政策体系，出台一系列具体措施，加速培育一批核心企业群体和品牌产品，加大定向招商力度，着力引进一批技术领先、牵引力强的增量项目，积极支持技术创新和市场拓展活动。

（四）软件产业发展推进机制进一步完善

充分发挥软件行业协会等组织的支撑作用，创新管理服务机制，建立软件产业公共管理和服务平台，提升行业管理和服务水平。

五、下一步工作

（一）贯彻落实政策措施，优化提升发展环境

落实《青岛市软件企业认定管理细则》、《青岛市软件产品登记管理细则》，通过规范工作流程、强化岗位职责、完善人员分工、理顺工作机制等步骤加强软件企业的管理和服务，优化产业发展环境，促进软件产业发展。

（二）加强软件园区建设，拓展产业发展空间

继续实施“东园、西谷、北城”发展战略，着力推进由高新区青岛软件成、黄岛区青岛信息股和崂山区国家通信产业园组装成的“千万平方米”软件和服务外包产业园区工程，拓展产业发展空间。

（三）着重培育骨干企业，强化支撑带动作用

继续兑现奖励扶持一批企业和项目，引导软件企业快速成长、软件产业规模快速增长，形成软件产业快速发展的良好氛围。评选出第二届“青岛市软件产业领军和高成长性软件企业”，注重培育本地骨干软件企业和主导产品，大力实施品牌战略，鼓励企业技术创新，努力打造出一批核心企业群体和品牌产品。培育和储备金弘测控、中科英泰、中科软件、禾软股

份等软件企业开展上市融资运作。

（四）推动产品技术创新，增添产业发展活力

围绕青岛市在产品技术和市场份额占据优势的智能交通、电力载波、智慧医疗、智能家居、网络安全等领域产品，加强企业间的互动协作，完善产业链本地配套，形成以大带小、以点带面的产业推进格局，促进软件产业规模不断扩大。

（五）做好定向招商引资，增强产业发展后劲

加大定向招商引资力度，积极争取工信部“2013 年软件百强企业发布会”在青岛市召开，并依托此平台开展面向软件大企业的定向招商活动，开展与国内外软件企业和相关机构的交流，推动国内外软件产业优势资源在青岛市汇集、沉淀。

积极实施北京软件博览会等重点展会招商，深圳等重点区域招商，世界 500 强软件企业、中国 100 强软件企业等重点企业招商，推进已签约项目落地，引进软件和信息技术服务项目向“东园、西谷、北城”集聚。

II　综合统计

2013年软件和信息技术

	企业数（个）	软件业务收入	其中：软件产品收入
软件企业合计	**33335**	**305874743**	**98768381**
一、按企业登记注册类型分列			
内资企业	30227	231202118	78226256
国有企业	694	20140764	5222284
集体企业	53	4363138	274301
股份合作企业	186	1546542	771870
联营企业	72	523657	139227
国有联营企业	22	166643	41819
集体联营企业	14	81726	52847
国有与集体联营企业	7	112887	7785
其他联营企业	29	162400	36776
有限责任公司	12448	102646247	33720160
国有独资公司	158	3326462	913532
其他有限责任公司	12290	99319785	32806628
股份有限公司	2761	49200762	17508559
私营企业	13074	48654467	18677643
其他内资企业	939	4126542	1912213
中国港、澳、台商投资企业	888	25981582	6026976
合资经营企业（中国港、澳、台资）	233	3634027	1441231
合作经营企业（中国港、澳、台资）	16	151314	58453
中国港、澳、台商独资经营企业	614	21573544	4443196
中国港、澳、台商投资股份有限公司	25	622697	84096
外商投资企业	2220	48691044	14515149
中外合资经营企业	530	10070762	2266952
中外合作经营企业	32	419422	76930
外资企业	1622	36979653	11891970
外商投资股份有限公司	36	1221207	279297
二、按经济类型分列			
国有经济	874	23633869	6177635
集体经济	67	4444864	327147

服务业主要指标汇总表（一）

单位：万元

其中：				
信息系统集成服务收入	信息技术咨询服务收入	数据处理和存储服务收入	嵌入式系统软件收入	集成电路设计收入
65490565	**30140910**	**54817343**	**46801022**	**9856522**
55695001	22973464	39694541	29897367	4715490
6788551	1758193	2558393	3394535	418807
828761	679104	789557	1708315	83100
239437	47852	98434	338863	50086
120062	124275	34513	69568	36012
44895	5384	9639	55366	9540
14580	8816	1555	471	3457
25098	56468	9430		14106
35489	53607	13889	13730	8909
24380379	11754836	17831985	12906254	2052633
1148808	438815	287209	411274	126825
23231571	11316022	17544776	12494980	1925808
12763543	4243856	6627677	7075672	981456
9900796	4243533	10835561	4001716	995219
673471	121815	918422	402445	98176
4139261	1943171	9588280	2947885	1336008
625713	432560	457824	537338	139362
70109	2078		6344	14329
3240403	1431956	9030809	2268257	1158924
203037	76577	99647	135946	23394
5656303	5224275	5534523	13955769	3805025
2007780	417148	770660	4369867	238355
43736	57816	110661	102581	27698
3594884	4478048	4556085	9047437	3411230
9904	271263	97117	435885	127742
7982254	2202392	2855241	3861175	555172
843341	687920	791112	1708786	86557

2013年软件和信息技术

	企业数（个）	软件业务收入	其中：软件产品收入
股份合作经济	186	1546542	771870
股份制经济	15051	148520546	50315187
外商及中国港、澳、台投资经济	3108	74672625	20542125
其他经济	14049	53056296	20634416
三、按控股经济分列			
公有控股经济	3736	79992398	24166795
国有控股	2225	62013183	18627505
国有绝对控股	1572	41375292	11612681
国有相对控股	653	20637891	7014824
集体控股	1511	17979215	5539290
集体绝对控股	711	12321580	3589116
集体相对控股	800	5657635	1950174
非公有控股经济	29599	225882345	74601586
私人控股	26639	154329511	55558640
私人绝对控股	20937	115934060	41461410
私人相对控股	5702	38395451	14097230
中国港、澳、台商控股	876	22379182	5317022
中国港、澳、台商绝对控股	740	20733376	5032631
中国港、澳、台商相对控股	136	1645806	284391
外商控股	2084	49173652	13725924
外商绝对控股	1776	44065719	12628985
外商相对控股	308	5107933	1096939
四、按软件出口基地分列			
北京软件出口基地	165	4643817	2054838
天津软件出口基地	40	308695	54935
大连软件出口基地	1898	13500642	5154629
上海软件出口基地	194	3831660	1126641
深圳软件出口基地	407	7730517	2339813
西安软件出口基地	864	6883102	1966777
五、按软件园区分列			

服务业主要指标汇总表（一）

单位：万元

其中：				
信息系统集成服务收入	信息技术咨询服务收入	数据处理和存储服务收入	嵌入式系统软件收入	集成电路设计收入
239437	47852	98434	338863	50086
35995115	15559877	24172452	19570652	2907264
9795565	7167446	15122802	16903655	5141032
10634855	4475423	11777302	4417891	1116410
22577342	8416290	9076490	14148863	1606619
17856450	5980597	6886742	11302972	1358918
12990046	3948220	5956654	6089765	777926
4866404	2032377	930088	5213207	580991
4720893	2435693	2189748	2845891	247701
3268526	1491344	1676394	2129611	166590
1452367	944349	513354	716280	81111
42913223	21724621	45740854	32652159	8249903
33607076	15369914	30131589	16865553	2796738
25979089	11186834	21245265	14089068	1972393
7627988	4183080	8886324	2776485	824344
3792648	1630301	6934816	2991941	1712453
3497156	1504877	6595966	2494085	1608662
295492	125425	338850	497857	103792
5513499	4724405	8674449	12794664	3740712
4365675	4382186	7657566	11480462	3550845
1147823	342219	1016882	1314202	189867
1898986	362883	284351	2902	39857
202927	40702	10131		
1730189	2742459	2565165	1267700	40501
251640	754042	908711		790628
852625	109346	416202	3924166	88366
2050169	1695387	229289	645135	296345

	企业数（个）	软件业务收入	其中：软件产品收入
北京中关村软件园	283	12044359	3176367
大连软件园	1896	13500362	5154469
上海浦东软件园	194	3831660	1126641
南京软件园	341	7336385	3300459
杭州软件园	868	15835348	4789684
山东齐鲁软件园	563	7118152	3523343
长沙软件园	393	927487	760796
广州天河软件园	1085	8911722	2818265
珠海南方软件园	89	931886	115980
成都软件园	763	5141908	1944663
西安软件园	864	6883102	1966777
六、按行业分列			
软件产品行业	18932	106134620	81286918
信息系统集成服务行业	5231	60037398	6457412
信息技术咨询服务行业	2781	20461959	1533952
数据处理和存储服务行业	2873	48532776	1021184
嵌入式系统软件行业	2941	61416466	8351150
集成电路设计行业	577	9291523	117764

服务业主要指标汇总表（一）

单位：万元

其中：				
信息系统集成服务收入	信息技术咨询服务收入	数据处理和存储服务收入	嵌入式系统软件收入	集成电路设计收入
3944147	1363503	3187217	15671	357455
1730189	2742459	2565045	1267700	40501
251640	754042	908711		790628
1576348	655782	1220735	518396	64664
2971541	770547	6077077	1066514	159985
1394306	1181348	466415	472630	80109
119183	19647	25486	2077	298
1630740	1581795	2724516	73122	83284
26866	218336	273148	169415	128141
1106821	1139574	577838	43989	329022
2050169	1695387	229289	645135	296345
12911405	6172038	4151755	1027733	584772
44211382	3934097	2734431	2205039	495038
1237689	16879650	585627	157575	67467
1036995	1054751	45265239	113617	40990
5957621	1493922	1809674	43206310	597790
135472	606453	270619	90749	8070466

2013年软件和信息技术服务业主要指标汇总表（二）

单位：万美元

	软件业务出口收入	软件外包服务出口收入	嵌入式系统软件出口收入
软件企业合计	**4691377**	**1047561**	**1903959**
一、按企业登记注册类型分列			
内资企业	2819366	377297	1244759
国有企业	57272	7061	37459
集体企业	20574	2566	12437
股份合作企业	1080	162	283
联营企业	5377	684	4561
国有联营企业	5097	536	4561
集体联营企业	226	94	
国有与集体联营企业	54	54	
其他联营企业			
有限责任公司	1681029	123160	795212
国有独资公司	33323	21258	9252
其他有限责任公司	1647706	101902	785960
股份有限公司	803787	132634	350736
私营企业	238883	107887	40863
其他内资企业	11364	3143	3208
中国港、澳、台商投资企业	267392	45638	59799
合资经营企业（中国港、澳、台资）	14186	7649	5048
合作经营企业（中国港、澳、台资）	472		213
中国港、澳、台商独资经营企业	248348	34521	53709
中国港、澳、台商投资股份有限公司	4386	3468	829
外商投资企业	1604619	624626	599402
中外合资经营企业	183970	57492	111291
中外合作经营企业	1551	1327	
外资企业	1394218	560002	470945
外商投资股份有限公司	24879	5805	17165
二、按经济类型分列			
国有经济	95692	28855	51272
集体经济	20800	2660	12437
股份合作经济	1080	162	283

2013年软件和信息技术服务业主要指标汇总表（二）

单位：万美元

	软件业务出口收入	软件外包服务出口收入	嵌入式系统软件出口收入
股份制经济	2451494	234536	1136696
外商及中国港、澳、台投资经济	1872011	670264	659200
其他经济	250300	111084	44071
三、按控股经济分列			
公有控股经济	690620	119573	417769
国有控股	622451	101176	402550
国有绝对控股	153921	36006	106249
国有相对控股	468530	65170	296302
集体控股	68169	18397	15219
集体绝对控股	34034	13495	13175
集体相对控股	34135	4903	2043
非公有控股经济	4000757	927987	1486190
私人控股	2066200	290781	815552
私人绝对控股	1877311	200548	773423
私人相对控股	188889	90233	42129
中国港、澳、台商控股	326978	41362	70768
中国港、澳、台商绝对控股	319172	38597	67817
中国港、澳、台商相对控股	7806	2765	2952
外商控股	1607579	595844	599869
外商绝对控股	1518906	574238	542351
外商相对控股	88673	21607	57518
四、按软件出口基地分列			
北京软件出口基地	124121	116702	
天津软件出口基地	2443	1904	
大连软件出口基地	430256	304700	23822
上海软件出口基地	129577	23406	
深圳软件出口基地	438766	2439	313921
西安软件出口基地	49693	42170	7523
五、按软件园区分列			
北京中关村软件园	73661	50075	214
大连软件园	430256	304700	23822

2013年软件和信息技术服务业主要指标汇总表（二）

单位：万美元

	软件业务出口收入	软件外包服务出口收入	嵌入式系统软件出口收入
上海浦东软件园	129577	23406	
南京软件园	33089	19591	12801
杭州软件园	143836	27728	10212
山东齐鲁软件园	24755	23075	1343
长沙软件园	6903	1562	
广州天河软件园	33941	28641	484
珠海南方软件园	23969	1342	8276
成都软件园	110475	15298	295
西安软件园	49693	42170	7523
六、按行业分列			
软件产品行业	972407	590515	15032
信息系统集成服务行业	204773	101878	13905
信息技术咨询服务行业	274194	228592	
数据处理和存储服务行业	151194	77855	
嵌入式系统软件行业	2692049	24679	1875022
集成电路设计行业	396760	24041	0.4

2013年软件和信息技术服务业主要指标汇总表（三）

单位：万元

	利润总额	流动资产平均余额	资产合计	负债合计	固定资产投资额
软件企业合计	**38305293**	**421396176**	**445894675**	**223198418**	**14099008**
一、按企业登记注册类型分列					
内资企业	25704218	370836597	356389729	185242583	12533779
国有企业	1965837	14964156	34233938	19383424	876411
集体企业	1156205	12629194	18778183	14777274	4949
股份合作企业	185678	946995	1826485	717156	29427
联营企业	101256	394773	5513847	2533830	6546
国有联营企业	36003	99900	359396	92802	3219
集体联营企业	12589	30780	1321205	498692	1111
国有与集体联营企业	15014	59745	119006	66169	842
其他联营企业	37649	204347	3714240	1876168	1373
有限责任公司	12607729	77389954	132457554	68497250	7473451
国有独资公司	308053	2866249	4961926	2160445	118568
其他有限责任公司	12299675	74523705	127495628	66336806	7354884
股份有限公司	7621781	239330975	96964070	40397238	3196781
私营企业	1759694	24532069	55467741	32356721	922461
其他内资企业	306038	648483	11147912	6579691	23752
中国港、澳、台商投资企业	8316422	26947889	40930829	15544799	792181
合资经营企业（中国港、澳、台资）	435492	2877379	4866013	2224707	123905
合作经营企业（中国港、澳、台资）	18750	58004	424320	243262	1531
中国港、澳、台商独资经营企业	7773302	23152973	34145449	12617620	650823
中国港、澳、台商投资股份有限公司	88878	859534	1495047	459211	15923
外商投资企业	4284653	23611690	48574117	22411036	773048
中外合资经营企业	921219	5162609	10936821	6048084	156410
中外合作经营企业	20498	144045	321611	197323	10785
外资企业	3221691	17760819	35989369	15796799	593584
外商投资股份有限公司	121246	544216	1326316	368830	12269
二、按经济类型分列					
国有经济	2309894	17930305	39555260	21636670	998198
集体经济	1168794	12659974	20099388	15275965	6060
股份合作经济	185678	946995	1826485	717156	29427

2013年软件和信息技术服务业主要指标汇总表（三）

单位：万元

	利润总额	流动资产平均余额	资产合计	负债合计	固定资产投资额
股份制经济	19921457	313854680	224459698	106734044	10551665
外商及中国港、澳、台投资经济	12601075	50559579	89504946	37955835	1565229
其他经济	2118395	25444643	70448899	40878748	948429
三、按控股经济分列					
公有控股经济	9741440	76972633	157174978	86572182	3430934
国有控股	6773914	54141612	106573992	54374697	2411475
国有绝对控股	4661083	36959880	72901800	36509924	1791971
国有相对控股	2112831	17181732	33672192	17864772	619504
集体控股	2967526	22831021	50600985	32197486	1019459
集体绝对控股	2040625	18079020	39705142	26124665	210828
集体相对控股	926901	4752001	10895844	6072821	808631
非公有控股经济	28563853	344423543	288719697	136626236	10668073
私人控股	17692732	299110144	205910332	101952558	9189076
私人绝对控股	13655509	85214415	153095998	78114344	2915304
私人相对控股	4037222	213895729	52814334	23838214	6273772
中国港、澳、台商控股	6154719	22291115	35478285	13509531	590949
中国港、澳、台商绝对控股	6019585	21269493	33733674	12599251	562473
中国港、澳、台商相对控股	135133	1021622	1744612	910280	28477
外商控股	4716402	23022284	47331080	21164147	888048
外商绝对控股	4292196	20452923	40286506	17259490	740838
外商相对控股	424206	2569361	7044574	3904657	147210
四、按软件出口基地分列					
北京软件出口基地	537695	4188834	7872258	3347820	37064
天津软件出口基地	58098	163257	441256	144757	878
大连软件出口基地	964929	6793211	16724966	9920190	232926
上海软件出口基地	740389	4976071	5997305	2819042	120777
深圳软件出口基地	962328	9460016	12932662	7042780	238396
西安软件出口基地	428957	5836148	10517104	5426794	343963
五、按软件园区分列					
北京中关村软件园	1975753	10473598	18296550	7767860	255741
大连软件园	964923	6793211	16722760	9919347	232926

2013年软件和信息技术服务业主要指标汇总表（三）

单位：万元

	利润总额	流动资产平均余额	资产合计	负债合计	固定资产投资额
上海浦东软件园	740389	4976071	5997305	2819042	120777
南京软件园	804940	5574267	8420943	4940358	154285
杭州软件园	5175640	13857578	23865140	9984209	449302
山东齐鲁软件园	1011778	3173005	8050717	5838423	68814
长沙软件园	198805	2246675	2384593	921788	51089
广州天河软件园	1235933	8238084	13748176	6785893	155000
珠海南方软件园	279826	755041	1059547	501517	13731
成都软件园	1049639	2731793	11260653	6045262	164408
西安软件园	428957	5836148	10517104	5426794	343963
六、按行业分列					
软件产品行业	16299795	90734819	160874188	70988095	8442944
信息系统集成服务行业	7821214	59421126	114881022	63835599	1770008
信息技术咨询服务行业	-658958	15353069	27787002	14932053	506709
数据处理和存储服务行业	10570139	222031393	78106305	38767304	2194252
嵌入式系统软件行业	3304695	27792456	49208273	28845852	763346
集成电路设计行业	968407	6063313	15037885	5829515	421748

2013年软件和信息技术服务业主要指标汇总表（四）

单位：万元

	主营业务税金及附加	年末所有者权益	年初所有者权益	应交增值税
软件企业合计	**6220598**	**222696257**	**164030235**	**9337629**
一、按企业登记注册类型分列				
内资企业	5320825	171147146	130363423	6899235
国有企业	349644	14850514	10403576	561470
集体企业	125851	4000909	3025968	12934
股份合作企业	49158	1109329	499350	31597
联营企业	5041	2980017	1802757	8629
国有联营企业	1224	266594	175087	1791
集体联营企业	568	822514	13687	502
国有与集体联营企业	1214	52837	42136	1584
其他联营企业	2035	1838072	1571847	4750
有限责任公司	2600959	63960303	48567796	3969905
国有独资公司	155976	2801481	1156277	88943
其他有限责任公司	2444983	61158823	47411519	3880961
股份有限公司	882241	56566832	42912306	1302145
私营企业	1127217	23111020	20349672	992365
其他内资企业	180715	4568221	2802000	20191
中国港、澳、台商投资企业	351876	25386030	17220756	1562663
合资经营企业（中国港、澳、台资）	37723	2641306	1841420	795940
合作经营企业（中国港、澳、台资）	380	181058	155868	1618
中国港、澳、台商独资经营企业	226590	21527830	14569652	728640
中国港、澳、台商投资股份有限公司	87184	1035837	653816	36466
外商投资企业	547897	26163081	16446056	875731
中外合资经营企业	101315	4888737	4451847	255501
中外合作经营企业	8184	124287	98310	9777
外资企业	431810	20192571	11111734	606087
外商投资股份有限公司	6588	957486	784166	4366
二、按经济类型分列				
国有经济	506845	17918589	11734941	652204
集体经济	126418	4823423	3039655	13436
股份合作经济	49158	1109329	499350	31597

2013年软件和信息技术服务业主要指标汇总表（四）

单位：万元

	主营业务税金及附加	年末所有者权益	年初所有者权益	应交增值税
股份制经济	3327224	117725655	90323824	5183107
外商及中国港、澳、台投资经济	899773	51549111	33666812	2438394
其他经济	1311180	29570150	24765654	1018891
三、按控股经济分列				
公有控股经济	1561491	70602796	50916363	1960597
国有控股	1124887	52199296	38162127	1408286
国有绝对控股	742541	36391876	25020955	1122747
国有相对控股	382345	15807420	13141172	285539
集体控股	436604	18403500	12754236	552312
集体绝对控股	264000	13580477	8636575	337001
集体相对控股	172604	4823023	4117661	215310
非公有控股经济	4659107	152093461	113113872	7377032
私人控股	3847649	103957774	82714276	5164474
私人绝对控股	2490041	74981654	59792190	3989276
私人相对控股	1357608	28976120	22922086	1175198
中国港、澳、台商控股	295637	21968754	15176715	1376756
中国港、澳、台商绝对控股	203322	21134422	14519903	642032
中国港、澳、台商相对控股	92314	834332	656811	734724
外商控股	515822	26166934	15222882	835802
外商绝对控股	424383	23027017	13322690	717392
外商相对控股	91439	3139917	1900192	118410
四、按软件出口基地分列				
北京软件出口基地	35797	4524438	3147953	111422
天津软件出口基地	1005	296499	78513	19852
大连软件出口基地	300333	6804777	5996348	77915
上海软件出口基地	26135	3178263	2569868	75283
深圳软件出口基地	95492	5889882	5066643	8271
西安软件出口基地	368619	5090310	3134428	104809
五、按软件园区分列				
北京中关村软件园	93786	10528690	6883295	358306
大连软件园	300311	6803414	5994365	77915

2013年软件和信息技术服务业主要指标汇总表（四）

单位：万元

	主营业务税金及附加	年末所有者权益	年初所有者权益	应交增值税
上海浦东软件园	26135	3178263	2569868	75283
南京软件园	116205	3480586	2568811	222819
杭州软件园	238619	13880931	9832522	641703
山东齐鲁软件园	139716	2212294	2072698	101231
长沙软件园	15348	1462804	1333214	76065
广州天河软件园	229958	6962283	5510229	191715
珠海南方软件园	4169	558030	437023	15695
成都软件园	71039	5215390	2630448	175081
西安软件园	368619	5090310	3134428	104809
六、按行业分列				
软件产品行业	2465811	89886093	68844756	4579259
信息系统集成服务行业	1571820	51045423	35876742	1311530
信息技术咨询服务行业	597794	12854949	11681600	375686
数据处理和存储服务行业	956930	39339000	25149947	1191190
嵌入式系统软件行业	459467	20362421	16571971	1736280
集成电路设计行业	168776	9208370	5905219	143685

2013年软件和信息技术服务业主要指标汇总表（五）

单位：万元

	应交所得税	出口已退税额	研发经费	应收账款	应付账款
软件企业合计	**5508143**	**679758**	**25981192**	**261488860**	**64464538**
一、按企业登记注册类型分列					
内资企业	3444403	478273	20689201	246222179	54417425
国有企业	326802	116034	1705807	5321072	4629083
集体企业	203519	499	1015754	1520885	3337522
股份合作企业	19747	939	100496	283044	108920
联营企业	6651	740	45318	3053742	1325123
国有联营企业	3484	657	19995	19805	17229
集体联营企业	317	77	2463	167590	2538
国有与集体联营企业	1331		11402	1917	2673
其他联营企业	1519	6	11459	2864430	1302683
有限责任公司	1514879	104417	9387896	24289390	18675033
国有独资公司	40221	277	276698	780723	618452
其他有限责任公司	1474659	104140	9111198	23508667	18056581
股份有限公司	712703	167981	4581446	202092825	10755341
私营企业	649455	85801	3780587	9315486	15059579
其他内资企业	10647	1861	71898	345735	526825
中国港、澳、台商投资企业	1572529	83405	2351169	5727926	3684722
合资经营企业（中国港、澳、台资）	978394	4196	329026	1720708	664237
合作经营企业（中国港、澳、台资）	2760	302	21334	63156	30956
中国港、澳、台商独资经营企业	579360	78303	1896090	3511788	2942438
中国港、澳、台商投资股份有限公司	12015	604	104719	432275	47092
外商投资企业	491212	118080	2940821	9538755	6362391
中外合资经营企业	119100	38083	502960	2115605	1541807
中外合作经营企业	4891	1	9231	59551	28184
外资企业	352630	79927	2388813	7170155	4641988
外商投资股份有限公司	14591	69	39817	193443	150413
二、按经济类型分列					
国有经济	370507	116968	2002499	6121600	5264764
集体经济	203836	576	1018217	1688475	3340060
股份合作经济	19747	939	100496	283044	108920

2013年软件和信息技术服务业主要指标汇总表（五）

单位：万元

	应交所得税	出口已退税额	研发经费	应收账款	应付账款
股份制经济	2187362	272122	13692644	225601492	28811922
外商及中国港、澳、台投资经济	2063740	201485	5291990	15266681	10047113
其他经济	662952	87668	3875346	12527568	16891760
三、按控股经济分列					
公有控股经济	1273430	213261	7577617	210296644	22858325
国有控股	917094	197063	5173905	204006923	16384951
国有绝对控股	621301	141146	3000224	197403108	11489882
国有相对控股	295792	55917	2173682	6603815	4895069
集体控股	356336	16198	2403711	6289721	6473374
集体绝对控股	283330	12208	1803938	5020173	5323729
集体相对控股	73006	3990	599774	1269548	1149645
非公有控股经济	4234713	466497	18403575	51192216	41606214
私人控股	2136255	268200	13479799	37220453	32494117
私人绝对控股	1664952	211334	10266653	27703171	24867409
私人相对控股	471303	56867	3213145	9517282	7626708
中国港、澳、台商控股	1569677	78584	1947543	5053568	3268096
中国港、澳、台商绝对控股	617327	73554	1860542	4635196	3066002
中国港、澳、台商相对控股	952350	5031	87001	418372	202094
外商控股	528781	119712	2976234	8918195	5844000
外商绝对控股	479860	107731	2645863	7956705	5231092
外商相对控股	48921	11981	330371	961490	612908
四、按软件出口基地分列					
北京软件出口基地	73335	480	652482	1898069	1026788
天津软件出口基地	1428		11183	38556	25979
大连软件出口基地	128001	13367	471000	1838940	1584773
上海软件出口基地	103067	37125	542509	186814300	680133
深圳软件出口基地	101182	101502	1134872	3316165	1758224
西安软件出口基地	84053		501217		
五、按软件园区分列					
北京中关村软件园	193416	5113	1119543	3897590	1889180
大连软件园	128001	13367	470950	1838873	1584773

2013年软件和信息技术服务业主要指标汇总表（五）

单位：万元

	应交所得税	出口已退税额	研发经费	应收账款	应付账款
上海浦东软件园	103067	37125	542509	186814300	680133
南京软件园	119491	37631	400693	2822134	1715402
杭州软件园	259309	32365	1705729	3290643	2278600
山东齐鲁软件园	82987	1079	524333	674350	349418
长沙软件园	21272	1732	120651	854792	241240
广州天河软件园	154148	892	1244118	1680571	2367694
珠海南方软件园	8449	18011	152370	123487	147483
成都软件园	35524	2250	579229	1893637	958446
西安软件园	84053		501217		
六、按行业分列					
软件产品行业	2706474	287694	11788517	220946591	29106977
信息系统集成服务行业	966581	39667	4903514	16259166	14418012
信息技术咨询服务行业	288492	29428	1517836	3579957	3449430
数据处理和存储服务行业	808842	38071	3523581	5808587	7357563
嵌入式系统软件行业	674424	181301	3015808	13097660	8394185
集成电路设计行业	63330	103597	1231936	1796899	1738371

2013年软件和信息技术服务业主要指标汇总表（六）

单位：万元

	固定资产折旧	生产税净额	营业盈余	本年应付职工薪酬
软件企业合计	**19746891**	**10236690**	**28318174**	**47060921**
一、按企业登记注册类型分列				
内资企业	11951182	8313277	18334629	34410582
国有企业	1258411	655603	2086550	2406553
集体企业	222714	323435	869454	1010508
股份合作企业	76577	45129	156485	216247
联营企业	576210	14389	42316	62760
国有联营企业	38791	2869	5083	26427
集体联营企业	3911	1666	5931	5340
国有与集体联营企业	2311	4306	17878	7409
其他联营企业	531197	5549	13424	23585
有限责任公司	4891525	3624992	8741481	13956092
国有独资公司	240124	192092	159352	446585
其他有限责任公司	4651401	3432900	8582130	13509507
股份有限公司	2864795	2204886	4638286	7102817
私营企业	1982158	1411768	1714942	8857035
其他内资企业	78792	33074	85115	798570
中国港、澳、台商投资企业	1406805	774525	6848397	4111804
合资经营企业（中国港、澳、台资）	297322	75407	242009	520082
合作经营企业（中国港、澳、台资）	6264	1404	7858	48292
中国港、澳、台商独资经营企业	1049095	657220	6608340	3352407
中国港、澳、台商投资股份有限公司	54124	40494	-9809	191023
外商投资企业	6388904	1148889	3135148	8538535
中外合资经营企业	621191	229748	904028	1297059
中外合作经营企业	22402	8759	4708	95811
外资企业	5570392	888597	2166248	7012539
外商投资股份有限公司	174919	21785	60164	133125
二、按经济类型分列				
国有经济	1537327	850564	2250984	2879565
集体经济	226625	325101	875385	1015848
股份合作经济	76577	45129	156485	216247

2013年软件和信息技术服务业主要指标汇总表（六）

单位：万元

	固定资产折旧	生产税净额	营业盈余	本年应付职工薪酬
股份制经济	7516196	5637786	13220415	20612323
外商及中国港、澳、台投资经济	7795709	1923414	9983546	12650339
其他经济	2594458	1454697	1831359	9686599
三、按控股经济分列				
公有控股经济	5173451	3173128	6890774	11637441
国有控股	4165398	2479585	5167196	8167801
国有绝对控股	2856525	1358877	3374235	5584252
国有相对控股	1308873	1120708	1792961	2583549
集体控股	1008054	693543	1723579	3469640
集体绝对控股	537178	491677	1358426	2626223
集体相对控股	470876	201866	365152	843417
非公有控股经济	14573439	7063563	21427400	35423480
私人控股	7301602	5163705	13001191	23129847
私人绝对控股	5784401	3329621	9257210	18340246
私人相对控股	1517201	1834085	3743982	4789601
中国港、澳、台商控股	3771554	581866	4474034	3974991
中国港、澳、台商绝对控股	3655124	534690	4383455	3765579
中国港、澳、台商相对控股	116429	47176	90579	209412
外商控股	3500284	1317992	3952175	8318642
外商绝对控股	3230543	1191139	3483864	7681436
外商相对控股	269740	126852	468311	637205
四、按软件出口基地分列				
北京软件出口基地	267054	118470	97770	1476795
天津软件出口基地	9026	1537	47273	39181
大连软件出口基地	976092	226394	587571	1099596
上海软件出口基地	177662	37192	288369	656456
深圳软件出口基地	379018	692987	547221	1026244
西安软件出口基地	234374	287100	340301	719227
五、按软件园区分列				
北京中关村软件园	234587	461391	1492966	1911680
大连软件园	976082	226394	587571	1099557

2013年软件和信息技术服务业主要指标汇总表（六）

单位：万元

	固定资产折旧	生产税净额	营业盈余	本年应付职工薪酬
上海浦东软件园	177662	37192	288369	656456
南京软件园	180707	183748	394642	1504112
杭州软件园	861470	680184	5107641	1778579
山东齐鲁软件园	270890	205496	857648	522286
长沙软件园	95681	26924	101021	194734
广州天河软件园	409601	492890	1272271	1512597
珠海南方软件园	27433	13935	313832	180047
成都软件园	378001	184611	879010	1397223
西安软件园	234374	287100	340301	719227
六、按行业分列				
软件产品行业	5066245	4321986	9764410	21515565
信息系统集成服务行业	3074936	2134128	5977850	8351292
信息技术咨询服务行业	1160885	609624	40717	4883327
数据处理和存储服务行业	3116189	1753855	9184911	6894581
嵌入式系统软件行业	4094651	1254554	2152197	3642928
集成电路设计行业	3233985	162543	1198089	1773227

2013年软件和信息技术服务业主要指标汇总表（七）

单位：人

	从业人员年末人数	软件研发人员	管理人员	硕士以上人员	大本人员	大专以下
软件企业合计	**4702392**	**1797835**	**529273**	**478655**	**2659123**	**1564427**
一、按企业登记注册类型分列						
内资企业	3744693	1454641	444612	366476	2189022	1189062
国有企业	288616	82347	31976	36949	149538	102130
集体企业	75478	10246	4820	15782	47107	12591
股份合作企业	29121	9815	1965	2124	13923	13073
联营企业	29478	4331	1586	3648	10681	15148
国有联营企业	1958	944	269	247	1159	549
集体联营企业	20998	454	542	3113	5609	12277
国有与集体联营企业	1891	539	176	86	1274	531
其他联营企业	4631	2394	599	202	2639	1791
有限责任公司	1487536	636700	188370	147293	873816	466377
国有独资公司	47902	14398	5728	4341	26312	17254
其他有限责任公司	1439634	622302	182642	142952	847504	449123
股份有限公司	776217	294678	83274	72937	441884	261378
私营企业	955819	381112	119762	74996	581056	299701
其他内资企业	102428	35412	12859	12747	71017	18664
中国港、澳、台商投资企业	315804	100465	29651	34893	131392	149495
合资经营企业（中国港、澳、台资）	74146	16672	7989	7346	22283	44501
合作经营企业（中国港、澳、台资）	3036	2346	363	481	2247	309
中国港、澳、台商独资经营企业	227082	74919	20051	25629	100199	101247
中国港、澳、台商投资股份有限公司	11540	6528	1248	1437	6663	3438
外商投资企业	641895	242729	55010	77286	338709	225870
中外合资经营企业	128733	54185	11764	12522	75805	40393
中外合作经营企业	8638	1339	1585	418	3842	4378
外资企业	488261	182305	40659	63051	250342	174851
外商投资股份有限公司	16263	4900	1002	1295	8720	6248
二、按经济类型分列						
国有经济	338476	97689	37973	41537	177009	119933
集体经济	96476	10700	5362	18895	52716	24868
股份合作经济	29121	9815	1965	2124	13923	13073

2013年软件和信息技术服务业主要指标汇总表（七）

单位：人

	从业人员年末人数	软件研发人员	管理人员	硕士以上人员	大本人员	大专以下
股份制经济	2215851	916980	265916	215889	1289388	710501
外商及中国港、澳、台投资经济	957699	343194	84661	112179	470101	375365
其他经济	1064769	419457	133396	88031	655986	320687
三、按控股经济分列						
公有控股经济	1123931	378253	117817	143673	612886	367377
国有控股	802264	285949	91372	103303	434515	264454
国有绝对控股	520009	155643	55374	63658	278290	178070
国有相对控股	282255	130306	35998	39645	156225	86384
集体控股	321667	92304	26445	40370	178371	102923
集体绝对控股	212457	57009	16364	33217	121287	57949
集体相对控股	109210	35295	10081	7153	57084	44974
非公有控股经济	3578461	1419582	411456	334982	2046237	1197050
私人控股	2681671	1092439	329702	229075	1599773	852678
私人绝对控股	1997534	779429	239801	180945	1175686	640781
私人相对控股	684137	313010	89901	48130	424087	211897
中国港、澳、台商控股	274640	95245	25828	31156	125757	117703
中国港、澳、台商绝对控股	250218	88591	23539	29636	113174	107392
中国港、澳、台商相对控股	24422	6654	2289	1520	12583	10311
外商控股	622150	231898	55926	74751	320707	226669
外商绝对控股	547189	203154	48018	69195	280040	197938
外商相对控股	74961	28744	7908	5556	40667	28731
四、按软件出口基地分列						
北京软件出口基地	115611	61313	9640	14767	70864	29980
天津软件出口基地	4479	1990	469	283	2930	1266
大连软件出口基地	217003	113167	22851	24217	160602	32172
上海软件出口基地	43600	20048	2862	10136	25928	7536
深圳软件出口基地	108295	59051	13148	16712	58336	33250
西安软件出口基地	106857	65737	16081	14226	60719	31897
五、按软件园区分列						
北京中关村软件园	165262	94203	17844	18914	109446	36900
大连软件园	216985	113158	22845	24212	160595	32166

2013年软件和信息技术服务业主要指标汇总表（七）

单位：人

	从业人员年末人数	软件研发人员	管理人员	硕士以上人员	大本人员	大专以下
上海浦东软件园	43600	20048	2862	10136	25928	7536
南京软件园	66851	36061	9125	12173	39775	14899
杭州软件园	178136	65256	18957	18297	102713	57130
山东齐鲁软件园	102680	29611	15122	10273	72004	20404
长沙软件园	31613	13254	4233	2645	19275	9691
广州天河软件园	161624	104619	24612	8986	102352	50286
珠海南方软件园	15860	8383	1145	2265	8044	5553
成都软件园	106920	21422	10285	8838	52910	45170
西安软件园	106857	65737	16081	14226	60719	31897
六、按行业分列						
软件产品行业	2150917	975754	262802	223841	1319174	607902
信息系统集成服务行业	952362	300545	99798	101018	561286	290058
信息技术咨询服务行业	353172	150257	43256	37736	219212	96224
数据处理和存储服务行业	625255	206670	69257	55320	333194	236741
嵌入式系统软件行业	456427	109635	37867	40672	160705	254863
集成电路设计行业	164259	54974	16293	20068	65552	78639

2013年软件产品完成情况

项　　目	企业数（个）	本年收入（万元）	其中：出口（万美元）
软件收入明细合计	**33335**	**305874743**	**4691377**
软件产品行业（E6201）			
一、软件产品合计	24979	98768381	1324689
（一）基础软件	5093	16800703	176881
1. 操作系统	1046	4426614	92730
2. 数据库系统	782	2230475	7917
3. 中间件	840	4038010	30657
（1）基础中间件	247	690648	6523
（2）业务中间件	392	2717747	22547
（3）领域中间件	201	629615	1586
4. 办公软件	622	710086	6359
5. 网络基础软件	605	1444556	5154
6. 其他	1198	3950963	34063
（二）支撑软件	1144	3414263	32280
1. 开发工具和平台软件	582	1759374	11998
2. 测试工具软件	178	236150	1953
3. 网络支持软件	219	955728	16078
4. 基本支撑软件	165	463012	2252
（三）应用软件	15093	57603484	578445
1. 管理软件	3914	8374887	81442
2. 办公自动化软件	910	1461509	22374
3. 地理信息系统软件	383	1088592	4523
4. 网络应用软件	795	2579382	58047
5. 多媒体软件	500	1482842	16738
6. 动漫游戏软件	508	4158226	25099
7. 科学和工程计算软件	121	459570	15
8. 智能分析软件	302	786098	4639

2013年软件产品完成情况

项　　目	企业数（个）	本年收入（万元）	其中：出口（万美元）
9. 工业软件	1298	5333802	32997
（1）产品研发类软件	348	1289727	6605
（2）生产控制类软件	950	4044075	26392
10. 行业应用软件	6362	31878574	332571
（1）通信软件	1041	11780226	166951
（2）金融财税软件	459	2704318	20939
（3）能源软件	491	3464095	9876
（4）商务（贸）软件	142	522475	1708
（5）交通应用软件	537	1932953	9080
（6）医疗软件	490	1037873	26061
（7）统计软件	53	92276	245
（8）其他行业应用软件	3149	10344358	97711
（四）嵌入式应用软件	1822	11506755	340981
（五）信息安全产品	874	4866994	38197
1. 基础类安全产品	108	501326	4320
2. 终端与数字内容安全产品	84	1275945	21395
3. 网络与边界安全产品	167	1254676	2685
4. 专用安全产品	132	763717	5793
5. 安全测试评估与服务产品	39	161764	2369
6. 安全管理产品	194	467769	116
7. 其他信息安全产品及相关服务	150	441797	1519
（六）软件定制服务	953	4576181	157905
信息系统集成服务行业（E6202）			
二、信息系统集成服务合计	10226	65490565	560819
（一）信息系统设计服务	2949	18492513	477925
（二）集成实施服务	4655	37393776	70369
（三）运行维护服务	2622	9604276	12525

2013年软件产品完成情况

项　　目	企业数（个）	本年收入（万元）	其中：出口（万美元）
信息技术咨询服务行业（E6203）			
三、信息技术咨询服务合计	7691	30140910	339585
（一）信息化规划	970	4984436	57650
（二）信息技术管理咨询	4486	17130163	252602
（三）信息系统工程监理	657	2915203	10047
（四）测试评估	387	2728589	4665
（五）信息技术培训	1191	2382519	14621
数据处理和存储服务行业（E6204）			
四、数据处理和存储服务合计	5407	54817343	197118
（一）数据处理服务	1402	11254213	51312
（二）运营服务	2708	33600927	41413
1. 软件运营服务	687	3049779	11952
2. 平台运营服务	1757	26944285	24886
（1）物流管理服务平台	194	2473342	1036
（2）电子商务管理	589	11648716	6479
（3）在线娱乐平台	347	7990161	13761
（4）在线教育平台	179	684072	1071
（5）其他在线服务平台	448	4147994	2539
3. 基础设施运营服务	264	3606863	4574
（三）存储服务	266	1717327	55465
（四）数字内容处理服务	828	6922955	45932
（五）客户交互服务	203	1321921	2996
嵌入式系统软件行业（E6205）			
五、嵌入式系统软件合计	3622	46801022	1903959
（一）通信设备	892	18865797	1310242
1. 通信传输设备	381	3005427	104522
（1）光通信设备	148	1569717	64942

2013年软件产品完成情况

项　　目	企业数（个）	本年收入（万元）	其中：出口（万美元）
（2）卫星通信设备	59	260372	16791
（3）无线通信设备	174	1175338	22789
2. 通信交换设备	73	375374	13768
（1）数字程控交换机	51	281794	13738
（2）软交换机	10	8546	30
（3）光交换机	12	85034	
3. 移动通信设备	62	10935655	982996
（1）基站	45	10900497	982996
（2）直放站	17	35158	
4. 网络设备	376	4549341	208956
（1）网络控制设备	197	2016412	49077
（2）网络接口和适配器	45	719799	81537
（3）网络连接设备	116	1577439	78125
（4）网络优化设备	18	235691	217
（二）广播电视设备	129	827079	38828
1. 广播电视节目制作及播控设备	93	689108	36590
（1）非线性编辑设备	9	22993	300
（2）虚拟演播室设备	6	8124	
（3）音视频信号处理设备	78	657991	36290
2. 广播电视发射设备	36	137971	2238
（1）数字电视发射机	23	130673	2238
（2）电视转播发射机	13	7298	
（三）数字家用视听产品	60	1913636	68440
1. 电视接收机顶盒	60	1913636	68440
（四）计算机应用产品	678	9166245	229167
1. 金融、商业、税务电子应用产品	70	403458	8338
（1）银行自助服务终端	30	132599	993

2013年软件产品完成情况

项　目	企业数（个）	本年收入（万元）	其中：出口（万美元）
（2）POS机	25	107211	3500
（3）税控机	15	163648	3845
2. 汽车电子	259	4537328	11539
（1）传动系控制系统	60	825356	2414
（2）行驶系控制系统	48	824583	1431
（3）车身控制系统	72	1645647	
（4）安全控制系统	79	1241741	7694
3. 智能交通	51	263949	129
（1）交通信号控制机	51	263949	129
4. 医疗电子设备	122	372610	18768
（1）医用电子仪器设备	99	282158	14087
（2）医学影像设备	23	90452	4680
5. 智能识别装置	161	3537546	190393
6. 自动检售票设备	15	51356	
（五）信息系统安全产品	157	999520	22561
1. 边界防护类设备和系统	44	160948	1461
2. 密钥管理类设备和系统	113	838573	21100
（六）电子测量仪器	281	498127	11722
1. 器件参数测量仪器	83	141667	2265
2. 扫描、频谱波形分析仪器	36	128185	8111
3. 通信测量仪器	34	71004	917
4. 特殊测量仪器	128	157272	428
（七）装备自动控制产品	1425	14530618	222999
1. 集散控制系统	490	7343462	156534
2. 电气传动及控制系统	420	2931923	22758
3. 装备制造工控系统	515	4255232	43707

2013年软件产品完成情况

项　　目	企业数（个）	本年收入（万元）	其中：出口（万美元）
集成电路设计行业（E6206）			
六、集成电路设计合计	1161	9856522	365207
（一）MOS微器件	87	280658	4674
（二）逻辑电路	103	478686	13322
（三）MOS存储器	58	477289	37754
（四）模拟电路	112	657075	7680
（五）专用电路	215	2579800	82230
（六）智能卡芯片及电子标签芯片	166	1490171	15998
（七）传感器电路	117	826283	32090
（八）微波集成电路	36	223753	796
（九）混合集成电路	267	2842808	170662

2013年软件产品出口

出口国家和地区	软件产品合计	操作系统	数据库系统	管理软件	动漫游戏软件
中国香港	52600	1020	495	5560	2412
中国台湾	50342	160	50	256	919
韩国	40182	1215	27	728	533
美国	217863	2892	3857	7632	5544
日本	256838	1886	416	55510	3083
德国	35454	6154		19	64
法国	5681	387		721	2393
英国	10382		88	576	284
印度	109337	29542	120	93	
墨西哥	655	100		4	
巴西	432		104		141
俄罗斯	28024	177	134	169	50
南美洲其他国家	4303	91		5	
大洋州	699			239	
亚洲其他国家	49264	2646		4414	4474
西欧其他国家	10323				199
东欧其他国家	5267	24		34	18
非洲	51086	44372		1192	

国家和地区表（一）

单位：万美元

通信软件	金融财税软件	工业软件	网络应用软件	嵌入式应用软件	信息安全产品	软件定制服务
1702	2492	3229	671	1887	2247	4854
2116	35	469	23	30682	20	12380
9592	924	1259	205	15101	134	3894
63537	1042	11093	5067	17070	498	44137
10681	7924	3205	3080	31300	1895	49397
12	1	5163		1471	21410	374
418		10			86	250
304	4404	924	667	7		1278
11795	1082	2662	46461	104	4981	8327
		30		77		
4264			244	102		133
				90		
			45			350
1301	1003	3153	97	5936	633	2474
99		19	57	335		123
		14		166		1857
2		1		787		4572

2013年软件产品出口

出口国家和地区	信息系统集成服务	信息技术咨询服务	数据处理服务
中国香港	811	4153	2445
中国台湾	3166	2538	5516
韩国	8001	1499	3992
美国	16808	65109	7950
日本	31401	107720	19111
德国	3323	889	718
法国	35	633	413
英国	564	2755	1808
印度	2016	8254	
墨西哥	93	70	
巴西		70	
俄罗斯	9055	349	842
南美洲其他国家	7400		
大洋洲	1	16	31
亚洲其他国家	13121	45677	2055
西欧其他国家	2166	678	269
东欧其他国家	64	555	345
非洲	5101	2406	1200

国家和地区表（二）

单位：万美元

运营服务	嵌入式系统软件	集成电路设计
4274	51280	159016
6719	229263	12132
2762	101862	539
9216	221804	38028
6823	111083	6273
	26377	4477
	14057	305
111	527	56677
55	117535	470
	1148	1540
50	18085	1964
	4110	
2863	4851	
	150	611
2990	25737	48812
59	30144	2132
	7872	84
1800	179335	1406

2013年各省市软件和信息技术

	企业数（个）	软件业务收入	其中：软件产品收入	信息系统集成服务收入
软件企业合计	**33335**	**305874743**	**98768381**	**65490565**
（一）按省市分列				
北京市	2682	42106310	15544967	10521853
天津市	560	7113918	2050111	892798
河北省	255	1342256	358602	906358
山西省	127	277592	147671	92656
内蒙古自治区	69	278411	135935	102912
辽宁省	4140	27795023	9700132	6662475
吉林省	908	3195737	825656	905193
黑龙江省	468	1182164	504758	284048
上海市	2498	25389882	8693380	4757609
江苏省	4540	51772720	16017599	8534653
浙江省	1768	18988428	5527447	3462372
安徽省	337	995709	507062	313286
福建省	1457	10140097	3303401	2896237
江西省	139	650215	182318	282611
山东省	2191	22640508	7933664	4398114
河南省	331	1932503	716346	806410
湖北省	2368	7094478	3069070	1412349
湖南省	650	2556576	1115257	699903
广东省	4196	49063790	13455542	8134033
广西壮族自治区	235	754924	342650	284395
海南省	37	157958	45322	97967
重庆市	616	5469408	750027	1813423
四川省	1291	16003086	5345359	3879166
贵州省	210	707286	286687	380754
云南省	103	552841	80557	410913
西藏自治区				
陕西省	864	6883102	1966777	2050169
甘肃省	90	245034	81582	122138

服务业主要指标汇总表（一）

单位：万元

其中：			
信息技术咨询服务收入	数据处理和存储服务收入	嵌入式系统软件收入	集成电路设计收入
30140910	**54817343**	**46801022**	**9856522**
2986874	12164398	74747	813471
831702	990599	1126643	1222065
53418	9722	12360	1796
10319	3356	23403	187
31728	6040	1778	18
3977157	3999569	3199471	256219
552852	412587	499138	311
205312	132315	55011	720
2565004	5545072	1632299	2196518
3311671	6071392	15682097	2155309
916641	6582902	2099867	399200
57338	50343	67353	327
1297106	886139	1301203	456011
84825	40225	16879	43356
3334580	2031915	4679161	263073
216397	63913	108907	20531
544253	1352229	654307	62270
26312	60863	653405	836
4150937	8691771	13624010	1007497
53249	61003	11747	1880
7038	7277	353	
981108	1384059	527894	12897
2151603	3906156	76095	644707
20720	6905	11772	448
16501	42226	2643	
1695387	229289	645135	296345
13372	23359	4551	33

2013年各省市软件和信息技术

	企业数（个）	软件业务收入	其中：软件产品收入	信息系统集成服务收入
青海省	16	8952	674	5134
宁夏回族自治区	69	79315	33393	32781
新疆维吾尔自治区	120	496520	46433	347858
（二）按副省级城市分列				
大连市	1896	13500362	5154469	1730189
宁波市	558	2338646	454098	350906
厦门市	822	6027012	1464308	1381595
青岛市	469	7021174	1413646	1307176
深圳市	1984	29729370	7647554	5427401
沈阳市	1947	13510308	4151915	4623149
长春市	528	2286226	657650	597525
哈尔滨市	395	894027	392565	217015
南京市	1365	23093933	7796947	6787099
杭州市	881	16116245	4843956	3040638
济南市	1354	13373430	5984288	2620062
武汉市	2300	7025297	3042114	1390706
广州市	1632	15939837	4597579	2538183
成都市	1267	15496443	5238799	3533799
西安市	864	6883102	1966777	2050169

服务业主要指标汇总表（一）

单位：万元

其中：			
信息技术咨询服务收入	数据处理和存储服务收入	嵌入式系统软件收入	集成电路设计收入
736	991	1418	
4098	3017	6027	
42673	57710	1346	500
2742459	2565045	1267700	40501
97635	356276	883618	196113
1084614	675423	1208193	212879
732357	785307	2689993	92695
435477	4087302	11835058	296579
1197862	1419779	1902349	215254
413341	190670	426729	311
145577	84517	53633	720
2210228	3085733	2799876	414050
791332	6107461	1155716	177142
2510861	1162626	932379	163213
541461	1346185	642574	62257
3461753	4262219	607011	473092
2128785	3894849	69017	631194
1695387	229289	645135	296345

2013年各省市软件和信息技术服务业主要指标汇总表（二）

单位：万美元

	软件业务出口收入	软件外包服务出口收入	嵌入式系统软件出口收入
软件企业合计	**4691377**	**1047561**	**1903959**
（一）按省市分列			
北京市	260502	232470	762
天津市	58759	5766	
河北省	5767	358	
山西省	62		
内蒙古自治区	167		
辽宁省	605645	402667	55195
吉林省	3444	1026	573
黑龙江省	3866	3404	462
上海市	342167	119184	17165
江苏省	866953	82400	620316
浙江省	171779	29967	24453
安徽省	7396	4201	1553
福建省	10866	1635	548
江西省	5974	6	
山东省	113151	33429	68062
河南省	334	220	23
湖北省	19543	12252	3673
湖南省	7712	2191	
广东省	2017030	44561	1092311
广西壮族自治区	288	6	25
海南省	308	91	
重庆市	20271	8306	10922
四川省	119375	20926	395
贵州省			
云南省	275	275	
西藏自治区			
陕西省	49693	42170	7523
甘肃省	28	28	
青海省			

2013年各省市软件和信息技术服务业主要指标汇总表（二）

单位：万美元

	软件业务出口收入	软件外包服务出口收入	嵌入式系统软件出口收入
宁夏回族自治区	20	20	
新疆维吾尔自治区			
（二）按副省级城市分列			
大连市	430256	304700	23822
宁波市	25641	1021	13881
厦门市	853	572	
青岛市	45823	4364	33281
深圳市	1878030	9169	1022942
沈阳市	173541	97729	31373
长春市	3307	973	573
哈尔滨市	3565	3103	462
南京市	70256	42054	23034
杭州市	143836	27728	10212
济南市	31515	27485	3464
武汉市	19397	12188	3590
广州市	40544	33219	613
成都市	118231	19882	295
西安市	49693	42170	7523

2013年各省市软件和信息技术服务业主要指标汇总表（三）

单位：万元

	利润总额	流动资产平均余额	资产合计	负债合计	固定资产投资额
软件企业合计	**38305293**	**421396176**	**445894675**	**223198418**	**14099008**
（一）按省市分列					
北京市	5282159	44991213	80430850	33338670	955248
天津市	848774	1055358	9022256	1259982	109531
河北省	322464	1429026	1985583	1014009	48079
山西省	43345	320310	566302	244296	9146
内蒙古自治区	24827	105851	215607	81497	2111
辽宁省	2024662	8913981	21890091	11867309	603157
吉林省	218409	746989	1325242	465831	124759
黑龙江省	177244	682218	1429735	390416	27202
上海市	470897	22447760	38154373	20496651	858457
江苏省	4327670	211827969	57681973	29516607	2243004
浙江省	5479240	15819253	29241680	12360674	564660
安徽省	198577	1152424	2357791	911084	94483
福建省	1511877	3554845	5849971	2599047	180798
江西省	98194	417765	888156	354477	19430
山东省	3685604	21338513	50290245	34071494	386871
河南省	303476	996345	2007424	718991	5097474
湖北省	691247	8301512	15190460	8377543	600697
湖南省	476044	8860328	7593516	3399478	100104
广东省	8412217	53146017	83202750	42921231	1336291
广西壮族自治区	171222	374273	682071	323785	17964
海南省	19950	57138	277688	140482	
重庆市	423811	2503420	6490616	2877800	83282
四川省	2513511	4736086	15461547	8382776	221242
贵州省	36504	581539	939926	521148	13178
云南省	33668	631494	892616	462984	17504
西藏自治区					
陕西省	428957	5836148	10517104	5426794	343963
甘肃省	20113	198595	410516	198189	13740
青海省	655	6090	13954	5323	75

2013年各省市软件和信息技术服务业主要指标汇总表（三）

单位：万元

	利润总额	流动资产平均余额	资产合计	负债合计	固定资产投资额
宁夏回族自治区	6563	42958	108283	52487	2239
新疆维吾尔自治区	53413	320758	776350	417364	24320
（二）按副省级城市分列					
大连市	964923	6793211	16722760	9919347	232926
宁波市	170494	1250145	4174205	1801366	58143
厦门市	933570	599012	915457	416205	33575
青岛市	1439445	14467604	31569516	22010668	39146
深圳市	5295564	29933328	47214590	27075066	697617
沈阳市	1011747	1253447	3521699	1190261	249782
长春市	141909	574987	1112611	386687	86274
哈尔滨市	128877	596594	1224417	346956	26395
南京市	2679178	19794012	33027221	18063978	1635630
杭州市	5239271	14028559	24115514	10094637	468966
济南市	2027232	5956080	15487601	10904584	252192
武汉市	679849	8193513	15016168	8311161	595790
广州市	2213506	17391283	30140744	13469179	429430
成都市	2427385	4046521	14084313	7509981	216434
西安市	428957	5836148	10517104	5426794	343963

2013年各省市软件和信息技术服务业主要指标汇总表（四）

单位：万元

	主营业务税金及附加	年末所有者权益	年初所有者权益	应交增值税
软件企业合计	**6220598**	**222696257**	**164030235**	**9337629**
（一）按省市分列				
北京市	434985	47092180	28234793	1329389
天津市	26224	7762275	2330897	166215
河北省	42404	971573	820910	44903
山西省	5855	322006	269500	12648
内蒙古自治区	4622	134110	95183	3105
辽宁省	1052093	10022782	8672494	147987
吉林省	83653	859411	697689	99851
黑龙江省	19079	1039319	910941	35300
上海市	378453	17657722	18223564	785633
江苏省	659758	28165366	21983431	1825463
浙江省	269737	16881006	11454935	712781
安徽省	15068	1446707	1033271	45630
福建省	161851	3250924	2537018	100145
江西省	10060	533679	469882	13455
山东省	544412	16218751	12386273	330568
河南省	32681	1288433	1833581	115418
湖北省	115912	6812916	4291553	208838
湖南省	35247	4194038	3277203	152083
广东省	1046323	40281519	34533312	2593367
广西壮族自治区	36348	358286	293792	8161
海南省	5533	137205	129482	2688
重庆市	128996	3612816	1323333	225214
四川省	687977	7078771	3972200	239221
贵州省	24430	418779	236653	8999
云南省	8843	429631	355517	8163
西藏自治区				
陕西省	368619	5090310	3134428	104809
甘肃省	7409	212327	186332	4048
青海省	161	8632	7504	145

2013年各省市软件和信息技术服务业主要指标汇总表（四）

单位：万元

	主营业务税金及附加	年末所有者权益	年初所有者权益	应交增值税
宁夏回族自治区	1495	55796	41229	3548
新疆维吾尔自治区	12376	358987	293339	9854
（二）按副省级城市分列				
大连市	300311	6803414	5994365	77915
宁波市	20905	2372839	1072071	44593
厦门市	78306	499252	221950	17328
青岛市	196024	9558848	6483660	86834
深圳市	393035	20139524	16270125	1654582
沈阳市	733731	2331437	1974664	54877
长春市	53242	725924	617786	53027
哈尔滨市	12922	877461	782620	28948
南京市	352083	14963243	12531210	860655
杭州市	240750	14020877	9981823	649470
济南市	290351	4583017	4095975	193309
武汉市	114618	6705007	4197571	205495
广州市	612706	16671565	14887381	341023
成都市	685734	6574333	3575066	229270
西安市	368619	5090310	3134428	104809

2013年各省市软件和信息技术服务业主要指标汇总表（五）

单位：万元

	应交所得税	出口已退税额	研发经费	应收账款	应付账款
软件企业合计	**5508143**	**679758**	**25981192**	**261488860**	**64464538**
（一）按省市分列					
北京市	668708	6101	3733022	13032461	7666371
天津市	25135	9741	332515	412213	243545
河北省	30420	2173	58984	504603	360506
山西省	4937		41115	171500	77621
内蒙古自治区	2598	95	6168	64717	14282
辽宁省	184691	29539	933137	3712985	2207698
吉林省	28361	3153	129466	236603	184982
黑龙江省	26574	39	66420	202099	160718
上海市	470581	81366	2456820	192971340	7074641
江苏省	1581007	172871	2281167	14902722	9310854
浙江省	304343	76991	1933655	4038150	2775908
安徽省	20235	1129	191814	541145	338949
福建省	83137	19200	805691	1211517	804441
江西省	11667	36	56777	219347	124919
山东省	508300	12967	2125979	4642343	5749220
河南省	150646	217	253320	423150	168961
湖北省	101132	50117	943696	2427031	1342703
湖南省	68051	2821	224340	3411745	763938
广东省	978440	205073	6844389	13712314	13227350
广西壮族自治区	31822	53	20503	165115	55451
海南省	2702		12098	48153	40775
重庆市	26514	500	554918	943541	1522829
四川省	88472	5072	1365351	2742321	9561719
贵州省	4290	171	27403	133782	229269
云南省	5726	318	50231	234880	175688
西藏自治区					
陕西省	84053		501217		
甘肃省	2692	16	12347	97795	56750
青海省	102		206	3324	1418
宁夏回族自治区	893		5536	24094	16080

2013年各省市软件和信息技术服务业主要指标汇总表（五）

单位：万元

	应交所得税	出口已退税额	研发经费	应收账款	应付账款
新疆维吾尔自治区	11913		12908	257869	206951
（二）按副省级城市分列					
大连市	128001	13367	470950	1838873	1584773
宁波市	28468	40236	123979	419770	279386
厦门市	10673	12482	511267	260603	239029
青岛市	223518	6023	1062579	2318499	4172368
深圳市	470139	145826	4045258	9210226	5692685
沈阳市	47941	11727	411460	1490039	468817
长春市	25083	168	105810	196034	163502
哈尔滨市	22549	29	59210	169620	149827
南京市	402698	128821	1545646	10014491	6095591
杭州市	265435	34887	1744018	3404173	2345402
济南市	187741	3924	976283	1681296	984052
武汉市	99777	50116	934367	2384867	1327955
广州市	279236	6605	2244835	3295148	6316336
成都市	81163	5019	1297947	2547199	9332425
西安市	84053		501217		

2013年各省市软件和信息技术服务业主要指标汇总表（六）

单位：万元

	固定资产折旧	生产税净额	营业盈余	本年应付职工薪酬
软件企业合计	**19746891**	**10236690**	**28318174**	**47060921**
（一）按省市分列				
北京市	1044237	1759168	3110191	9338693
天津市	209823	48698	804000	610539
河北省	63843	20763	52784	290124
山西省	21504	12085	23975	37480
内蒙古自治区	16758	3156	14035	19748
辽宁省	1757889	646048	1159271	3303974
吉林省	213930	62908	198062	152013
黑龙江省	37548	20244	164186	166584
上海市	1567266	698457	475461	6384161
江苏省	6689160	617342	2298537	7075001
浙江省	1098217	762380	5285265	2227726
安徽省	78108	34761	112562	195113
福建省	436923	339415	665265	1438395
江西省	69557	17847	43723	78531
山东省	1181174	910817	2947861	2538743
河南省	79511	69003	232025	314984
湖北省	500191	414047	536144	989738
湖南省	201724	116758	115817	333086
广东省	3274202	2119899	6276149	7243234
广西壮族自治区	30860	18869	27018	120731
海南省	7930	1794	5505	54632
重庆市	218846	66405	329386	463193
四川省	606581	1105092	2981130	2668639
贵州省	35493	45183	41720	67149
云南省	11204	17903	30374	102674
西藏自治区				
陕西省	234374	287100	340301	719227
甘肃省	13579	9319	16020	31566
青海省	1211	215	196	1628

2013年各省市软件和信息技术服务业主要指标汇总表（六）

单位：万元

	固定资产折旧	生产税净额	营业盈余	本年应付职工薪酬
宁夏回族自治区	9165	431	2018	15341
新疆维吾尔自治区	36082	10586	29191	78276
（二）按副省级城市分列				
大连市	976082	226394	587571	1099557
宁波市	187600	58100	124956	317397
厦门市	298507	157370	189640	864604
青岛市	335591	345949	852816	1373391
深圳市	2122432	973256	2785906	3613746
沈阳市	676377	376368	524888	2137565
长春市	170122	41752	128258	86988
哈尔滨市	33398	17636	123144	130087
南京市	1583065	335195	1036996	4033593
杭州市	874331	683899	5118672	1824442
济南市	564554	403935	1648249	961768
武汉市	491182	408519	531669	980183
广州市	676170	984866	2604806	2750817
成都市	551344	1091282	2941193	2554608
西安市	234374	287100	340301	719227

2013年各省市软件和信息技术服务业主要指标汇总表（七）

单位：人

	从业人员年末人数	软件研发人员	管理人员	硕士以上人员	大本人员	大专以下
软件企业合计	**4702392**	**1797835**	**529273**	**478655**	**2659123**	**1564427**
（一）按省市分列						
北京市	594627	268939	64704	81006	333524	180084
天津市	69428	26268	6038	4100	43069	22261
河北省	28928	8406	2525	2233	17093	9600
山西省	8799	3473	875	511	5680	2609
内蒙古自治区	4153	1609	656	184	2992	977
辽宁省	503897	249060	55661	56149	372732	74997
吉林省	47742	14395	4794	3648	34505	9588
黑龙江省	25863	15410	3979	1340	17279	7237
上海市	338220	136845	37310	48772	196638	92812
江苏省	767167	191295	71060	65793	323929	377405
浙江省	250144	80155	26584	21222	131174	97721
安徽省	30505	11985	3983	2889	19291	8325
福建省	185889	38826	20009	10524	94693	80675
江西省	15676	5108	1954	1021	9708	4945
山东省	359460	92854	43428	46753	219759	92931
河南省	27620	12029	4025	2054	18461	7106
湖北省	171229	78474	25046	21166	103735	46300
湖南省	53346	21288	7904	3985	30993	18362
广东省	762933	406253	101630	65694	427896	269326
广西壮族自治区	19651	3301	2100	1088	9323	9239
海南省	3933	1544	443	98	2561	1274
重庆市	84752	16757	6549	5002	50372	29377
四川省	194359	34597	16649	17248	103185	73926
贵州省	12008	2299	1252	842	8016	3150
云南省	11575	5855	1304	448	6940	4187
西藏自治区						
陕西省	106857	65737	16081	14226	60719	31897
甘肃省	7153	2104	927	306	5041	1805
青海省	534	128	107	19	269	247

2013年各省市软件和信息技术服务业主要指标汇总表（七）

单位：人

	从业人员年末人数	软件研发人员	管理人员	硕士以上人员	大本人员	大专以下
宁夏回族自治区	3607	1061	396	110	2110	1387
新疆维吾尔自治区	12337	1780	1300	224	7436	4677
（二）按副省级城市分列						
大连市	216985	113158	22845	24212	160595	32166
宁波市	50931	8339	5014	983	17941	31983
厦门市	94801	8641	12896	5945	35726	53133
青岛市	121865	23973	10159	21619	67964	32273
深圳市	350237	179694	36116	44823	189052	116349
沈阳市	267559	130262	30259	30968	204713	31871
长春市	27001	10331	3383	2224	20584	4191
哈尔滨市	20394	12429	3115	1114	13864	5409
南京市	304323	108006	35649	39811	168717	95784
杭州市	183377	66324	19464	19678	105796	57907
济南市	196360	59463	28710	23028	131999	41329
武汉市	168688	77554	24711	21019	102266	45375
广州市	313220	199822	55820	16276	204117	92827
成都市	187076	32512	15258	16645	100459	69972
西安市	106857	65737	16081	14226	60719	31897

2013年各省市

	软件产品小计		其中：							
			基础软件		支撑软件		应用软件		信息安全软件	
		位次		位次		位次		位次		位次
合计	**98768381**		**16800703**		**3414263**		**57603484**		**4866994**	
北京市	15544967	2	1652754	5	21480	18	10361157	1	1870057	1
天津市	2050111	11	41931	19	119090	11	1246017	12	17518	14
河北省	358602	19	41299	20	4771	23	185242	20	638	27
山西省	147671	23	18721	24	9624	21	101488	23	1411	22
内蒙古自治区	135935	24	61507	16	21101	19	50808	26	1313	23
辽宁省	9700132	4	3201845	1	148807	8	4723915	5	141331	8
吉林省	825656	14	139264	12	7663	22	592892	14	48901	12
黑龙江	504758	18	103510	14	63072	12	242036	18	10964	16
上海市	8693380	5	693412	8	386925	4	5660347	4	181871	7
江苏省	16017598	1	1636490	6	478474	2	10061857	2	397493	4
浙江省	5527447	7	761538	7	125741	10	3232437	7	730682	2
安徽省	507062	17	60289	17	52851	13	310813	17	1034	25
福建省	3303401	9	419897	9	210951	6	2365297	8	69525	10
江西省	182318	22	33743	22	4453	24	134488	22	3163	18
山东省	7933664	6	1775346	4	330900	5	4438720	6	358664	5
河南省	716346	16	38421	21	33617	14	597877	13	15494	15
湖北省	3069070	10	243547	10	195173	7	1593619	9	66424	11
湖南省	1115257	13	49686	18	12100	20	338925	16	10047	17
广东省	13455542	3	2621170	3	489798	1	7496749	3	252891	6
广西壮族自治区	342650	20	127251	13	31643	15	167466	21	1689	20
海南省	45322	28	1133	29			44189	27		
重庆市	750027	15	219122	11	25386	17	400280	15	30574	13
四川省	5345359	8	2718053	2	139748	9	1549349	10	567867	3
贵州省	286687	21	72514	15	25677	16	186799	19	1697	19
云南省	80557	26	8691	27	3078	27	68313	24	121	28
陕西省	1966777	12	17702	25	463694	3	1351569	11	82154	9
甘肃省	81582	25	23199	23	4054	25	52908	25	1421	21
青海省	674	30	189	30			485	30		
宁夏回族自治区	33393	29	6665	28	458	28	17641	29	1170	24
新疆维吾尔自治区	46433	27	11813	26	3938	26	29801	28	879	26

软件产品收入汇总表

单位：万元

信息系统集成服务小计	位次	信息技术咨询服务小计	位次	数据处理和存储服务小计	位次	嵌入式系统软件小计	位次	集成电路设计小计	位次
65490565		**30140910**		**54817343**		**46801022**		**9856522**	
10521853	1	2986874	5	12164398	1	74747	16	813471	5
892798	15	831702	12	990599	11	1126643	8	1222065	3
906358	13	53418	19	9722	24	12360	21	1796	17
92656	28	10319	27	3356	28	23403	19	187	24
102912	26	31728	22	6040	27	1778	27	18	26
6662475	4	3977157	2	3999569	6	3199471	4	256219	11
905193	14	552852	13	412587	13	499138	13	311	23
284048	23	205312	16	132315	15	55011	18	720	19
4757609	5	2565004	6	5545072	5	1632299	6	2196518	1
8534653	2	3311671	4	6071392	4	15682097	1	2155309	2
3462372	8	916641	11	6582902	3	2099867	5	399200	8
313286	21	57338	18	50343	20	67353	17	327	22
2896237	9	1297106	9	886139	12	1301203	7	456011	7
282611	24	84825	17	40225	22	16879	20	43356	13
4398114	6	3334580	3	2031915	8	4679161	3	263073	10
806410	16	216397	15	63913	16	108907	14	20531	14
1412349	12	544253	14	1352229	10	654307	9	62270	12
699903	17	26312	23	60863	18	653405	10	836	18
8134033	3	4150937	1	8691771	2	13624010	2	1007497	4
284395	22	53249	20	61003	17	11747	23	1880	16
97967	27	7038	28	7277	25	353	30		
1813423	11	981108	10	1384059	9	527894	12	12897	15
3879166	7	2151603	7	3906156	7	76095	15	644707	6
380754	19	20720	24	6905	26	11772	22	448	21
410913	18	16501	25	42226	21	2643	26		
2050169	10	1695387	8	229289	14	645135	11	296345	9
122138	25	13372	26	23359	23	4551	25	33	25
5134	30	736	30	991	30	1418	28		
32781	29	4098	29	3017	29	6027	24		
347858	20	42673	21	57710	19	1346	29	500	20

III　三资企业统计

2013年三资企业

	企业数（个）	软件业务收入	其中：	
			软件产品收入	信息系统集成服务收入
软件企业合计	**3108**	**74672625**	**20542125**	**9795565**
一、按企业登记注册类型分列				
中国港、澳、台商投资企业	888	25981582	6026976	4139261
合资经营企业（中国港、澳、台资）	233	3634027	1441231	625713
合作经营企业（中国港、澳、台资）	16	151314	58453	70109
中国港、澳、台商独资经营企业	614	21573544	4443196	3240403
中国港、澳、台商投资股份有限公司	25	622697	84096	203037
外商投资企业	2220	48691044	14515149	5656303
中外合资经营企业	530	10070762	2266952	2007780
中外合作经营企业	32	419422	76930	43736
外资企业	1622	36979653	11891970	3594884
外商投资股份有限公司	36	1221207	279297	9904
二、按经济类型分列				
外商及中国港、澳、台投资经济	3108	74672625	20542125	9795565
三、按控股经济分列				
公有控股经济	161	4928224	1558983	591122
国有控股	112	3951698	1267385	562773
国有绝对控股	57	1805904	448320	332489
国有相对控股	55	2145795	819065	230284
集体控股	49	976525	291598	28349
集体绝对控股	31	392007	270673	22260
集体相对控股	18	584518	20925	6089
非公有控股经济	2947	69744401	18983142	9204442
私人控股	354	6221967	1465574	485141
私人绝对控股	208	4630639	851630	307655
私人相对控股	146	1591328	613944	177486
中国港、澳、台商控股	726	20467813	4630418	3651388
中国港、澳、台商绝对控股	623	19385411	4496033	3414825
中国港、澳、台商相对控股	103	1082403	134385	236563
外商控股	1867	43054621	12887151	5067914

主要指标汇总表（一）

单位：万元

其中：			
信息技术咨询服务收入	数据处理和存储服务收入	嵌入式系统软件收入	集成电路设计收入
7167446	**15122802**	**16903655**	**5141032**
1943171	9588280	2947885	1336008
432560	457824	537338	139362
2078		6344	14329
1431956	9030809	2268257	1158924
76577	99647	135946	23394
5224275	5534523	13955769	3805025
417148	770660	4369867	238355
57816	110661	102581	27698
4478048	4556085	9047437	3411230
271263	97117	435885	127742
7167446	15122802	16903655	5141032
956301	236007	1463582	122229
437112	207282	1362510	114637
181628	171110	668707	3651
255484	36172	693803	110986
519189	28726	101072	7592
4169	28726	58587	7592
515020		42485	
6211146	14886795	15440073	5018803
372854	3024297	710423	163678
156978	2723205	525097	66075
215876	301092	185327	97603
1447319	6750566	2473897	1514226
1383502	6485961	2169882	1435208
63817	264605	304015	79018
4390973	5111931	12255752	3340899

	企业数（个）	软件业务收入	其中：	
			软件产品收入	信息系统集成服务收入
外商绝对控股	1642	39359962	12092648	4095268
外商相对控股	225	3694659	794503	972646
四、按软件出口基地分列				
北京软件出口基地	99	2092156	885218	787556
天津软件出口基地	5	11303	11303	
大连软件出口基地	285	4881381	1394019	163921
上海软件出口基地	54	2331077	254391	29181
深圳软件出口基地	42	845558	394848	209133
西安软件出口基地	76	723905	210706	286588
五、按软件园区分列				
北京中关村软件园	57	5154645	1332349	1727281
大连软件园	285	4881381	1394019	163921
上海浦东软件园	54	2331077	254391	29181
南京软件园	29	732088	200515	74901
杭州软件园	2	3615218	64067	
山东齐鲁软件园	30	279068	112916	36556
长沙软件园	16	198917	177312	12697
广州天河软件园	72	962470	637974	104062
珠海南方软件园	12	25955	3652	7217
成都软件园	66	1428469	293771	187360
西安软件园	76	723905	210706	286588
六、按行业分列				
软件产品行业	1401	20915828	17186761	1907160
信息系统集成服务行业	257	7095301	181158	6592007
信息技术咨询服务行业	296	5405832	301525	206010
数据处理和存储服务行业	309	13196559	204717	43825
嵌入式系统软件行业	661	22441707	2596436	964686
集成电路设计行业	184	5617398	71527	81876
七、按省、市分列				
北京市	577	16017216	6448357	3810671

主要指标汇总表（一）

单位：万元

其中：

信息技术咨询服务收入	数据处理和存储服务收入	嵌入式系统软件收入	集成电路设计收入
4233710	4736404	11008594	3193338
157262	375528	1247158	147561
214339	166157		38886
2384335	497336	436294	5477
555012	763885		728608
6152	76102	159323	
2859	20251	58392	145108
64685	2014739	4707	10883
2384335	497336	436294	5477
555012	763885		728608
76383	2411	377840	38
	3551151		
71779	27755	28253	1810
19	8188	701	
139917	67839		12678
381	5939	8506	260
593903	71339	2805	279292
2859	20251	58392	145108
1198566	414408	161578	47355
132463	13965	140044	35664
4657126	232811	3391	4969
48167	12845813	54037	
533580	1431311	16480233	435461
597544	184494	64373	4617584
615051	4916858	18997	207282

2013年三资企业

	企业数（个）	软件业务收入	其中：	
			软件产品收入	信息系统集成服务收入
天津市	72	3000228	708867	54932
河北省	5	90372	68286	18771
山西省	1	18953	18953	
内蒙古自治区	1	1020	1020	
辽宁省	325	6226304	1570645	808267
吉林省	31	477302	26084	59470
黑龙江省	15	24516	10366	3095
上海市	489	10566429	2792307	1689146
江苏省	597	19016434	3905145	1110040
浙江省	104	4331225	207176	54020
安徽省	11	55049	53987	456
福建省	119	2356346	479398	360879
江西省	5	72985	8648	13004
山东省	90	1251280	272238	213157
河南省	5	25179	210	15307
湖北省	73	266176	125726	19933
湖南省	28	227073	201447	14130
广东省	354	6715623	2607473	597507
广西壮族自治区				
海南省	2	13084	914	12170
重庆市	24	560941	21123	191023
四川省	99	2624716	797264	458518
贵州省				
云南省	3	9603	5144	4459
西藏自治区				
陕西省	76	723905	210706	286588
甘肃省	1	175	175	
青海省				
宁夏回族自治区	1	490	466	24
新疆维吾尔自治区				

主要指标汇总表（一）

单位：万元

其中：

信息技术咨询服务收入	数据处理和存储服务收入	嵌入式系统软件收入	集成电路设计收入
136422	312946	978027	809033
3315			
2604799	587790	616798	38006
79243	29000	283505	
1679	7304	2072	
1492559	1339677	1443590	1809151
769278	1792306	10218626	1221039
18195	3607379	335589	108866
21	584		
127282	50556	1264616	73616
3662	4940	616	42115
99619	86143	574658	5465
458		9155	49
17292	67870	31430	3925
94	8225	3178	
335552	2047207	859231	268654
26277	123329	189191	9999
833787	120437	15985	398725
2859	20251	58392	145108

	企业数（个）	软件业务收入	其中：软件产品收入	信息系统集成服务收入
八、按副省级城市分列				
大连市	285	4881381	1394019	163921
宁波市	90	602048	72634	53471
厦门市	63	1714742	142078	191957
青岛市	28	265539	88792	88015
深圳市	171	4627914	1848941	367710
沈阳市	29	1323755	163061	640225
长春市	18	439248	11830	59079
哈尔滨市	14	21501	8451	3095
南京市	131	3025335	1166388	531895
杭州市	5	3671304	86379	
济南市	47	499905	171054	116772
武汉市	72	266117	125668	19932
广州市	119	1346091	686449	187276
成都市	99	2624716	797264	458518
西安市	76	723905	210706	286588

主要指标汇总表（一）

单位：万元

其中：

信息技术咨询服务收入	数据处理和存储服务收入	嵌入式系统软件收入	集成电路设计收入
2384335	497336	436294	5477
1578	47781	335589	90995
115389	48526	1189205	27587
5329	21873	57875	3655
157067	1797063	370222	86911
220455	87894	179592	32529
75692	9143	283505	
579	7304	2072	
343136	30966	917230	35721
16617	3551151		17157
94082	64270	51918	1810
17292	67870	31430	3925
172667	207084	4657	87958
833787	120437	15985	398725
2859	20251	58392	145108

2013年三资企业主要指标汇总表（二）

单位：万美元

	软件业务出口收入	软件外包服务出口收入	嵌入式系统软件出口收入
软件企业合计	**1872011**	**670264**	**659200**
一、按企业登记注册类型分列			
中国港、澳、台商投资企业	267392	45638	59799
合资经营企业（中国港、澳、台资）	14186	7649	5048
合作经营企业（中国港、澳、台资）	472		213
中国港、澳、台商独资经营企业	248348	34521	53709
中国港、澳、台商投资股份有限公司	4386	3468	829
外商投资企业	1604619	624626	599402
中外合资经营企业	183970	57492	111291
中外合作经营企业	1551	1327	
外资企业	1394218	560002	470945
外商投资股份有限公司	24879	5805	17165
二、按经济类型分列			
外商及中国港、澳、台投资经济	1872011	670264	659200
三、按控股经济分列			
公有控股经济	52264	8320	18233
国有控股	24957	3785	18001
国有绝对控股	21648	2312	18001
国有相对控股	3308	1472	
集体控股	27307	4536	232
集体绝对控股	3817	3515	232
集体相对控股	23490	1021	
非公有控股经济	1819747	661944	640967
私人控股	58894	33785	15666
私人绝对控股	18004	10764	3504
私人相对控股	40890	23021	12162
中国港、澳、台商控股	252855	39404	53928
中国港、澳、台商绝对控股	247924	38574	50977
中国港、澳、台商相对控股	4931	830	2952
外商控股	1507998	588755	571372
外商绝对控股	1426306	570642	514016

2013年三资企业主要指标汇总表（二）

单位：万美元

	软件业务出口收入	软件外包服务出口收入	嵌入式系统软件出口收入
外商相对控股	81692	18113	57356
四、按软件出口基地分列			
北京软件出口基地	107069	100600	
天津软件出口基地	1554	1015	
大连软件出口基地	254001	196203	13229
上海软件出口基地	126441	21870	
深圳软件出口基地	30019	388	11895
西安软件出口基地	20291	17355	2936
五、按软件园区分列			
北京中关村软件园	50630	38511	
大连软件园	254001	196203	13229
上海浦东软件园	126441	21870	
南京软件园	17756	17756	
杭州软件园			
山东齐鲁软件园	12334	11726	314
长沙软件园	1401	1247	
广州天河软件园	27835	27510	
珠海南方软件园	1237	988	249
成都软件园	100970	13044	262
西安软件园	20291	17355	2936
六、按行业分列			
软件产品行业	473842	351376	6998
信息系统集成服务行业	47796	42889	1385
信息技术咨询服务行业	231459	197074	
数据处理和存储服务行业	90119	39775	
嵌入式系统软件行业	746422	21682	650816
集成电路设计行业	282373	17469	0
七、按省、市分列			
北京市	207066	194616	331
天津市	5105	4231	
河北省	753		

2013年三资企业主要指标汇总表（二）

单位：万美元

	软件业务出口收入	软件外包服务出口收入	嵌入式系统软件出口收入
山西省			
内蒙古自治区	167		
辽宁省	292356	210670	17917
吉林省	781	725	
黑龙江省	522	482	40
上海市	305712	112767	17165
江苏省	717687	52103	526888
浙江省	15245	1073	9625
安徽省	3125	2823	
福建省	1629	403	
江西省	5948	5	
山东省	48264	14722	30123
河南省			
湖北省	4933	3781	
湖南省	1632	1395	
广东省	133247	34876	52529
广西壮族自治区			
海南省	91	91	
重庆市	1665	280	1385
四川省	105489	17563	262
贵州省			
云南省	275	275	
西藏自治区			
陕西省	20291	17355	2936
甘肃省	28	28	
青海省			
宁夏回族自治区			
新疆维吾尔自治区			
八、按副省级城市分列			
大连市	254001	196203	13229
宁波市	14375	349	9625

2013年三资企业主要指标汇总表（二）

单位：万美元

	软件业务出口收入	软件外包服务出口收入	嵌入式系统软件出口收入
厦门市			
青岛市	6701	1062	2583
深圳市	55921	3496	14204
沈阳市	38121	14236	4688
长春市	725	725	
哈尔滨市	522	482	40
南京市	31690	29642	1540
杭州市			
济南市	13622	12733	525
武汉市	4933	3781	
广州市	31071	29906	
成都市	105489	17563	262
西安市	20291	17355	2936

2013年三资企业主要指标汇总表（三）

单位：万元

	主营业务税金及附加	利润总额	流动资产平均余额	资产合计	负债合计
软件企业合计	**899773**	**12601075**	**50559579**	**89504946**	**37955835**
一、按企业登记注册类型分列					
中国港、澳、台商投资企业	351876	8316422	26947889	40930829	15544799
合资经营企业（中国港、澳、台资）	37723	435492	2877379	4866013	2224707
合作经营企业（中国港、澳、台资）	380	18750	58004	424320	243262
中国港、澳、台商独资经营企业	226590	7773302	23152973	34145449	12617620
中国港、澳、台商投资股份有限公司	87184	88878	859534	1495047	459211
外商投资企业	547897	4284653	23611690	48574117	22411036
中外合资经营企业	101315	921219	5162609	10936821	6048084
中外合作经营企业	8184	20498	144045	321611	197323
外资企业	431810	3221691	17760819	35989369	15796799
外商投资股份有限公司	6588	121246	544216	1326316	368830
二、按经济类型分列					
外商及中国港、澳、台投资经济	899773	12601075	50559579	89504946	37955835
三、按控股经济分列					
公有控股经济	55054	552783	3466698	4696026	2481615
国有控股	34662	435011	2132905	3888318	1977386
国有绝对控股	18674	197768	997944	2131130	1082987
国有相对控股	15988	237243	1134961	1757189	894398
集体控股	20392	117772	1333793	807708	504229
集体绝对控股	3428	66176	1231585	668980	306150
集体相对控股	16964	51596	102208	138728	198080
非公有控股经济	844719	12048292	47092881	84808920	35474220
私人控股	102663	2351389	4396016	7806425	3304092
私人绝对控股	63077	2134067	3173617	5030327	2170081
私人相对控股	39586	217322	1222399	2776097	1134011
中国港、澳、台商控股	280455	5948506	21535068	33682344	12503894
中国港、澳、台商绝对控股	191464	5867088	20798506	32474041	11889692
中国港、澳、台商相对控股	88990	81418	736562	1208304	614202
外商控股	461602	3748397	21161796	43320150	19666234
外商绝对控股	397193	3461256	19457452	38583054	16783464

2013年三资企业主要指标汇总表（三）

单位：万元

	主营业务税金及附加	利润总额	流动资产平均余额	资产合计	负债合计
外商相对控股	64409	287140	1704345	4737096	2882770
四、按软件出口基地分列					
北京软件出口基地	15804	144314	1758700	2962892	1509887
天津软件出口基地	6	766	12664	22618	2671
大连软件出口基地	126737	347883	1250296	3407550	2416693
上海软件出口基地	5117	426623	2881600	2532513	823060
深圳软件出口基地	12148	289757	2138794	2641347	992329
西安软件出口基地	36862	16086	321968	547467	294244
五、按软件园区分列					
北京中关村软件园	27297	1299704	4918599	8131620	2840154
大连软件园	126737	347883	1250296	3407550	2416693
上海浦东软件园	5117	426623	2881600	2532513	823060
南京软件园	4441	56146	320835	715132	391429
杭州软件园	37022	2677347	3510778	5315243	2163155
山东齐鲁软件园	4725	46908	160860	365045	260607
长沙软件园	2459	34003	1088846	450667	200299
广州天河软件园	7043	349428	1059289	1582130	352911
珠海南方软件园	117	-691	12859	17507	7922
成都软件园	7914	262631	622118	4678375	484909
西安软件园	36862	16086	321968	547467	294244
六、按行业分列					
软件产品行业	256429	3686940	18876018	33209481	13493210
信息系统集成服务行业	177768	592331	4916961	10151676	5874332
信息技术咨询服务行业	146626	1008365	3461299	5158786	2161102
数据处理和存储服务行业	143518	6046408	15954323	24473777	9121991
嵌入式系统软件行业	86115	703565	4814928	9665001	5088986
集成电路设计行业	89316	563466	2536049	6846225	2216213
七、按省、市分列					
北京市	122864	2487101	17224333	27292879	10853951
天津市	12194	482887	204723	3372826	498039
河北省	2201	89067	327372	392239	127246

2013年三资企业主要指标汇总表（三）

单位：万元

	主营业务税金及附加	利润总额	流动资产平均余额	资产合计	负债合计
山西省	765	7990	50911	85047	46427
内蒙古自治区	9	167		1571	339
辽宁省	205427	454491	1328288	3664678	2530743
吉林省	15374	40095	43493	151128	48825
黑龙江省	394	3301	24811	42648	6644
上海市	108310	1743365	8224999	11201717	5168677
江苏省	117808	1070121	7358024	13267495	6793357
浙江省	42056	2733693	3913398	6192565	2648354
安徽省	338	16045	15151	50222	12991
福建省	23219	274687	706662	1423097	615324
江西省	417	8276	80434	107231	61113
山东省	12240	101663	273827	826219	533213
河南省	155	1872	6564	28872	7869
湖北省	3263	22604	272953	386517	165022
湖南省	2986	40437	1101911	513478	211390
广东省	89428	2462262	8202337	14466457	6518911
广西壮族自治区					
海南省	517	844	8075	13280	6301
重庆市	80896	64041	15654	496800	83533
四川省	22005	480043	842453	4967973	718342
贵州省					
云南省	42	-46	9741	9165	4054
西藏自治区					
陕西省	36862	16086	321968	547467	294244
甘肃省	4	17	60	72	17
青海省					
宁夏回族自治区	0	-34	1437	3303	908
新疆维吾尔自治区					
八、按副省级城市分列					
大连市	126737	347883	1250296	3407550	2416693
宁波市	3522	34008	335171	707075	410668

2013年三资企业主要指标汇总表（三）

单位：万元

	主营业务税金及附加	利润总额	流动资产平均余额	资产合计	负债合计
厦门市	11040	121741	186257	339401	179712
青岛市	2057	7783	40187	137083	39167
深圳市	53161	1915929	5732933	9947581	4669513
沈阳市	78342	105598	47765	207848	89469
长春市	6432	31793	31374	133397	46040
哈尔滨市	323	2365	20932	37421	4154
南京市	25992	281132	1637368	2645340	1592148
杭州市	37919	2684231	3526299	5348947	2177999
济南市	8926	87459	222277	541095	411588
武汉市	3263	22755	272643	385444	164949
广州市	28629	400635	1523873	2894764	1040738
成都市	22005	480043	842453	4967973	718342
西安市	36862	16086	321968	547467	294244

2013年三资企业主要指标汇总表（四）

单位：万元

	年末所有者权益	年初所有者权益	应交所得税	应交增值税	出口已退税额
软件企业合计	**51549111**	**33666812**	**2063740**	**2438394**	**201485**
一、按企业登记注册类型分列					
中国港、澳、台商投资企业	25386030	17220756	1572529	1562663	83405
合资经营企业（中国港、澳、台资）	2641306	1841420	978394	795940	4196
合作经营企业（中国港、澳、台资）	181058	155868	2760	1618	302
中国港、澳、台商独资经营企业	21527830	14569652	579360	728640	78303
中国港、澳、台商投资股份有限公司	1035837	653816	12015	36466	604
外商投资企业	26163081	16446056	491212	875731	118080
中外合资经营企业	4888737	4451847	119100	255501	38083
中外合作经营企业	124287	98310	4891	9777	1
外资企业	20192571	11111734	352630	606087	79927
外商投资股份有限公司	957486	784166	14591	4366	69
二、按经济类型分列					
外商及中国港、澳、台投资经济	51549111	33666812	2063740	2438394	201485
三、按控股经济分列					
公有控股经济	2214411	2695347	41989	157812	2416
国有控股	1910933	2441512	35094	132529	1797
国有绝对控股	1048142	578514	14306	53702	780
国有相对控股	862790	1862998	20788	78827	1017
集体控股	303479	253835	6895	25283	619
集体绝对控股	362831	310273	5844	17015	372
集体相对控股	-59352	-56438	1052	8267	247
非公有控股经济	49334700	30971465	2021751	2280583	199069
私人控股	4502333	2688182	58665	175129	3170
私人绝对控股	2860246	1608342	29362	144680	2309
私人相对控股	1642087	1079839	29304	30450	861
中国港、澳、台商控股	21178451	14544771	1489247	1360148	77626
中国港、澳、台商绝对控股	20584349	14077619	541042	640591	73134
中国港、澳、台商相对控股	594102	467152	948205	719557	4491
外商控股	23653916	13738512	473839	745306	118273
外商绝对控股	21799591	12403668	437733	664400	107447

2013年三资企业主要指标汇总表（四）

单位：万元

	年末所有者权益	年初所有者权益	应交所得税	应交增值税	出口已退税额
外商相对控股	1854326	1334844	36105	80905	10826
四、按软件出口基地分列					
北京软件出口基地	1453005	839558	31804	41576	
天津软件出口基地	19947	20381	87	41	
大连软件出口基地	990857	867111	22449	21935	5490
上海软件出口基地	1709452	1364488	70548	32846	37024
深圳软件出口基地	1649018	1268355	41639	42277	13338
西安软件出口基地	253223	212346	7812	4840	
五、按软件园区分列					
北京中关村软件园	5291466	3330745	127778	169395	4550
大连软件园	990857	867111	22449	21935	5490
上海浦东软件园	1709452	1364488	70548	32846	37024
南京软件园	323703	217623	9676	23316	24555
杭州软件园	3152088	1348165	74460	173910	
山东齐鲁软件园	104438	103767	4116	2962	129
长沙软件园	250367	239894	4167	13383	113
广州天河软件园	1229219	941620	51010	35219	478
珠海南方软件园	9585	10396	79	924	140
成都软件园	4193466	182678	1169	23740	408
西安软件园	253223	212346	7812	4840	
六、按行业分列					
软件产品行业	19716272	13129700	1299413	1317642	57726
信息系统集成服务行业	4277344	2360623	78013	172067	946
信息技术咨询服务行业	2997684	2304030	97500	84608	2167
数据处理和存储服务行业	15351786	9197759	378800	556585	1074
嵌入式系统软件行业	4576015	3467808	197057	210931	65773
集成电路设计行业	4630012	3206892	12957	96562	73799
七、按省、市分列					
北京市	16438928	9665964	344146	558582	4571
天津市	2874787	1688807	5315	68386	725
河北省	264993	236769	17396	16485	847

2013年三资企业主要指标汇总表（四）

单位：万元

	年末所有者权益	年初所有者权益	应交所得税	应交增值税	出口已退税额
山西省	38620	31889	1199	1413	
内蒙古自治区	1232	1071			1
辽宁省	1133935	922537	24451	25602	5691
吉林省	102302	83544	7695	20379	1
黑龙江省	36005	33595	692	756	
上海市	6033039	6357233	187940	266827	60119
江苏省	6474138	5028213	1109683	847740	51732
浙江省	3544211	1667041	84461	186493	20041
安徽省	37231	31388	963	1295	294
福建省	807773	608168	23152	23697	2206
江西省	46118	43497	1048	1386	
山东省	293006	241681	8058	13679	144
河南省	21003	20275	14	658	
湖北省	221495	134196	3848	9528	1790
湖南省	302088	300851	6646	14199	113
广东省	7947546	6074022	220309	275988	49764
广西壮族自治区					
海南省	6979	6674	227		
重庆市	413267	23206	190	59688	13
四川省	4249631	245892	8454	40602	3133
贵州省					
云南省	5111	5184	41	167	300
西藏自治区					
陕西省	253223	212346	7812	4840	
甘肃省	55	38		3	
青海省					
宁夏回族自治区	2396	2731		1	
新疆维吾尔自治区					
八、按副省级城市分列					
大连市	990857	867111	22449	21935	5490
宁波市	296407	245770	7361	8393	17512

2013年三资企业主要指标汇总表（四）

单位：万元

	年末所有者权益	年初所有者权益	应交所得税	应交增值税	出口已退税额
厦门市	159689	50017	7233	1473	1392
青岛市	97915	72507	470	1424	
深圳市	5278067	3714312	149839	179026	34362
沈阳市	118379	26774	1874	3330	178
长春市	87357	77077	7692	11816	1
哈尔滨市	33268	31772	681	652	
南京市	1053192	684553	95124	100991	25624
杭州市	3170948	1362237	74997	173910	2522
济南市	129507	120740	6425	7308	131
武汉市	220494	133045	3848	9528	1790
广州市	1854026	1645598	56483	38984	478
成都市	4249631	245892	8454	40602	3133
西安市	253223	212346	7812	4840	

2013年三资企业主要指标汇总表（五）

单位：万元

	固定资产折旧	生产税净额	营业盈余	本年应付职工薪酬
软件企业合计	**7795709**	**1923414**	**9983546**	**12650339**
一、按企业登记注册类型分列				
中国港、澳、台商投资企业	1406805	774525	6848397	4111804
合资经营企业（中国港、澳、台资）	297322	75407	242009	520082
合作经营企业（中国港、澳、台资）	6264	1404	7858	48292
中国港、澳、台商独资经营企业	1049095	657220	6608340	3352407
中国港、澳、台商投资股份有限公司	54124	40494	-9809	191023
外商投资企业	6388904	1148889	3135148	8538535
中外合资经营企业	621191	229748	904028	1297059
中外合作经营企业	22402	8759	4708	95811
外资企业	5570392	888597	2166248	7012539
外商投资股份有限公司	174919	21785	60164	133125
二、按经济类型分列				
外商及中国港、澳、台投资经济	7795709	1923414	9983546	12650339
三、按控股经济分列				
公有控股经济	412107	113867	378878	546816
国有控股	272989	82605	293933	463763
国有绝对控股	154755	45354	171173	252287
国有相对控股	118234	37251	122760	211475
集体控股	139117	31262	84945	83053
集体绝对控股	24392	8217	57222	52586
集体相对控股	114725	23045	27724	30467
非公有控股经济	7383602	1809547	9604667	12103523
私人控股	381641	238161	2668146	610978
私人绝对控股	279793	180656	2378263	401865
私人相对控股	101848	57505	289883	209113
中国港、澳、台商控股	3686467	552927	4319622	3768441
中国港、澳、台商绝对控股	3619075	508859	4261721	3634395
中国港、澳、台商相对控股	67392	44068	57901	134046
外商控股	3315494	1018458	2616900	7724104
外商绝对控股	3126189	916919	2349246	7330376

2013年三资企业主要指标汇总表（五）

单位：万元

	固定资产折旧	生产税净额	营业盈余	本年应付职工薪酬
外商相对控股	189305	101539	267654	393728
四、按软件出口基地分列				
北京软件出口基地	77225	57974	-50023	983353
天津软件出口基地	3188	375	4296	7603
大连软件出口基地	458332	46704	123333	469430
上海软件出口基地	103427	924	163798	326409
深圳软件出口基地	38139	65103	120980	231911
西安软件出口基地	25309	31687	26648	101117
五、按软件园区分列				
北京中关村软件园	82202	201673	873283	997685
大连软件园	458332	46704	123333	469430
上海浦东软件园	103427	924	163798	326409
南京软件园	51610	11299	38000	92367
杭州软件园	110788	280070	3376896	359686
山东齐鲁软件园	8543	4920	42180	24666
长沙软件园	18815	3032	30595	29229
广州天河软件园	47592	39276	326109	281779
珠海南方软件园	4531	1287	199	8120
成都软件园	60464	20162	463362	270619
西安软件园	25309	31687	26648	101117
六、按行业分列				
软件产品行业	1378475	720051	1706216	5668598
信息系统集成服务行业	263758	213277	525989	1316749
信息技术咨询服务行业	469028	130544	343280	791724
数据处理和存储服务行业	1282877	583198	5549713	2447618
嵌入式系统软件行业	1449897	226514	1007684	1270852
集成电路设计行业	2951674	49829	850663	1154798
七、按省、市分列				
北京市	402990	694559	1026112	5003545
天津市	112673	7527	414796	248236
河北省	18090	4053	15325	20006

2013年三资企业主要指标汇总表（五）

单位：万元

	固定资产折旧	生产税净额	营业盈余	本年应付职工薪酬
山西省	3126			3255
内蒙古自治区	75	28	170	550
辽宁省	566332	125741	193313	566173
吉林省	44588	8457	20534	23106
黑龙江省	687	279	3596	5873
上海市	521701	240452	1015422	1816998
江苏省	4630274	102881	677953	1886736
浙江省	195315	300513	3419488	470997
安徽省	8790	967	4365	16134
福建省	99594	62738	137413	255352
江西省	16474	1495	8283	9416
山东省	78552	23366	96457	95442
河南省	745	1426	6171	1396
湖北省	13174	14029	15966	45957
湖南省	21413	3211	35524	33984
广东省	915927	225819	2096375	1450700
广西壮族自治区				
海南省	114	524	775	3472
重庆市	44149	28574	105623	53860
四川省	75391	44895	663336	536232
贵州省				
云南省	35	212	-56	1596
西藏自治区				
陕西省	25309	31687	26648	101117
甘肃省	2	7	17	21
青海省				
宁夏回族自治区	188	-24	-59	185
新疆维吾尔自治区				
八、按副省级城市分列				
大连市	458332	46704	123333	469430
宁波市	74760	17404	32629	91252

2013年三资企业主要指标汇总表（五）

单位：万元

	固定资产折旧	生产税净额	营业盈余	本年应付职工薪酬
厦门市	78240	38603	27256	115968
青岛市	3607	836	637	54785
深圳市	595273	109349	1527324	913634
沈阳市	103458	78259	69657	93913
长春市	42773	7195	16695	17700
哈尔滨市	592	60	2887	5094
南京市	138828	19957	50376	405507
杭州市	112250	280070	3378610	370993
济南市	14413	8403	76451	33890
武汉市	13168	14029	15966	45928
广州市	66643	74646	433094	395530
成都市	75391	44895	663336	536232
西安市	25309	31687	26648	101117

2013年三资企业主要指标汇总表（六）

单位：人

	从业人员年末人数	软件研发人员	管理人员	硕士以上人员	大本人员	大专以下
软件企业合计	**957699**	**343194**	**84661**	**112179**	**470101**	**375365**
一、按企业登记注册类型分列						
中国港、澳、台商投资企业	315804	100465	29651	34893	131392	149495
合资经营企业（中国港、澳、台资）	74146	16672	7989	7346	22283	44501
合作经营企业（中国港、澳、台资）	3036	2346	363	481	2247	309
中国港、澳、台商独资经营企业	227082	74919	20051	25629	100199	101247
中国港、澳、台商投资股份有限公司	11540	6528	1248	1437	6663	3438
外商投资企业	641895	242729	55010	77286	338709	225870
中外合资经营企业	128733	54185	11764	12522	75805	40393
中外合作经营企业	8638	1339	1585	418	3842	4378
外资企业	488261	182305	40659	63051	250342	174851
外商投资股份有限公司	16263	4900	1002	1295	8720	6248
二、按经济类型分列						
外商及中国港、澳、台投资经济	957699	343194	84661	112179	470101	375365
三、按控股经济分列						
公有控股经济	49798	15714	4278	7936	27509	14352
国有控股	38132	11754	3264	6496	21164	10474
国有绝对控股	21644	5706	1977	1919	14520	5205
国有相对控股	16488	6048	1287	4577	6644	5269
集体控股	11666	3960	1014	1440	6345	3878
集体绝对控股	8523	3507	834	992	4353	3176
集体相对控股	3143	453	180	448	1992	702
非公有控股经济	907901	327480	80383	104243	442592	361013
私人控股	92381	29873	10772	4758	37308	50308
私人绝对控股	64187	13669	7388	2657	18940	42590
私人相对控股	28194	16204	3384	2101	18368	7718
中国港、澳、台商控股	254030	88736	21799	29742	115375	108893
中国港、澳、台商绝对控股	235756	84308	20458	28420	106311	101012
中国港、澳、台商相对控股	18274	4428	1341	1322	9064	7881
外商控股	561490	208871	47812	69743	289909	201812
外商绝对控股	513921	189695	43119	65986	261034	186882

2013年三资企业主要指标汇总表（六）

单位：人

	从业人员年末人数	软件研发人员	管理人员	硕士以上人员	大本人员	大专以下
外商相对控股	47569	19176	4693	3757	28875	14930
四、按软件出口基地分列						
北京软件出口基地	60294	38652	4378	9048	40918	10328
天津软件出口基地	759	655	79	70	555	134
大连软件出口基地	59095	25062	3728	5930	40605	12554
上海软件出口基地	17983	9205	721	4409	10903	2671
深圳软件出口基地	19706	10199	4486	2952	12117	4636
西安软件出口基地	17316	11286	2633	1526	12947	2844
五、按软件园区分列						
北京中关村软件园	75807	53032	6606	8457	55508	11842
大连软件园	59095	25062	3728	5930	40605	12554
上海浦东软件园	17983	9205	721	4409	10903	2671
南京软件园	8796	5249	814	1861	4718	2214
杭州软件园	8516	4028	4488	2018	4802	1696
山东齐鲁软件园	4897	1867	732	344	3526	1027
长沙软件园	4446	1435	286	216	2135	2094
广州天河软件园	15241	10567	1432	1678	10586	2977
珠海南方软件园	891	309	93	30	573	288
成都软件园	15703	4693	1090	2197	11368	2137
西安软件园	17316	11286	2633	1526	12947	2844
六、按行业分列						
软件产品行业	392153	189957	39228	55247	233222	103684
信息系统集成服务行业	73149	26496	7583	11970	39469	21710
信息技术咨询服务行业	77168	35374	5851	9379	52977	14812
数据处理和存储服务行业	145739	52626	16015	17896	76870	50973
嵌入式系统软件行业	175659	12531	8387	5749	36943	132913
集成电路设计行业	93831	26210	7597	11938	30620	51273
七、按省、市分列						
北京市	217094	114608	21046	39319	133790	43982
天津市	18414	6095	1874	1307	10546	6563
河北省	2288	910	298	40	786	1462

2013年三资企业主要指标汇总表（六）

单位：人

	从业人员年末人数	软件研发人员	管理人员	硕士以上人员	大本人员	大专以下
山西省	556	107		56	273	227
内蒙古自治区	64	60	4	2	32	30
辽宁省	69917	31285	4815	7162	47914	14834
吉林省	3706	531	537	163	2654	887
黑龙江省	1020	746	145	33	746	240
上海市	123350	49210	9637	23211	75615	24524
江苏省	251283	36987	13494	13375	53676	184208
浙江省	22317	6351	5992	2537	9343	10426
安徽省	2664	1689	338	417	1543	704
福建省	30278	7454	3011	1759	14137	14381
江西省	1396	319	54	91	660	644
山东省	14181	4858	1561	1608	7745	4826
河南省	200	70	41	10	100	89
湖北省	8035	4931	937	869	5530	1636
湖南省	5371	1739	382	245	2717	2408
广东省	128067	53977	15102	13185	63797	51084
广西壮族自治区						
海南省	328	91	9	5	164	159
重庆市	10001	1574	562	500	6772	2728
四川省	29606	8142	2135	4742	18403	6460
贵州省						
云南省	191	147	39	16	160	15
西藏自治区						
陕西省	17316	11286	2633	1526	12947	2844
甘肃省	14	11	3		11	3
青海省						
宁夏回族自治区	42	16	12	1	40	1
新疆维吾尔自治区						
八、按副省级城市分列						
大连市	59095	25062	3728	5930	40605	12554
宁波市	11474	1256	1198	178	3194	8091

2013年三资企业主要指标汇总表（六）

单位：人

	从业人员年末人数	软件研发人员	管理人员	硕士以上人员	大本人员	大专以下
厦门市	12141	958	1744	793	3653	7696
青岛市	6256	2321	464	1034	2493	2727
深圳市	64883	33877	8550	10722	39796	14365
沈阳市	9900	6140	1005	1215	7115	1570
长春市	3130	403	486	101	2239	788
哈尔滨市	913	656	128	30	667	215
南京市	30273	15435	3912	7565	12614	10087
杭州市	9513	4446	4617	2265	5515	1733
济南市	6451	2368	979	523	4502	1426
武汉市	8018	4919	932	864	5518	1636
广州市	25535	17779	3044	2033	18550	4953
成都市	29606	8142	2135	4742	18403	6460
西安市	17316	11286	2633	1526	12947	2844

2013年三资企业软件产品完成情况

项　　目	企业数	本年收入（万元）	其中：出口（万美元）
软件收入明细合计	**3108**	**74672625**	**1872011**
软件产品行业（E6201）			
一、软件产品合计	1763	20542125	541893
（一）基础软件	208	2597387	46753
1. 操作系统	64	1323029	12734
2. 数据库系统	27	725656	2051
3. 中间件	38	143471	8578
（1）基础中间件	13	81689	5915
（2）业务中间件	16	34986	2640
（3）领域中间件	9	26796	23
4. 办公软件	14	11293	387
5. 网络基础软件	12	42976	1392
6. 其他	53	350961	21610
（二）支撑软件	68	692750	13601
1. 开发工具和平台软件	32	432991	6948
2. 测试工具软件	11	23969	
3. 网络支持软件	8	46856	5935
4. 基本支撑软件	17	188933	718
（三）应用软件	1062	11072028	242862
1. 管理软件	236	1304675	22727
2. 办公自动化软件	33	177811	14307
3. 地理信息系统软件	20	180057	1505
4. 网络应用软件	45	370129	3365
5. 多媒体软件	27	216685	4180
6. 动漫游戏软件	64	1114464	8727
7. 科学和工程计算软件	10	140938	15
8. 智能分析软件	24	166911	5
9. 工业软件	105	740427	13677
（1）产品研发类软件	31	137293	771
（2）生产控制类软件	74	603135	12906

2013年三资企业软件产品完成情况

项　目	企业数	本年收入（万元）	其中：出口（万美元）
10. 行业应用软件	498	6659930	174353
（1）通信软件	121	3624335	92057
（2）金融财税软件	52	429474	4629
（3）能源软件	31	412887	4658
（4）商务（贸）软件	11	311063	1373
（5）交通应用软件	29	177112	3043
（6）医疗软件	29	182673	13127
（7）统计软件	3	11145	245
（8）其他行业应用软件	222	1511242	55222
（四）嵌入式应用软件	196	3286908	102699
（五）信息安全产品	54	990902	13327
1. 基础类安全产品	7	26513	3282
2. 终端与数字内容安全产品	5	238634	22
3. 网络与边界安全产品	17	429551	2567
4. 专用安全产品	7	186989	5087
5. 安全测试评估与服务产品	4	83706	2369
6. 安全管理产品	9	18432	
7. 其他信息安全产品及相关服务	5	7077	
（六）软件定制服务	175	1902150	122651
信息系统集成服务行业（E6202）			
二、信息系统集成服务合计	512	9795565	53035
（一）信息系统设计服务	148	2165442	23050
（二）集成实施服务	232	6577748	23052
（三）运行维护服务	132	1052375	6932
信息技术咨询服务行业（E6203）			
三、信息技术咨询服务合计	535	7167446	243580
（一）信息化规划	53	916611	55837
（二）信息技术管理咨询	370	5046895	162603
（三）信息系统工程监理	34	369703	7637
（四）测试评估	32	429893	4247

2013年三资企业软件产品完成情况

项　目	企业数	本年收入（万元）	其中：出口（万美元）
（五）信息技术培训	46	404344	13256
数据处理和存储服务行业（E6204）			
四、数据处理和存储服务合计	453	15122802	135276
（一）数据处理服务	134	2931186	23619
（二）运营服务	221	9458419	20528
1. 软件运营服务	39	381333	8766
2. 平台运营服务	161	8324249	10750
（1）物流管理服务平台	17	502332	
（2）电子商务管理	53	5034836	5761
（3）在线娱乐平台	35	2255439	4987
（4）在线教育平台	22	142393	
（5）其他在线服务平台	34	389249	2
3. 基础设施运营服务	21	752837	1012
（三）存储服务	23	695844	50983
（四）数字内容处理服务	50	1581233	37801
（五）客户交互服务	25	456121	2345
嵌入式系统软件行业（E6205）			
五、嵌入式系统软件合计	730	16903655	659200
（一）通信设备	205	5187632	287549
1. 通信传输设备	79	1407652	77764
（1）光通信设备	32	760366	57734
（2）卫星通信设备	13	117802	8947
（3）无线通信设备	34	529483	11083
2. 通信交换设备	15	149279	12563
（1）数字程控交换机	13	125784	12563
（2）软交换机			
（3）光交换机	2	23495	
3. 移动通信设备	13	485009	6178
（1）基站	11	462824	6178
（2）直放站	2	22185	

2013年三资企业软件产品完成情况

项　　目	企业数	本年收入（万元）	其中：出口（万美元）
4. 网络设备	98	3145692	191044
（1）网络控制设备	33	1233843	41429
（2）网络接口和适配器	27	699273	81405
（3）网络连接设备	35	1037144	68210
（4）网络优化设备	3	175432	
（二）广播电视设备	21	250484	21219
1. 广播电视节目制作及播控设备	15	187998	19115
（1）非线性编辑设备			
（2）虚拟演播室设备			
（3）音视频信号处理设备	15	187998	19115
2. 广播电视发射设备	6	62486	2104
（1）数字电视发射机	2	60993	2104
（2）电视转播发射机	4	1494	
（三）数字家用视听产品	13	471461	37244
1. 电视接收机顶盒	13	471461	37244
（四）计算机应用产品	172	5280331	200071
1. 金融、商业、税务电子应用产品	10	111418	3500
（1）银行自助服务终端	2	18810	
（2）POS机	2	25336	3500
（3）税控机	6	67271	
2. 汽车电子	90	2545260	3682
（1）传动系控制系统	23	445838	141
（2）行驶系控制系统	11	237396	39
（3）车身控制系统	24	1023696	
（4）安全控制系统	32	838331	3502
3. 智能交通	6	39047	
（1）交通信号控制机	6	39047	
4. 医疗电子设备	21	176861	13681
（1）医用电子仪器设备	17	147855	10358
（2）医学影像设备	4	29006	3323

2013年三资企业软件产品完成情况

项　　目	企业数	本年收入（万元）	其中：出口（万美元）
5. 智能识别装置	44	2404910	179208
6. 自动检售票设备	1	2834	
（五）信息系统安全产品	26	533285	22061
1. 边界防护类设备和系统	11	70879	961
2. 密钥管理类设备和系统	15	462406	21100
（六）电子测量仪器	50	132552	1434
1. 器件参数测量仪器	18	40450	648
2. 扫描、频谱波形分析仪器	8	15747	18
3. 通信测量仪器	5	8938	362
4. 特殊测量仪器	19	67417	406
（七）装备自动控制产品	243	5047910	89621
1. 集散控制系统	106	3151496	73098
2. 电气传动及控制系统	60	959592	6928
3. 装备制造工控系统	77	936822	9595
集成电路设计行业（E6206）			
六、集成电路设计合计	243	5141032	239028
（一）MOS微器件	10	65198	1062
（二）逻辑电路	12	144190	992
（三）MOS存储器	6	341126	36768
（四）模拟电路	23	254153	3620
（五）专用电路	47	1395462	12248
（六）智能卡芯片及电子标签芯片	31	661915	14709
（七）传感器电路	14	300607	19576
（八）微波集成电路	5	108816	317
（九）混合集成电路	95	1869565	149736

IV　内资企业统计

	企业数（个）	软件业务收入	其中：软件产品收入	信息系统集成服务收入
软件企业合计	**30227**	**231202118**	**78226256**	**55695001**
一、按企业登记注册类型分列				
内资企业	30227	231202118	78226256	55695001
国有企业	694	20140764	5222284	6788551
集体企业	53	4363138	274301	828761
股份合作企业	186	1546542	771870	239437
联营企业	72	523657	139227	120062
国有联营企业	22	166643	41819	44895
集体联营企业	14	81726	52847	14580
国有与集体联营企业	7	112887	7785	25098
其他联营企业	29	162400	36776	35489
有限责任公司	12448	102646247	33720160	24380379
国有独资公司	158	3326462	913532	1148808
其他有限责任公司	12290	99319785	32806628	23231571
股份有限公司	2761	49200762	17508559	12763543
私营企业	13074	48654467	18677643	9900796
其他内资企业	939	4126542	1912213	673471
二、按经济类型分列				
国有经济	874	23633869	6177635	7982254
集体经济	67	4444864	327147	843341
股份合作经济	186	1546542	771870	239437
股份制经济	15051	148520546	50315187	35995115
其他经济	14049	53056296	20634416	10634855
三、按控股经济分列				
公有控股经济	3575	75064174	22607812	21986220
国有控股	2113	58061484	17360120	17293677
国有绝对控股	1515	39569388	11164361	12657557
国有相对控股	598	18492097	6195759	4636120
集体控股	1462	17002690	5247692	4692543
集体绝对控股	680	11929573	3318443	3246265

主要指标汇总表（一）

单位：万元

其中：

信息技术咨询服务收入	数据处理和存储服务收入	嵌入式系统软件收入	集成电路设计收入
22973464	**39694541**	**29897367**	**4715490**
22973464	39694541	29897367	4715490
1758193	2558393	3394535	418807
679104	789557	1708315	83100
47852	98434	338863	50086
124275	34513	69568	36012
5384	9639	55366	9540
8816	1555	471	3457
56468	9430		14106
53607	13889	13730	8909
11754836	17831985	12906254	2052633
438815	287209	411274	126825
11316022	17544776	12494980	1925808
4243856	6627677	7075672	981456
4243533	10835561	4001716	995219
121815	918422	402445	98176
2202392	2855241	3861175	555172
687920	791112	1708786	86557
47852	98434	338863	50086
15559877	24172452	19570652	2907264
4475423	11777302	4417891	1116410
7459989	8840482	12685281	1484390
5543485	6679460	9940461	1244281
3766592	5785544	5421058	774275
1776893	893916	4519404	470005
1916504	2161022	2744820	240109
1487175	1647668	2071024	158998

	企业数（个）	软件业务收入	其中：软件产品收入	信息系统集成服务收入
集体相对控股	782	5073117	1929249	1446278
非公有控股经济	26652	156137944	55618444	33708780
私人控股	26285	148107543	54093066	33121936
私人绝对控股	20729	111303421	40609780	25671434
私人相对控股	5556	36804123	13483286	7450502
中国港、澳、台商控股	150	1911369	686604	141260
中国港、澳、台商绝对控股	117	1347966	536598	82331
中国港、澳、台商相对控股	33	563403	150006	58929
外商控股	217	6119032	838773	445584
外商绝对控股	134	4705757	536337	270407
外商相对控股	83	1413274	302436	175177
四、按软件出口基地分列				
北京软件出口基地	66	2551660	1169620	1111430
天津软件出口基地	35	297392	43632	202927
大连软件出口基地	1613	8619261	3760610	1566267
上海软件出口基地	140	1500584	872250	222459
深圳软件出口基地	365	6884959	1944965	643492
西安软件出口基地	788	6159197	1756070	1763581
五、按软件园区分列				
北京中关村软件园	226	6889715	1844018	2216866
大连软件园	1611	8618981	3760450	1566267
上海浦东软件园	140	1500584	872250	222459
南京软件园	312	6604297	3099944	1501447
杭州软件园	866	12220130	4725617	2971541
山东齐鲁软件园	533	6839083	3410427	1357750
长沙软件园	377	728569	583484	106486
广州天河软件园	1013	7949252	2180291	1526678
珠海南方软件园	77	905931	112328	19649
成都软件园	697	3713438	1650892	919462
西安软件园	788	6159197	1756070	1763581

主要指标汇总表（一）

单位：万元

其中：

信息技术咨询服务收入	数据处理和存储服务收入	嵌入式系统软件收入	集成电路设计收入
429329	513354	673796	81111
15513475	30854059	17212086	3231100
14997060	27107292	16155130	2633059
11029856	18522060	13563972	1906318
3967204	8585232	2591158	726741
182983	184249	518044	198228
121374	110004	324203	173454
61608	74245	193841	24774
333432	3562518	538911	399813
148476	2921163	471868	357507
184956	641355	67044	42306
148544	118194	2902	971
40702	10131		
358124	2067829	831406	35024
199030	144826		62020
103194	340100	3764843	88366
1692528	209038	586744	151236
1298817	1172477	10964	346572
358124	2067709	831406	35024
199030	144826		62020
579399	1218324	140556	64626
770547	2525926	1066514	159985
1109569	438660	444378	78299
19627	17298	1376	298
1441878	2656677	73122	70606
217955	267209	160909	127881
545671	506500	41184	49730
1692528	209038	586744	151236

	企业数（个）	软件业务收入	其中：软件产品收入	信息系统集成服务收入
六、按行业分列				
软件产品行业	17531	85218792	64100158	11004245
信息系统集成服务行业	4974	52942097	6276253	37619375
信息技术咨询服务行业	2485	15056127	1232427	1031679
数据处理和存储服务行业	2564	35336218	816467	993170
嵌入式系统软件行业	2280	38974759	5754714	4992934
集成电路设计行业	393	3674125	46238	53597
七、按省、市分列				
北京市	2105	26089094	9096610	6711182
天津市	488	4113691	1341244	837866
河北省	250	1251884	290316	887587
山西省	126	258639	128718	92656
内蒙古自治区	68	277391	134916	102912
辽宁省	3815	21568718	8129487	5854208
吉林省	877	2718436	799572	845723
黑龙江省	453	1157648	494392	280953
上海市	2009	14823453	5901074	3068463
江苏省	3943	32756286	12112454	7424614
浙江省	1664	14657203	5320271	3408352
安徽省	326	940660	453075	312830
福建省	1338	7783751	2824003	2535358
江西省	134	577230	173670	269607
山东省	2101	21389228	7661426	4184956
河南省	326	1907324	716136	791103
湖北省	2295	6828302	2943344	1392416
湖南省	622	2329502	913810	685773
广东省	3842	42348166	10848070	7536526
广西壮族自治区	235	754924	342650	284395
海南省	35	144874	44408	85797
重庆市	592	4908467	728904	1622400

主要指标汇总表（一）

单位：万元

其中：

信息技术咨询服务收入	数据处理和存储服务收入	嵌入式系统软件收入	集成电路设计收入
4973472	3737346	866155	537416
3801634	2720465	2064995	459375
12222524	352816	154184	62498
1006584	32419426	59580	40990
960342	378363	26726077	162329
8909	86125	26376	3452882
2371822	7247539	55751	606189
695280	677653	148616	413031
50102	9722	12360	1796
10319	3356	23403	187
31728	6040	1778	18
1372357	3411779	2582674	218213
473609	383588	215633	311
203633	125011	52939	720
1072444	4205395	188709	387367
2542393	4279085	5463470	934270
898446	2975523	1764277	290334
57317	49759	67353	327
1169825	835583	36588	382396
81163	35285	16263	1241
3234961	1945772	4104503	257609
215939	63913	99752	20482
526961	1284359	622877	58345
26219	52638	650227	836
3815384	6644564	12764779	738843
53249	61003	11747	1880
7038	7277	353	
954831	1260731	338704	2897

	企业数（个）	软件业务收入	其中：	
			软件产品收入	信息系统集成服务收入
四川省	1192	13378370	4548095	3420648
贵州省	210	707286	286687	380754
云南省	100	543238	75414	406454
西藏自治区				
陕西省	788	6159197	1756070	1763581
甘肃省	89	244859	81407	122138
青海省	16	8952	674	5134
宁夏回族自治区	68	78825	32927	32757
新疆维吾尔自治区	120	496520	46433	347858
八、按副省级城市分列				
大连市	1611	8618981	3760450	1566267
宁波市	468	1736598	381464	297435
厦门市	759	4312270	1322230	1189638
青岛市	441	6755634	1324854	1219161
深圳市	1813	25101456	5798613	5059691
沈阳市	1918	12186553	3988855	3982924
长春市	510	1846977	645820	538446
哈尔滨市	381	872526	384114	213920
南京市	1234	20068598	6630559	6255204
杭州市	876	12444941	4757577	3040638
济南市	1307	12873524	5813234	2503290
武汉市	2228	6759180	2916446	1370774
广州市	1513	14593746	3911130	2350907
成都市	1168	12871728	4441535	3075281
西安市	788	6159197	1756070	1763581

主要指标汇总表（一）

单位：万元

其中：

信息技术咨询服务收入	数据处理和存储服务收入	嵌入式系统软件收入	集成电路设计收入
1317817	3785719	60110	245982
20720	6905	11772	448
16501	42226	2643	
1692528	209038	586744	151236
13372	23359	4551	33
736	991	1418	
4098	3017	6027	
42673	57710	1346	500
358124	2067709	831406	35024
96057	308495	548029	105118
969225	626897	18988	185292
727027	763434	2632117	89040
278410	2290238	11464836	209668
977407	1331885	1722757	182725
337649	181527	143224	311
144998	77213	51561	720
1867092	3054767	1882646	378329
774715	2556310	1155716	159985
2416780	1098356	880462	161403
524169	1278315	611144	58332
3289086	4055135	602354	385134
1294999	3774412	53032	232469
1692528	209038	586744	151236

2013年内资企业主要指标汇总表（二）

单位：万美元

	软件业务出口收入	软件外包服务出口收入	嵌入式系统软件出口收入
软件企业合计	**2819366**	**377297**	**1244759**
一、按企业登记注册类型分列			
内资企业	2819366	377297	1244759
国有企业	57272	7061	37459
集体企业	20574	2566	12437
股份合作企业	1080	162	283
联营企业	5377	684	4561
国有联营企业	5097	536	4561
集体联营企业	226	94	
国有与集体联营企业	54	54	
其他联营企业			
有限责任公司	1681029	123160	795212
国有独资公司	33323	21258	9252
其他有限责任公司	1647706	101902	785960
股份有限公司	803787	132634	350736
私营企业	238883	107887	40863
其他内资企业	11364	3143	3208
二、按经济类型分列			
国有经济	95692	28855	51272
集体经济	20800	2660	12437
股份合作经济	1080	162	283
股份制经济	2451494	234536	1136696
其他经济	250300	111084	44071
三、按控股经济分列			
公有控股经济	638356	111253	399535
国有控股	597494	97391	384549
国有绝对控股	132272	33693	88248
国有相对控股	465222	63698	296302
集体控股	40861	13861	14986
集体绝对控股	30216	9980	12943
集体相对控股	10645	3882	2043

2013年内资企业主要指标汇总表（二）

单位：万美元

	软件业务出口收入	软件外包服务出口收入	嵌入式系统软件出口收入
非公有控股经济	2181010	266044	845223
私人控股	2007306	256996	799886
私人绝对控股	1859307	189784	769919
私人相对控股	147999	67211	29967
中国港、澳、台商控股	74123	1959	16840
中国港、澳、台商绝对控股	71248	23	16840
中国港、澳、台商相对控股	2875	1936	
外商控股	99581	7089	28497
外商绝对控股	92600	3595	28335
外商相对控股	6981	3494	162
四、按软件出口基地分列			
北京软件出口基地	17052	16102	
天津软件出口基地	889	889	
大连软件出口基地	176255	108497	10593
上海软件出口基地	3136	1536	
深圳软件出口基地	408747	2051	302027
西安软件出口基地	29402	24815	4587
五、按软件园区分列			
北京中关村软件园	23031	11564	214
大连软件园	176255	108497	10593
上海浦东软件园	3136	1536	
南京软件园	15333	1835	12801
杭州软件园	143836	27728	10212
山东齐鲁软件园	12421	11349	1029
长沙软件园	5501	315	
广州天河软件园	6106	1131	484
珠海南方软件园	22733	354	8027
成都软件园	9505	2254	33
西安软件园	29402	24815	4587
六、按行业分列			
软件产品行业	498565	239140	8033

2013年内资企业主要指标汇总表（二）

单位：万美元

	软件业务出口收入	软件外包服务出口收入	嵌入式系统软件出口收入
信息系统集成服务行业	156977	58989	12520
信息技术咨询服务行业	42735	31518	
数据处理和存储服务行业	61075	38079	
嵌入式系统软件行业	1945627	2997	1224205
集成电路设计行业	114387	6573	
七、按省、市分列			
北京市	53436	37854	431
天津市	53654	1535	
河北省	5014	358	
山西省	62		
内蒙古自治区			
辽宁省	313289	191998	37278
吉林省	2663	301	573
黑龙江省	3345	2923	422
上海市	36455	6417	
江苏省	149266	30297	93429
浙江省	156534	28894	14828
安徽省	4271	1378	1553
福建省	9237	1232	548
江西省	26	1	
山东省	64887	18707	37940
河南省	334	220	23
湖北省	14610	8471	3673
湖南省	6080	797	
广东省	1883784	9685	1039782
广西壮族自治区	288	6	25
海南省	217		
重庆市	18606	8026	9537
四川省	13887	3364	133
贵州省			
云南省			

2013年内资企业主要指标汇总表（二）

单位：万美元

	软件业务出口收入	软件外包服务出口收入	嵌入式系统软件出口收入
西藏自治区			
陕西省	29402	24815	4587
甘肃省			
青海省			
宁夏回族自治区	20	20	
新疆维吾尔自治区			
八、按副省级城市分列			
大连市	176255	108497	10593
宁波市	11266	672	4256
厦门市	853	572	
青岛市	39122	3301	30697
深圳市	1822109	5673	1008738
沈阳市	135420	83493	26685
长春市	2581	247	573
哈尔滨市	3044	2622	422
南京市	38566	12413	21494
杭州市	143836	27728	10212
济南市	17893	14752	2939
武汉市	14464	8407	3590
广州市	9474	3313	613
成都市	12743	2320	33
西安市	29402	24815	4587

2013年内资企业主要指标汇总表（三）

单位：万元

	主营业务税金及附加	利润总额	流动资产平均余额	资产合计	负债合计
软件企业合计	**5320825**	**25704218**	**370836597**	**356389729**	**185242583**
一、按企业登记注册类型分列					
内资企业	5320825	25704218	370836597	356389729	185242583
国有企业	349644	1965837	14964156	34233938	19383424
集体企业	125851	1156205	12629194	18778183	14777274
股份合作企业	49158	185678	946995	1826485	717156
联营企业	5041	101256	394773	5513847	2533830
国有联营企业	1224	36003	99900	359396	92802
集体联营企业	568	12589	30780	1321205	498692
国有与集体联营企业	1214	15014	59745	119006	66169
其他联营企业	2035	37649	204347	3714240	1876168
有限责任公司	2600959	12607729	77389954	132457554	68497250
国有独资公司	155976	308053	2866249	4961926	2160445
其他有限责任公司	2444983	12299675	74523705	127495628	66336806
股份有限公司	882241	7621781	239330975	96964070	40397238
私营企业	1127217	1759694	24532069	55467741	32356721
其他内资企业	180715	306038	648483	11147912	6579691
二、按经济类型分列					
国有经济	506845	2309894	17930305	39555260	21636670
集体经济	126418	1168794	12659974	20099388	15275965
股份合作经济	49158	185678	946995	1826485	717156
股份制经济	3327224	19921457	313854680	224459698	106734044
其他经济	1311180	2118395	25444643	70448899	40878748
三、按控股经济分列					
公有控股经济	1506437	9188657	73505935	152478951	84090567
国有控股	1090225	6338903	52008707	102685674	52397311
国有绝对控股	723867	4463315	35961936	70770670	35426937
国有相对控股	366357	1875588	16046771	31915004	16970374
集体控股	416212	2849754	21497228	49793277	31693256
集体绝对控股	260572	1974449	16847435	39036161	25818515
集体相对控股	155640	875305	4649793	10757116	5874741

2013年内资企业主要指标汇总表（三）

单位：万元

	主营业务税金及附加	利润总额	流动资产平均余额	资产合计	负债合计
非公有控股经济	3814388	16515561	297330662	203910778	101152016
私人控股	3744986	15341343	294714128	198103907	98648466
私人绝对控股	2426964	11521442	82040798	148065671	75944262
私人相对控股	1318022	3819900	212673330	50038236	22704203
中国港、澳、台商控股	15182	206213	756047	1795941	1005638
中国港、澳、台商绝对控股	11858	152497	470987	1259633	709560
中国港、澳、台商相对控股	3324	53715	285060	536308	296078
外商控股	54220	968006	1860488	4010930	1497913
外商绝对控股	27190	830940	995472	1703452	476026
外商相对控股	27030	137066	865016	2307478	1021887
四、按软件出口基地分列					
北京软件出口基地	19993	393381	2430134	4909366	1837933
天津软件出口基地	999	57333	150593	418638	142086
大连软件出口基地	173597	617046	5542915	13317417	7503497
上海软件出口基地	21018	313766	2094472	3464792	1995981
深圳软件出口基地	83344	672571	7321222	10291315	6050451
西安软件出口基地	331757	412871	5514180	9969637	5132550
五、按软件园区分列					
北京中关村软件园	66489	676048	5554999	10164930	4927706
大连软件园	173575	617040	5542915	13315211	7502654
上海浦东软件园	21018	313766	2094472	3464792	1995981
南京软件园	111764	748794	5253432	7705811	4548928
杭州软件园	201597	2498293	10346800	18549897	7821054
山东齐鲁软件园	134991	964869	3012145	7685673	5577816
长沙软件园	12889	164801	1157829	1933926	721489
广州天河软件园	222915	886505	7178795	12166046	6432982
珠海南方软件园	4053	280517	742182	1042040	493595
成都软件园	63126	787008	2109675	6582278	5560354
西安软件园	331757	412871	5514180	9969637	5132550
六、按行业分列					
软件产品行业	2209382	12612855	71858800	127664707	57494885

2013年内资企业主要指标汇总表（三）

单位：万元

	主营业务税金及附加	利润总额	流动资产平均余额	资产合计	负债合计
信息系统集成服务行业	1394052	7228884	54504165	104729347	57961267
信息技术咨询服务行业	451168	-1667323	11891771	22628216	12770951
数据处理和存储服务行业	813412	4523731	206077070	53632528	29645314
嵌入式系统软件行业	373351	2601130	22977527	39543271	23756865
集成电路设计行业	79460	404941	3527264	8191659	3613301
七、按省、市分列					
北京市	312121	2795058	27766880	53137971	22484720
天津市	14030	365887	850635	5649430	761943
河北省	40203	233397	1101654	1593344	886764
山西省	5089	35355	269399	481255	197869
内蒙古自治区	4613	24660	105851	214036	81158
辽宁省	846666	1570171	7585693	18225413	9336566
吉林省	68279	178314	703496	1174115	417006
黑龙江省	18684	173943	657407	1387086	383772
上海市	270143	-1272468	14222761	26952656	15327973
江苏省	541950	3257549	204469945	44414477	22723250
浙江省	227681	2745546	11905855	23049115	9712319
安徽省	14730	182532	1137273	2307568	898092
福建省	138632	1237190	2848183	4426874	1983723
江西省	9643	89918	337331	780925	293364
山东省	532172	3583941	21064686	49464026	33538282
河南省	32526	301604	989781	1978552	711122
湖北省	112648	668642	8028560	14803942	8212521
湖南省	32261	435607	7758417	7080038	3188088
广东省	956896	5949955	44943681	68736293	36402320
广西壮族自治区	36348	171222	374273	682071	323785
海南省	5015	19106	49064	264408	134181
重庆市	48100	359771	2487765	5993816	2794267
四川省	665972	2033468	3893632	10493574	7664434
贵州省	24430	36504	581539	939926	521148
云南省	8801	33714	621753	883451	458930

2013年内资企业主要指标汇总表（三）

单位：万元

	主营业务税金及附加	利润总额	流动资产平均余额	资产合计	负债合计
西藏自治区					
陕西省	331757	412871	5514180	9969637	5132550
甘肃省	7405	20096	198535	410444	198172
青海省	161	655	6090	13954	5323
宁夏回族自治区	1494	6596	41521	104979	51579
新疆维吾尔自治区	12376	53413	320758	776350	417364
八、按副省级城市分列					
大连市	173575	617040	5542915	13315211	7502654
宁波市	17383	136486	914974	3467130	1390698
厦门市	67267	811829	412755	576056	236493
青岛市	193967	1431662	14427417	31432434	21971501
深圳市	339874	3379635	24200395	37267010	22405553
沈阳市	655390	906149	1205683	3313851	1100792
长春市	46810	110115	543614	979214	340647
哈尔滨市	12598	126512	575663	1186995	342802
南京市	326091	2398046	18156643	30381881	16471830
杭州市	202831	2555040	10502260	18766567	7916638
济南市	281425	1939773	5733803	14946505	10492996
武汉市	111355	657094	7920870	14630725	8146212
广州市	584076	1812871	15867410	27245979	12428441
成都市	663729	1947343	3204068	9116340	6791638
西安市	331757	412871	5514180	9969637	5132550

2013年内资企业主要指标汇总表（四）

单位：万元

	年末所有者权益	年初所有者权益	应交所得税	应交增值税	出口已退税额
软件企业合计	**171147146**	**130363423**	**3444403**	**6899235**	**478273**
一、按企业登记注册类型分列					
内资企业	171147146	130363423	3444403	6899235	478273
国有企业	14850514	10403576	326802	561470	116034
集体企业	4000909	3025968	203519	12934	499
股份合作企业	1109329	499350	19747	31597	939
联营企业	2980017	1802757	6651	8629	740
国有联营企业	266594	175087	3484	1791	657
集体联营企业	822514	13687	317	502	77
国有与集体联营企业	52837	42136	1331	1584	
其他联营企业	1838072	1571847	1519	4750	6
有限责任公司	63960303	48567796	1514879	3969905	104417
国有独资公司	2801481	1156277	40221	88943	277
其他有限责任公司	61158823	47411519	1474659	3880961	104140
股份有限公司	56566832	42912306	712703	1302145	167981
私营企业	23111020	20349672	649455	992365	85801
其他内资企业	4568221	2802000	10647	20191	1861
二、按经济类型分列					
国有经济	17918589	11734941	370507	652204	116968
集体经济	4823423	3039655	203836	13436	576
股份合作经济	1109329	499350	19747	31597	939
股份制经济	117725655	90323824	2187362	5183107	272122
其他经济	29570150	24765654	662952	1018891	87668
三、按控股经济分列					
公有控股经济	68388384	48221016	1231441	1802786	210845
国有控股	50288363	35720616	882000	1275757	195266
国有绝对控股	35343733	24442441	606995	1069044	140366
国有相对控股	14944630	11278174	275005	206712	54900
集体控股	18100021	12500401	349441	527029	15578
集体绝对控股	13217646	8326303	277486	319986	11835
集体相对控股	4882376	4174098	71955	207043	3743

2013年内资企业主要指标汇总表（四）

单位：万元

	年末所有者权益	年初所有者权益	应交所得税	应交增值税	出口已退税额
非公有控股经济	102758762	82142407	2212962	5096449	267428
私人控股	99455441	80026094	2077590	4989344	265030
私人绝对控股	72121408	58183847	1635590	3844596	209025
私人相对控股	27334033	21842247	442000	1144748	56006
中国港、澳、台商控股	790303	631944	80430	16609	959
中国港、澳、台商绝对控股	550073	442284	76285	1442	420
中国港、澳、台商相对控股	240230	189660	4145	15167	539
外商控股	2513017	1484369	54942	90496	1439
外商绝对控股	1227426	919022	42126	52991	283
外商相对控股	1285591	565347	12816	37505	1155
四、按软件出口基地分列					
北京软件出口基地	3071433	2308395	41531	69846	480
天津软件出口基地	276552	58132	1341	19811	
大连软件出口基地	5813920	5129237	105552	55980	7877
上海软件出口基地	1468811	1205380	32519	42437	101
深圳软件出口基地	4240864	3798288	59543	-34006	88163
西安软件出口基地	4837088	2922082	76241	99970	
五、按软件园区分列					
北京中关村软件园	5237224	3552550	65638	188911	563
大连软件园	5812557	5127254	105552	55980	7877
上海浦东软件园	1468811	1205380	32519	42437	101
南京软件园	3156883	2351188	109815	199503	13076
杭州软件园	10728843	8484357	184849	467793	32365
山东齐鲁软件园	2107856	1968932	78870	98269	950
长沙软件园	1212437	1093320	17105	62682	1619
广州天河软件园	5733064	4568609	103138	156496	414
珠海南方软件园	548445	426627	8369	14770	17871
成都软件园	1021924	2447769	34355	151340	1843
西安软件园	4837088	2922082	76241	99970	
六、按行业分列					
软件产品行业	70169822	55715056	1407061	3261617	229968

2013年内资企业主要指标汇总表（四）

单位：万元

	年末所有者权益	年初所有者权益	应交所得税	应交增值税	出口已退税额
信息系统集成服务行业	46768080	33516119	888568	1139462	38721
信息技术咨询服务行业	9857265	9377570	190993	291078	27261
数据处理和存储服务行业	23987215	15952188	430042	634605	36997
嵌入式系统软件行业	15786406	13104163	477367	1525349	115528
集成电路设计行业	4578358	2698327	50373	47123	29798
七、按省、市分列					
北京市	30653252	18568829	324562	770807	1530
天津市	4887487	642090	19821	97829	9017
河北省	706580	584141	13024	28419	1326
山西省	283386	237612	3738	11235	
内蒙古自治区	132878	94112	2598	3105	94
辽宁省	8888847	7749957	160240	122385	23849
吉林省	757109	614145	20666	79472	3152
黑龙江省	1003314	877346	25882	34544	39
上海市	11624683	11866331	282641	518806	21247
江苏省	21691228	16955218	471324	977723	121139
浙江省	13336795	9787894	219881	526288	56950
安徽省	1409476	1001883	19272	44335	834
福建省	2443150	1928850	59985	76448	16994
江西省	487561	426385	10619	12069	36
山东省	15925745	12144591	500242	316889	12823
河南省	1267430	1813305	150632	114760	217
湖北省	6591421	4157356	97284	199310	48327
湖南省	3891950	2976352	61405	137883	2707
广东省	32333974	28459290	758131	2317378	155309
广西壮族自治区	358286	293792	31822	8161	53
海南省	130227	122808	2475	2688	
重庆市	3199549	1300127	26324	165526	487
四川省	2829140	3726308	80018	198619	1939
贵州省	418779	236653	4290	8999	171
云南省	424521	350333	5685	7996	18

2013年内资企业主要指标汇总表（四）

单位：万元

	年末所有者权益	年初所有者权益	应交所得税	应交增值税	出口已退税额
西藏自治区					
陕西省	4837088	2922082	76241	99970	
甘肃省	212272	186294	2692	4045	16
青海省	8632	7504	102	145	
宁夏回族自治区	53401	38498	893	3547	
新疆维吾尔自治区	358987	293339	11913	9854	
八、按副省级城市分列					
大连市	5812557	5127254	105552	55980	7877
宁波市	2076432	826301	21107	36200	22724
厦门市	339563	171933	3440	15856	11090
青岛市	9460933	6411153	223048	85410	6023
深圳市	14861457	12555813	320301	1475555	111465
沈阳市	2213058	1947890	46068	51547	11549
长春市	638567	540709	17391	41211	167
哈尔滨市	844193	750848	21868	28296	29
南京市	13910051	11846658	307574	759663	103196
杭州市	10849929	8619586	190438	475560	32365
济南市	4453509	3975236	181316	186001	3793
武汉市	6484512	4064526	95929	195967	48326
广州市	14817539	13241783	222753	302038	6127
成都市	2324702	3329174	72709	188668	1886
西安市	4837088	2922082	76241	99970	

2013年内资企业主要指标汇总表（五）

单位：万元

	固定资产折旧	生产税净额	营业盈余	本年应付职工薪酬
软件企业合计	**11951182**	**8313277**	**18334629**	**34410582**
一、按企业登记注册类型分列				
内资企业	11951182	8313277	18334629	34410582
国有企业	1258411	655603	2086550	2406553
集体企业	222714	323435	869454	1010508
股份合作企业	76577	45129	156485	216247
联营企业	576210	14389	42316	62760
国有联营企业	38791	2869	5083	26427
集体联营企业	3911	1666	5931	5340
国有与集体联营企业	2311	4306	17878	7409
其他联营企业	531197	5549	13424	23585
有限责任公司	4891525	3624992	8741481	13956092
国有独资公司	240124	192092	159352	446585
其他有限责任公司	4651401	3432900	8582130	13509507
股份有限公司	2864795	2204886	4638286	7102817
私营企业	1982158	1411768	1714942	8857035
其他内资企业	78792	33074	85115	798570
二、按经济类型分列				
国有经济	1537327	850564	2250984	2879565
集体经济	226625	325101	875385	1015848
股份合作经济	76577	45129	156485	216247
股份制经济	7516196	5637786	13220415	20612323
其他经济	2594458	1454697	1831359	9686599
三、按控股经济分列				
公有控股经济	4761345	3059261	6511896	11090625
国有控股	3892408	2396979	4873263	7704038
国有绝对控股	2701769	1313523	3203062	5331965
国有相对控股	1190639	1083456	1670201	2372074
集体控股	868936	662281	1638633	3386587
集体绝对控股	512786	483461	1301205	2573637
集体相对控股	356151	178821	337429	812950

2013年内资企业主要指标汇总表（五）

单位：万元

	固定资产折旧	生产税净额	营业盈余	本年应付职工薪酬
非公有控股经济	7189837	5254016	11822733	23319957
私人控股	6919961	4925544	10333045	22518870
私人绝对控股	5504608	3148965	6878946	17938382
私人相对控股	1415354	1776580	3454099	4580488
中国港、澳、台商控股	85087	28938	154412	206550
中国港、澳、台商绝对控股	36050	25831	121734	131184
中国港、澳、台商相对控股	49037	3107	32678	75366
外商控股	184789	299533	1335275	594538
外商绝对控股	104354	274220	1134618	351060
外商相对控股	80435	25313	200657	243478
四、按软件出口基地分列				
北京软件出口基地	189829	60496	147792	493442
天津软件出口基地	5838	1162	42977	31578
大连软件出口基地	517760	179690	464237	630166
上海软件出口基地	74236	36268	124571	330047
深圳软件出口基地	340879	627884	426241	794333
西安软件出口基地	209065	255413	313653	618110
五、按软件园区分列				
北京中关村软件园	152385	259718	619683	913994
大连软件园	517750	179690	464237	630127
上海浦东软件园	74236	36268	124571	330047
南京软件园	129096	172449	356642	1411745
杭州软件园	750682	400114	1730745	1418893
山东齐鲁软件园	262348	200576	815467	497620
长沙软件园	76866	23892	70426	165505
广州天河软件园	362009	453614	946162	1230818
珠海南方软件园	22902	12649	313633	171926
成都软件园	317537	164449	415648	1126603
西安软件园	209065	255413	313653	618110
六、按行业分列				
软件产品行业	3687770	3601935	8058194	15846967

2013年内资企业主要指标汇总表（五）

单位：万元

	固定资产折旧	生产税净额	营业盈余	本年应付职工薪酬
信息系统集成服务行业	2811178	1920851	5451861	7034543
信息技术咨询服务行业	691857	479080	-302563	4091603
数据处理和存储服务行业	1833312	1170658	3635198	4446963
嵌入式系统软件行业	2644754	1028039	1144513	2372076
集成电路设计行业	282311	112713	347426	618430
七、按省、市分列				
北京市	641246	1064609	2084080	4335147
天津市	97150	41171	389204	362303
河北省	45752	16710	37459	270118
山西省	18378	12085	23975	34225
内蒙古自治区	16683	3129	13865	19198
辽宁省	1191557	520307	965958	2737801
吉林省	169342	54451	177528	128907
黑龙江省	36861	19965	160590	160711
上海市	1045564	458005	-539961	4567163
江苏省	2058886	514460	1620584	5188265
浙江省	902902	461867	1865776	1756730
安徽省	69318	33794	108198	178979
福建省	337329	276677	527853	1183042
江西省	53083	16352	35440	69115
山东省	1102622	887451	2851405	2443301
河南省	78766	67577	225854	313588
湖北省	487017	400018	520177	943781
湖南省	180311	113547	80294	299102
广东省	2358275	1894080	4179774	5792535
广西壮族自治区	30860	18869	27018	120731
海南省	7816	1270	4730	51160
重庆市	174697	37831	223763	409333
四川省	531190	1060197	2317794	2132407
贵州省	35493	45183	41720	67149
云南省	11170	17691	30430	101078

2013年内资企业主要指标汇总表（五）

单位：万元

	固定资产折旧	生产税净额	营业盈余	本年应付职工薪酬
西藏自治区				
陕西省	209065	255413	313653	618110
甘肃省	13577	9311	16003	31545
青海省	1211	215	196	1628
宁夏回族自治区	8977	456	2077	15156
新疆维吾尔自治区	36082	10586	29191	78276
八、按副省级城市分列				
大连市	517750	179690	464237	630127
宁波市	112840	40696	92327	226146
厦门市	220267	118767	162384	748636
青岛市	331985	345113	852179	1318605
深圳市	1527159	863907	1258582	2700113
沈阳市	572919	298108	455230	2043652
长春市	127349	34557	111563	69288
哈尔滨市	32806	17576	120257	124993
南京市	1444237	315238	986620	3628085
杭州市	762081	403829	1740062	1453449
济南市	550141	395532	1571798	927879
武汉市	478013	394491	515702	934255
广州市	609527	910221	2171711	2355286
成都市	475952	1046387	2277857	2018376
西安市	209065	255413	313653	618110

2013年内资企业主要指标汇总表（六）

单位：人

	从业人员年末人数	软件研发人员	管理人员	硕士以上人员	大本人员	大专以下
软件企业合计	**3744693**	**1454641**	**444612**	**366476**	**2189022**	**1189062**
一、按企业登记注册类型分列						
内资企业	3744693	1454641	444612	366476	2189022	1189062
国有企业	288616	82347	31976	36949	149538	102130
集体企业	75478	10246	4820	15782	47107	12591
股份合作企业	29121	9815	1965	2124	13923	13073
联营企业	29478	4331	1586	3648	10681	15148
国有联营企业	1958	944	269	247	1159	549
集体联营企业	20998	454	542	3113	5609	12277
国有与集体联营企业	1891	539	176	86	1274	531
其他联营企业	4631	2394	599	202	2639	1791
有限责任公司	1487536	636700	188370	147293	873816	466377
国有独资公司	47902	14398	5728	4341	26312	17254
其他有限责任公司	1439634	622302	182642	142952	847504	449123
股份有限公司	776217	294678	83274	72937	441884	261378
私营企业	955819	381112	119762	74996	581056	299701
其他内资企业	102428	35412	12859	12747	71017	18664
二、按经济类型分列						
国有经济	338476	97689	37973	41537	177009	119933
集体经济	96476	10700	5362	18895	52716	24868
股份合作经济	29121	9815	1965	2124	13923	13073
股份制经济	2215851	916980	265916	215889	1289388	710501
其他经济	1064769	419457	133396	88031	655986	320687
三、按控股经济分列						
公有控股经济	1074133	362539	113539	135737	585377	353025
国有控股	764132	274195	88108	96807	413351	253980
国有绝对控股	498365	149937	53397	61739	263770	172865
国有相对控股	265767	124258	34711	35068	149581	81115
集体控股	310001	88344	25431	38930	172026	99045
集体绝对控股	203934	53502	15530	32225	116934	54773
集体相对控股	106067	34842	9901	6705	55092	44272

2013年内资企业主要指标汇总表（六）

单位：人

	从业人员年末人数	软件研发人员	管理人员	硕士以上人员	大本人员	大专以下
非公有控股经济	2670560	1092102	331073	230739	1603645	836037
私人控股	2589290	1062566	318930	224317	1562465	802370
私人绝对控股	1933347	765760	232413	178288	1156746	598191
私人相对控股	655943	296806	86517	46029	405719	204179
中国港、澳、台商控股	20610	6509	4029	1414	10382	8810
中国港、澳、台商绝对控股	14462	4283	3081	1216	6863	6380
中国港、澳、台商相对控股	6148	2226	948	198	3519	2430
外商控股	60660	23027	8114	5008	30798	24857
外商绝对控股	33268	13459	4899	3209	19006	11056
外商相对控股	27392	9568	3215	1799	11792	13801
四、按软件出口基地分列						
北京软件出口基地	55317	22661	5262	5719	29946	19652
天津软件出口基地	3720	1335	390	213	2375	1132
大连软件出口基地	157908	88105	19123	18287	119997	19618
上海软件出口基地	25617	10843	2141	5727	15025	4865
深圳软件出口基地	88589	48852	8662	13760	46219	28614
西安软件出口基地	89541	54451	13448	12700	47772	29053
五、按软件园区分列						
北京中关村软件园	89455	41171	11238	10457	53938	25058
大连软件园	157890	88096	19117	18282	119990	19612
上海浦东软件园	25617	10843	2141	5727	15025	4865
南京软件园	58055	30812	8311	10312	35057	12685
杭州软件园	169620	61228	14469	16279	97911	55434
山东齐鲁软件园	97783	27744	14390	9929	68478	19377
长沙软件园	27167	11819	3947	2429	17140	7597
广州天河软件园	146383	94052	23180	7308	91766	47309
珠海南方软件园	14969	8074	1052	2235	7471	5265
成都软件园	91217	16729	9195	6641	41542	43033
西安软件园	89541	54451	13448	12700	47772	29053
六、按行业分列						
软件产品行业	1758764	785797	223574	168594	1085952	504218

2013年内资企业主要指标汇总表（六）

单位：人

	从业人员年末人数	软件研发人员	管理人员	硕士以上人员	大本人员	大专以下
信息系统集成服务行业	879213	274049	92215	89048	521817	268348
信息技术咨询服务行业	276004	114883	37405	28357	166235	81412
数据处理和存储服务行业	479516	154044	53242	37424	256324	185768
嵌入式系统软件行业	280768	97104	29480	34923	123762	121950
集成电路设计行业	70428	28764	8696	8130	34932	27366
七、按省、市分列						
北京市	377533	154331	43658	41687	199734	136102
天津市	51014	20173	4164	2793	32523	15698
河北省	26640	7496	2227	2193	16307	8138
山西省	8243	3366	875	455	5407	2382
内蒙古自治区	4089	1549	652	182	2960	947
辽宁省	433980	217775	50846	48987	324818	60163
吉林省	44036	13864	4257	3485	31851	8701
黑龙江省	24843	14664	3834	1307	16533	6997
上海市	214870	87635	27673	25561	121023	68288
江苏省	515884	154308	57566	52418	270253	193197
浙江省	227827	73804	20592	18685	121831	87295
安徽省	27841	10296	3645	2472	17748	7621
福建省	155611	31372	16998	8765	80556	66294
江西省	14280	4789	1900	930	9048	4301
山东省	345279	87996	41867	45145	212014	88105
河南省	27420	11959	3984	2044	18361	7017
湖北省	163194	73543	24109	20297	98205	44664
湖南省	47975	19549	7522	3740	28276	15954
广东省	634866	352276	86528	52509	364099	218242
广西壮族自治区	19651	3301	2100	1088	9323	9239
海南省	3605	1453	434	93	2397	1115
重庆市	74751	15183	5987	4502	43600	26649
四川省	164753	26455	14514	12506	84782	67466
贵州省	12008	2299	1252	842	8016	3150
云南省	11384	5708	1265	432	6780	4172

2013年内资企业主要指标汇总表（六）

单位：人

	从业人员年末人数	软件研发人员	管理人员	硕士以上人员	大本人员	大专以下
西藏自治区						
陕西省	89541	54451	13448	12700	47772	29053
甘肃省	7139	2093	924	306	5030	1802
青海省	534	128	107	19	269	247
宁夏回族自治区	3565	1045	384	109	2070	1386
新疆维吾尔自治区	12337	1780	1300	224	7436	4677
八、按副省级城市分列						
大连市	157890	88096	19117	18282	119990	19612
宁波市	39457	7083	3816	805	14747	23892
厦门市	82660	7683	11152	5152	32073	45437
青岛市	115609	21652	9695	20585	65471	29546
深圳市	285354	145817	27566	34101	149256	101984
沈阳市	257659	124122	29254	29753	197598	30301
长春市	23871	9928	2897	2123	18345	3403
哈尔滨市	19481	11773	2987	1084	13197	5194
南京市	274050	92571	31737	32246	156103	85697
杭州市	173864	61878	14847	17413	100281	56174
济南市	189909	57095	27731	22505	127497	39903
武汉市	160670	72635	23779	20155	96748	43739
广州市	287685	182043	52776	14243	185567	87874
成都市	157470	24370	13123	11903	82056	63512
西安市	89541	54451	13448	12700	47772	29053

2013年内资企业软件产品完成情况

项　　目	企业数	本年收入（万元）	其中：出口（万美元）
软件收入明细合计	**30227**	**231202118**	**2819366**
软件产品行业（E6201）			
一、软件产品合计	23216	78226256	782796
（一）基础软件	4885	14203316	130128
1. 操作系统	982	3103584	79996
2. 数据库系统	755	1504819	5866
3. 中间件	802	3894539	22079
（1）基础中间件	234	608959	608
（2）业务中间件	376	2682761	19908
（3）领域中间件	192	602819	1563
4. 办公软件	608	698793	5972
5. 网络基础软件	593	1401579	3762
6. 其他	1145	3600002	12452
（二）支撑软件	1076	2721513	18679
1. 开发工具和平台软件	550	1326383	5050
2. 测试工具软件	167	212180	1953
3. 网络支持软件	211	908872	10143
4. 基本支撑软件	148	274078	1534
（三）应用软件	14031	46531456	335583
1. 管理软件	3678	7070213	58714
2. 办公自动化软件	877	1283698	8066
3. 地理信息系统软件	363	908535	3018
4. 网络应用软件	750	2209253	54682
5. 多媒体软件	473	1266157	12558
6. 动漫游戏软件	444	3043762	16371
7. 科学和工程计算软件	111	318632	
8. 智能分析软件	278	619187	4634
9. 工业软件	1193	4593375	19320
（1）产品研发类软件	317	1152435	5834
（2）生产控制类软件	876	3440940	13486

2013年内资企业软件产品完成情况

项　　目	企业数	本年收入（万元）	其中：出口（万美元）
10. 行业应用软件	5864	25218644	158219
（1）通信软件	920	8155891	74894
（2）金融财税软件	407	2274845	16311
（3）能源软件	460	3051208	5218
（4）商务（贸）软件	131	211412	335
（5）交通应用软件	508	1755841	6037
（6）医疗软件	461	855200	12934
（7）统计软件	50	81131	
（8）其他行业应用软件	2927	8833116	42489
（四）嵌入式应用软件	1626	8219847	238282
（五）信息安全产品	820	3876092	24870
1. 基础类安全产品	101	474813	1038
2. 终端与数字内容安全产品	79	1037311	21373
3. 网络与边界安全产品	150	825125	118
4. 专用安全产品	125	576728	706
5. 安全测试评估与服务产品	35	78058	
6. 安全管理产品	185	449337	116
7. 其他信息安全产品及相关服务	145	434720	1519
（六）软件定制服务	778	2674032	35254
信息系统集成服务行业（E6202）			
二、信息系统集成服务合计	9714	55695001	507784
（一）信息系统设计服务	2801	16327072	454875
（二）集成实施服务	4423	30816027	47317
（三）运行维护服务	2490	8551901	5593
信息技术咨询服务行业（E6203）			
三、信息技术咨询服务合计	7156	22973464	96005
（一）信息化规划	917	4067825	1813
（二）信息技术管理咨询	4116	12083268	89999
（三）信息系统工程监理	623	2545500	2410
（四）测试评估	355	2298696	418

2013年内资企业软件产品完成情况

项　目	企业数	本年收入（万元）	其中：出口（万美元）
（五）信息技术培训	1145	1978175	1365
数据处理和存储服务行业（E6204）			
四、数据处理和存储服务合计	4954	39694541	61842
（一）数据处理服务	1268	8323027	27693
（二）运营服务	2487	24142509	20885
1. 软件运营服务	648	2668446	3186
2. 平台运营服务	1596	18620036	14136
（1）物流管理服务平台	177	1971009	1036
（2）电子商务管理	536	6613880	718
（3）在线娱乐平台	312	5734723	8774
（4）在线教育平台	157	541679	1071
（5）其他在线服务平台	414	3758746	2537
3. 基础设施运营服务	243	2854026	3562
（三）存储服务	243	1021484	4483
（四）数字内容处理服务	778	5341722	8131
（五）客户交互服务	178	865801	651
嵌入式系统软件行业（E6205）			
五、嵌入式系统软件合计	2892	29897367	1244759
（一）通信设备	687	13678165	1022692
1. 通信传输设备	302	1597775	26758
（1）光通信设备	116	809351	7208
（2）卫星通信设备	46	142570	7845
（3）无线通信设备	140	645854	11706
2. 通信交换设备	58	226095	1205
（1）数字程控交换机	38	156011	1175
（2）软交换机	10	8546	30
（3）光交换机	10	61539	
3. 移动通信设备	49	10450646	976818
（1）基站	34	10437672	976818
（2）直放站	15	12973	

2013年内资企业软件产品完成情况

项　　目	企业数	本年收入（万元）	其中：出口（万美元）
4. 网络设备	278	1403649	17912
（1）网络控制设备	164	782568	7648
（2）网络接口和适配器	18	20526	132
（3）网络连接设备	81	540295	9915
（4）网络优化设备	15	60259	217
（二）广播电视设备	108	576594	17609
1. 广播电视节目制作及播控设备	78	501110	17475
（1）非线性编辑设备	9	22993	300
（2）虚拟演播室设备	6	8124	
（3）音视频信号处理设备	63	469993	17175
2. 广播电视发射设备	30	75485	134
（1）数字电视发射机	21	69680	134
（2）电视转播发射机	9	5804	
（三）数字家用视听产品	47	1442175	31196
1. 电视接收机顶盒	47	1442175	31196
（四）计算机应用产品	506	3885915	29095
1. 金融、商业、税务电子应用产品	60	292040	4838
（1）银行自助服务终端	28	113789	993
（2）POS机	23	81875	
（3）税控机	9	96376	3845
2. 汽车电子	169	1992067	7857
（1）传动系控制系统	37	379518	2273
（2）行驶系控制系统	37	587188	1392
（3）车身控制系统	48	621951	
（4）安全控制系统	47	403410	4192
3. 智能交通	45	224902	129
（1）交通信号控制机	45	224902	129
4. 医疗电子设备	101	195748	5086
（1）医用电子仪器设备	82	134303	3729
（2）医学影像设备	19	61446	1357

2013年内资企业软件产品完成情况

项　　目	企业数	本年收入（万元）	其中：出口（万美元）
5. 智能识别装置	117	1132636	11185
6. 自动检售票设备	14	48522	
（五）信息系统安全产品	131	466235	500
1. 边界防护类设备和系统	33	90068	500
2. 密钥管理类设备和系统	98	376167	
（六）电子测量仪器	231	365576	10288
1. 器件参数测量仪器	65	101217	1617
2. 扫描、频谱波形分析仪器	28	112438	8093
3. 通信测量仪器	29	62066	555
4. 特殊测量仪器	109	89855	23
（七）装备自动控制产品	1182	9482707	133378
1. 集散控制系统	384	4191966	83436
2. 电气传动及控制系统	360	1972331	15830
3. 装备制造工控系统	438	3318411	34112
集成电路设计行业（E6206）			
六、集成电路设计合计	918	4715490	126179
（一）MOS微器件	77	215459	3612
（二）逻辑电路	91	334497	12330
（三）MOS存储器	52	136162	986
（四）模拟电路	89	402922	4061
（五）专用电路	168	1184339	69983
（六）智能卡芯片及电子标签芯片	135	828256	1289
（七）传感器电路	103	525676	12514
（八）微波集成电路	31	114937	479
（九）混合集成电路	172	973242	20926